Jacques Lecoq, *Der poetische Körper*

Jacques Lecoq

DER POETISCHE KÖRPER

Eine Lehre vom Theaterschaffen

In Zusammenarbeit mit Jean-Gabriel Carasso
und Jean-Claude Lallias

Aus dem Französischen
von Katja Douvier

Mit einem Nachwort
von Dietmar Sachser

Alexander Verlag Berlin

Alexander Verlag Berlin –
unabhängiger Verlag seit 1983

Dieses Buch erscheint im Rahmen des Förderprogramms des französischen Außenministeriums, vertreten durch die Französische Botschaft in Berlin.

Cet ouvrage, publié dans le cadre du programme de participation à la publication, bénéficie du soutien du Ministère des Affaires Etrangères, représenté par le Service culturel de l'Ambassade de France à Berlin.

Bildnachweis
Michelle Laurent S. 14, 56; Alain Chambaretaud 42, 81, 131, 177, 207, 214; Patrick Lecoq 26, 82, 85, 153; Richard Lecoq 136 und die Bilder des Bildteils nach S. 216; D. R. 165, 201
Die Zeichnungen sind von Jacques Lecoq.

Die Originalausgabe erschien unter dem Titel
Le Corps Poétique. Un enseignement de la création théâtrale.

Die Übersetzung wurde von Barbara Engelhardt redigiert und im Auftrag von Fay Lecoq von Thomas Prattki durchgesehen und autorisiert.
Vierte Auflage 2025

Alexander Wewerka, Fredericiastr. 8, D-14050 Berlin
info@alexander-verlag.com · www.alexander-verlag.com

ISBN 978-3-89581-260-6
Printed in the EU (January) 2026

INHALT

III. WEGE DES SCHAFFENS

Meiner Frau Fay Lecoq

Vorwort

Ein Fixpunkt in Bewegung

Auf dem Feld der Theaterpädagogik ist Jacques Lecoq ein Meister im wahren Sinne des Wortes. Als Pädagoge steht er den Bewegungen der Welt und der universellen Wahrheit des Theaters mit einer klaren Haltung gegenüber. Seit vierzig Jahren ist er der Fixpunkt, von dem aus viele Schüler ihren eigenen Standpunkt gefunden, sich entdeckt und »erzogen« haben, und er verstand es, ihre Verschiedenheit in Kultur, Geschichte, Mitteln und Talenten dabei immer zu respektieren.

Von Philippe Avron bis Ariane Mnouchkine, von Luc Bondy bis Steven Berkoff, von Yasmina Reza bis Michel Azama und Alain Gautré, von William Kentridge bis Geoffrey Rush oder Christoph Marthaler, vom Footsbarn Travelling Theatre zum Théâtre de la Jacquerie, vom Mummenschanz zum Nada Théâtre oder dem Théâtre de la Complicité ... – eine vollständige Liste ist unmöglich zu erstellen, sie wäre allerdings überraschend. Die Vielfalt der Theaterformen und Theaterabenteuer, die auf seinen Unterricht zurückgehen, zeugt von der kreativen Dimension seiner Pädagogik abseits erstarrter Modelle und Techniken.

Jacques Lecoq hat allerdings einen paradoxen Platz. Schauspieler, Autoren, Regisseure, Bühnenbildner, aber auch Architekten, Erzieher, Psychologen, Schriftsteller, sogar Mönche ..., ob nun direkt als Schüler der Schule oder indirekt als Schüler seiner Schüler, die Zahl derer, die sich auf seine Arbeit berufen, ist sehr groß. Wieder andere lassen sich inspirieren, ohne recht zu wissen, woher diese Ideen kommen. In der ganzen Welt ist er als Lehrer berühmt, in seinem eigenen Land jedoch verhältnismäßig unbekannt. Wer kennt seine Pädagogik? Wer kennt die Wurzeln seines Unterrichts? Seine Entwicklungen? Seine Prinzipien? Seine Zweifel und seine Suche? Wer kennt den Weg dieses Mannes und seine Gedanken zur Theaterpädagogik? Wer weiß wirklich, was in der Schule seit vierzig Jahren jeden Tag in der Woche gespielt wird, wenn sich die Schüler zu zehnt daran begeben, die Gesetze der Bewegung, des Raumes, des Spiels und der Form zu ergründen? Diese Unkenntnis rührt vermutlich von der Schwierigkeit, die lebendige Erfahrung einer Theaterpädagogik in Worte zu übersetzen. Nur der Körper, der sich der Arbeit verpflichtet, kann die Richtigkeit einer Bewegung verspüren, die Genauigkeit einer Geste, die Selbstverständlichkeit eines Raumes. Nur der spielende Schauspieler kann die Abweichung erkennen, das Zögern und den Irrtum, die sich im aufmerksamen Auge des Pädagogen spiegeln. Nur die vollständig in das Abenteuer eingebundenen Schüler können den ganzen Vorgang oder Teile davon wirklich »verstehen«. Denn das Theater und seine Körperspiele bedürfen der gelebten Erfahrung, der mündlichen Überlieferung und der Dauerhaftigkeit, all dessen also, was für eine Einweihung unverzichtbar ist. Pädagogisches Denken schriftlich festzuhalten, das auf direkter Praxis der Anschauung und des Austauschs beruht, beinhaltet das Risiko, seinen Sinn zu reduzieren, seine Dynamik aus den Augen zu verlieren. Und dennoch!

Dieses Buch soll den Leser zu einer ausführlichen und fundierten Reise ins Innere der zwei Schuljahre einladen. Im Laufe vieler Gespräche hat dieses Buch Monat um Monat Gestalt angenommen. Es hat sich an den Prinzipien, die eine aus Erfahrungen entwickelte Theaterpädagogik strukturieren, *verwesentlicht.* Jacques Lecoq führt uns mit seinen bilderreichen und prägnanten Formulierungen Schritt für Schritt zum Ziel seiner eigenen Suche: zu den teilbaren Quellen jeden Schaffens. Er erklärt mit der ihm eigenen Geduld und Großzügigkeit, streift auf Umwegen die möglichen Hindernisse, Abwege und Sackgassen ... Er liegt auf der Lauer, fasziniert von den Geheimnissen zwischen Mensch und Kosmos, aus denen das Theaterspiel hervorgeht.

In jedem Moment leuchtet hinter einem fast wissenschaftlichen Interesse an der Beobachtung des Lebens und seiner Bewegungen der Blick des Poeten auf, das Jubeln einer wieder entdeckten Selbstverständlichkeit, das Vergnügen am Formulieren eines Gesetzes, durch das alles klarer und einfacher wird. Wie oft hat er uns aber auch damit überrascht, daß er mit einem Lächeln etwas sagt oder Partei ergreift und dann ein Schweigen folgen läßt, in dem ein fragendes »Nein?« vibriert. Als müßte jede Gewißheit sich permanent mit einer instabilen Zone, mit einer Bewegung des Denkens umgeben! Auch der Fixpunkt ist seinerseits in Bewegung! Die Reise führt mit Humor und Feingefühl in die höchsten Höhen des Theaters und durch sich permanent erweiternde Horizonte zur Weisheit des *poetischen Körpers.*

Mögen diese Seiten fruchtbarer Schlamm für das zu schaffende Theater sein.

Jean Gabriel Carasso und Jean-Claude Lallias

Jean Gabriel Carasso, ehemaliger Schüler von Jacques Lecoq, leitet in Paris die Association nationale de recherche et d'action théâtrale (ANRAT).

Jean-Claude Lallias ist Literaturprofessor am Institut universitaire de formation des maîtres in Créteil.

I.

DIE PERSÖNLICHE REISE

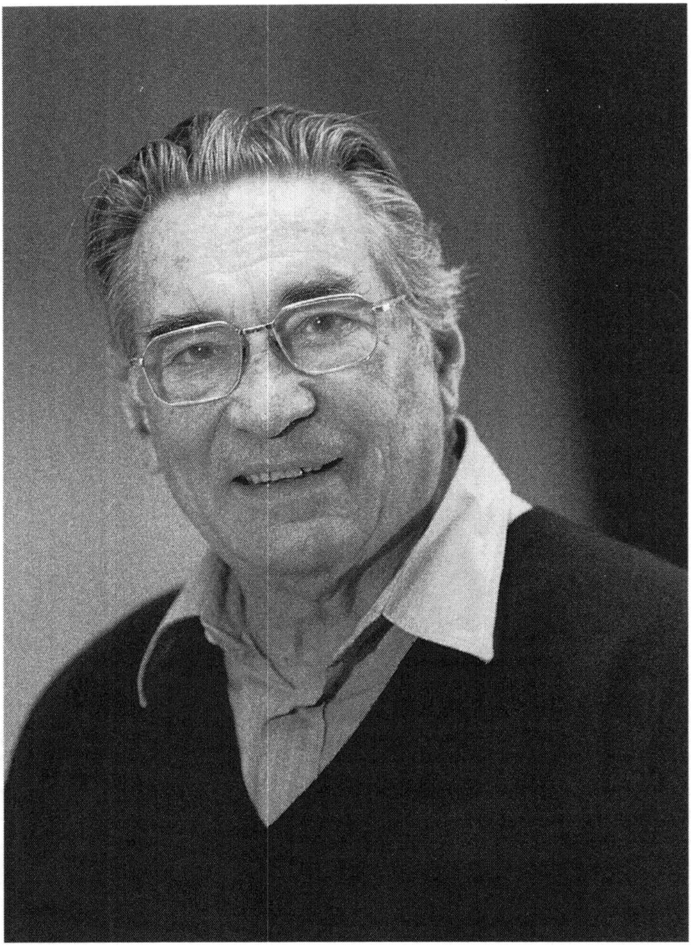

Jacques Lecoq

VOM SPORT ZUM THEATER

Ich kam durch den Sport zum Theater. Im Turnverein ›En avant‹ entdeckte ich bereits mit siebzehn Jahren die Geometrie der Bewegung am Barren und am Reck. Bei einer ›allemande‹[1] oder einem Flankensprung ist die Bewegung des Körpers im Raum ein geradezu abstrakter Vorgang. Dabei offenbarte sich mir ein außerordentlicher Empfindungsreichtum, den ich ins alltägliche Leben übertrug. In der Metro vollzog ich einen Bewegungsablauf innerlich nach und spürte viel deutlicher als in der Realität den genauen Ablauf der Übung. Ich trainierte im Roland-Garros-Stadion, setzte zum Hochsprung an, aber ich sprang ›als ob‹, mit dem Gefühl, zwei Meter hoch zu springen. Ich lief gerne. Was mich berührte, war jedoch vor allem die Poesie des Sports, wenn die von der Sonne länger oder kürzer werdenden Schatten der Läufer über die Aschenbahn gleiten, wenn sich beim Laufen ein Rhythmus einstellt. Diese Poetik des Sports habe ich sehr intensiv erlebt.

Ich war Schüler an der Sportschule von Bagatelle, als ich 1941 Jean-Marie Conty begegnete. Primus der Ecole Polytechnique, Mitglied der Basketballnationalmannschaft, gemeinsam mit St. Exupéry Pilot bei der Luftpost, war er zu dieser Zeit für die Leibeserziehung in Frankreich zuständig. Ihn interessierte das Verhältnis zwischen Sport und Theater, er war mit Antonin Artaud und Jean-Louis Barrault befreundet, und ihm habe ich es zu verdanken, daß ich in der Besatzungszeit das Theater entdeckte. Bei einer Vorführung sah ich Jean-Louis Barrault, wie er ›Das Pferd‹ spielte, und war tief bewegt. Jean-Marie Conty war einer der Väter der ›Education par le jeu dramatique‹ (EPJD)[2], einer auf unkonventionellen Methoden basierenden

Schule, die Jean-Louis Barrault zusammen mit Roger Blin, André Clavé, Marie-Hélène Dasté und Claude Martin gründete. 1947 sollte ich dort Lehrer für Körpersprache werden.

Meinen ersten Schauspielunterricht erhielt ich beim Verein ›Travail et Culture‹ (TEC)[3], mimische Improvisationen mit Claude Martin, einem Schüler von Charles Dullin, und Tanzimprovisationen über *L'Hymne au soleil* oder *La Danse du feu* mit Jean Séry, einem ehemaligen Tänzer der Oper, der sich dem freien Tanz verschrieben hatte. Da wir Sportler waren (einer meiner Kameraden, der Dichter und Dramatiker Gabriel Cousin, war ein herrlicher Läufer) drückten wir uns immer zuerst in den Gesten des Sports aus: Ich schwamm, er lief! Sport, Bewegung und Theater gehörten für mich bereits zusammen.

Nach der Befreiung gründeten wir, an unsere Erfahrungen beim TEC anknüpfend, die Gruppe ›Aurochs‹. Später taten wir uns mit Luiggi Ciccione, unserem Sportlehrer an der Schule von Bagatelle, Gabriel Cousin und Jean Séry zusammen und nannten uns ›Compagnons de la Saint-Jean‹. Während dieser aufregenden Zeit der Rückkehr in die Freiheit inszenierten wir große Veranstaltungen, wie zum Beispiel den ersten Pilgerzug der Pfadfinder der Organisation »Scout de France« nach Puy-en-Velay unter der Leitung von Douking oder in Chartres die Rückkehr der Gefangenen. Wir stellten die Ankunft eines Gefangenenzuges nach: Auf der Stadtmauer, vor Tausenden von Menschen, die sich auf der Wiese versammelt hatten, sangen, tanzten und mimten wir Chansons von Charles Trenet.

Zu einer Vorstellung in Grenoble kam Jean Dasté, um die ›Compagnons de la Saint-Jean‹ zu sehen. Er war im Begriff, die ›Compagnie des Comédiens de Grenoble‹ zu gründen, und lud einige von uns ein, sich anzuschließen. Das war der Beginn meiner professionellen Theaterarbeit.

Ich übernahm das Training der Truppe. Allerdings waren es jetzt nicht mehr Athleten, die ich trainieren sollte, sondern – in natürlicher Fortsetzung meines Studiums der sportlichen Gebärde – ein König, eine Königin, Theaterfiguren. Der Übergang war mir nicht bewußt.

Durch Jean Dasté entdeckte ich zwei Quellen, die mich sehr stark prägen sollten: das Maskenspiel und das japanische Noh-Theater. In *Exodus*, einer ›mimischen Aufführung mit Masken‹ von Marie-Hélène und Jean Dasté, trugen alle Schauspieler eine Maske, die sogenannte ›masque noble‹, die wir heute die ›neutrale Maske‹ nennen. Unvergessen bleibt auch *Was der Fluß Sumida erzählt*, ein japanisches Noh-Theaterstück, in dem wir mimisch die Bewegungen einer Barke darstellten, während wir mit unseren Stimmen das Rauschen des Flusses nachahmten.

Wir spielten sowohl in Grenoble als auch in der Umgebung und griffen damit zum Teil die Ansätze Jacques Copeaus wieder auf, dessen Schüler Dasté gewesen war. Ich lernte die Geisteshaltung der ›Copianer‹ kennen, ihr Anliegen, einfaches, direktes Theater für ein volkstümliches Publikum zu machen.

Neben Copeau war auch – aus derselben Theaterfamilie kommend – Charles Dullin für mich richtungweisend. Unsere Jugend erkannte sich im Geist der Schule wieder, die er in Paris gegründet hatte.

Ende 1947 verließ ich Grenoble, unterrichtete zunächst an der EPJD und ging dann als Schauspielpädagoge im Rahmen der deutsch-französischen Jugendbegegnungen nach Koblenz. An Schulen im ganzen Rheinland hielt ich sechs Monate lang meine ersten Vorträge, die zugleich Vorführungen waren. Dabei benutzte ich die ›masque noble‹, um Lehrern und Schülern dramatische Bewegung und dramatischen Ausdruck nahezubringen. Ich hoffe, sagen zu können, daß ich auf meine Weise dazu beigetragen habe, Deutschland ein wenig zu »entnazifizieren«: Ich bot einen Bewegungs-Entspannungs-Versuch an, der darin bestand, einen Arm zu heben und ihn dann loszulassen. Mir fiel auf, daß sie diese Geste ein kleines bißchen anders machten als wir. Ich habe ihnen daraufhin beigebracht, wie man den Arm locker läßt.

Das italienische Abenteuer

1948 ging ich auf Einladung von Gianfranco DeBosio und Lieta Papafava, die als Schüler ans EPJD nach Paris gekommen waren, für zunächst drei Monate nach Italien ... und blieb acht Jahre. Ich hatte das Glück, zu Beginn am Universitätstheater in Padua zu arbeiten, mit der Möglichkeit, Lehre und künstlerisches Schaffen zu verbinden. Dort entdeckte ich die Commedia dell' arte. Weil wir Masken brauchten, führte DeBosio mich zu dem Bildhauer Amleto Sartori, der uns sein Atelier zur Verfügung stellte. Ich formte die ersten Masken aus Pappe nach der Technik Dastés, bis zu dem Tag, da Sartori mir anbot, die Arbeit zu übernehmen. Eine glückliche Initiative! Er war der erste, der die in Vergessenheit geratene Herstellung lederner Masken für die Commedia dell'arte wieder aufnahm. In Padua ging ich auf den Viehmarkt, sah den Bauern zu, wie sie ihre Ochsen verkauften, Sartori ging mit mir in die Spielhöllen am Rande der Stadt, wir aßen geräuchertes Pferdefleisch mit denen, die er die ›Pferdediebe‹ nannte. In diesen Stadtvierteln spürte ich, was authentische Commedia dell'arte sein könnte, nämlich eine, deren Figuren in permanenter Existenznot leben. Das war keine Bilderbuch-Commedia dell'arte, sondern die eines Ruzzante, verwurzelt im bäuerlichen Leben, nah an den Ursprüngen.

Wir haben diesen Autor in der Folge wieder zu Ehren gebracht, indem wir eines seiner in Vergessenheit geratenen Stükke spielten: *La Moschetta*. Carlo Ludovici, der Arlecchino der berühmten Mundart-Theatertruppe von Cesco Baseggio aus Venedig, lehrte mich die Grundhaltungen der Figur, wie er sie selbst von einem alten Arlecchino gelernt hatte. Ausgehend von diesen Bewegungen stellte ich eine Arlecchino-Gymnastik zusammen, die ich nun meinerseits weitergeben konnte. Alle diese Entdeckungen waren von größter Bedeutung für meine weitere Arbeit.

Auf Einladung von Giorgio Strehler und Paolo Grassi kam ich dann zum Piccolo Teatro in Mailand, um mit ihnen die Schule am Piccolo zu gründen. Mit der Einrichtung einer Schule in einem Theater stellt sich auf Anhieb die Frage: Wie kann es gelingen, sie zur Schule nicht nur eines Theaters, sondern aller zu machen? Die Schule eines Theaters ist immer eine zweischneidige Sache, denn der Regisseur will die Schüler nach seinen Vorstellungen bilden und die besten für seine eigene Truppe verpflichten. Ich bin kein Anhänger dieser Vorgehensweise, weil sie das Risiko birgt, auf einen vereinheitlichten Stil hinauszulaufen. Glücklicherweise gab es im Piccolo keine kleinen Rollen mit Schülern zur besetzen, denn sehr gute Schauspieler spielten diese schon seit zehn Jahren. In dieser Zeit machte ich Strehler mit Sartori bekannt. Der begann daraufhin, Ledermasken für das Piccolo Teatro anzufertigen.

Als man mich bat, die Choreographie des Chors in *Elektra* von Sophokles zu übernehmen, war mir nicht klar, daß ich am Piccolo eine weitere große Entdeckung machen würde: die griechische Tragödie und den Chor. Ich setzte diese Studien in Syracus fort, indem ich viele weitere Chöre choreographierte: *Ion, Hekuba, Sieben gegen Theben, Herakles*. Damals wurde der Chor in expressionistischem Stil von Tänzern und Tänzerinnen dargestellt. Ich mußte neue Gesten erfinden, um die Bewegungen des antiken

Chors, der formal erstarrt war, zu erneuern. Ich ahnte damals nicht, wie sehr diese Arbeit meine Pädagogik beeinflussen würde.

Meine Zeit in Italien verging mit verschiedenen weiteren Abenteuern. Franco Parenti, Schauspieler am Piccolo, wandte sich an Dario Fo (der gerade von der Kunsthochschule Mailand kam), Giustino Durano, einen Schauspieler und Sänger, Fiorenzo Carpi, den Musiker des Piccolo Teatro, und an mich, um eine polemische Politrevue über die aktuelle italienische Gegenwart herauszubringen: *Der Finger im Auge*, und eine weitere in der darauffolgenden Saison: *Bindet die Heiligen!* Diese Unternehmung erneuerte radikal den Geist der italienischen Revue, sowohl durch ihre neue Art des Engagements wie durch die Art der Körpersprache. Die Aufführungen waren sehr erfolgreich.

Mit Parenti gründeten wir die Truppe Parenti-Lecoq und machten es uns zur Aufgabe, neue Autoren zu spielen. Ein schwieriges Vorhaben: Das ganze Geld, das wir mit den satirischen Revuen verdient hatten, verloren wir wieder, als wir *Die Stühle* und *Die kahle Sängerin* von Eugène Ionesco (1951–52) und *Die Sintflut* von Ugo Betti zur Aufführung brachten.

In derselben Zeit inszenierte ich *Mime Music N°2* von Luciano Berio, ich war sein erster Choreograph. Dann bat mich Anna Magnani, einige Szenen der Revue *Wer steht auf der Bühne?* einzurichten, die nach einer langen Filmkarriere ihre Rückkehr ins Theater einläutete. Es war eine unvergeßliche Erfahrung, dieser großen Dame des Theaters dabei zu helfen, wieder zu ihrem Publikum zu finden. Des weiteren war ich als Schauspieler an der ersten Varieté-Sendung im italienischen Fernsehen mit vielen komischen Pantomimen beteiligt. Außerdem drehte ich ein bißchen bei ›Warner‹. Meine morgendlichen Trainingsläufe durch die Cinecittà, von einer Filmkulisse in die nächste, gehören zu meinen schönsten Erinnerungen!

Zurück nach Paris!

1956 kehrte ich mit den beiden fundamentalen Entdeckungen, die ich in Italien gemacht hatte, nach Paris zurück: zum einen die wiederentdeckte italienische Komödie, zum anderen die griechische Tragödie und ihr Chor. Amleto Sartori schenkte mir zum Abschied alle Ledermasken der Commedia dell'arte, was mir ermöglichte, sie in Frankreich und der ganzen Welt bekannt zu machen. Mit einer kleinen Gruppe von Schülern eröffnete ich sehr bald die Schule und setzte gleichzeitig die künstlerische Arbeit fort.

Meine erste französische Erfahrung war die Einführung des Maskenspiels in *Die Harlekin-Familie*, einem Stück von Jacques Fabbri und Claude Santelli, mit einer Truppe junger, kaum bekannter Schauspieler: Raymond Devos, Rosy Varte, Claude Piéplu, André Gilles, Charles Charras. Auch Philippe Tiry war an diesem Abenteuer beteiligt.

Danach ging ich auf Einladung Jean Vilars für drei Jahre an das Théâtre National Populaire. Er bat mich, die Bewegungsszenen in den Aufführungen zu arrangieren. Als er mich engagierte, sagte Vilar: »Mach vor allem keine Pantomime!« Er verstand allerdings sehr schnell, daß, wenn ich von »Mime« sprach, es sich um etwas vollkommen anderes als die bestehende konventionelle Pantomime handelte. Außerdem inszenierte ich das Stück *Ausruferin und Automat* von Gabriel Cousin im Théâtre Quotidien in Marseille (TQM). Zur gleichen Zeit kam ich durch Marcel Bluwal in die Jugendsendungen des französischen Fernsehens. Ich war Urheber einer Serie von sechsundzwanzig komischen Stummfilmen, mit dem Titel *La Belle Equipe*, die Ange Casta mit Schauspielern aus der Schule verfilmte.

Die Schule entwickelte sich schnell, und ich mußte mich entscheiden. Ich beschloß, mich ganz der Pädagogik zu widmen: nicht um gewöhnliche Kurse zu geben, sondern um eine wirklich große Schule zu gründen. Im Grunde hatte ich das Unterrichten immer gewollt und geliebt. Ein Unterrichten, das mir selbst zur Erkenntnis verhilft: Indem ich unterrichte, bin ich auf der Suche nach dem Verständnis der Bewegung. Indem ich unterrichte, begreife ich besser, wie »es sich bewegt«. Indem ich unterrichte, entdecke ich, daß der Körper Dinge weiß, die der Kopf noch nicht weiß! Diese Suche fasziniert mich, und ich wünsche mir auch heute noch, sie mit anderen zu teilen.

Eine Schule in Bewegung

Die Schule wurde am 5. Dezember 1956 in Paris, 94 rue d'Amsterdam, gegründet und einen Monat später in die Räume eines Tanzstudios, 83 rue du Bac, verlegt, ihre Adresse für die nächsten elf Jahre. Der Unterricht begann mit der neutralen Maske sowie Körperausdruck, Commedia dell'arte, Chor und griechischer Tragödie, weißer Pantomime, Mimodrama, expressiven Masken, Musik und, als technische Grundlage, dramatischer Akrobatik und Handlungspantomime. Bald arbeitete ich auch mit verbaler Improvisation und dem Schreiben. Wir bewegten uns vom Schweigen zur Sprache, indem wir den Weg beschritten, der das große Thema der Schule werden sollte: *Die Reise.*

Nach drei Jahren bildete ich 1959 mit einigen ausgewählten Schülern eine Truppe: Lilianne de Kermadec, Hélène Chatelain, Nicole de Surmont, Philippe Avron, Claude Evrard, Isaac Alvarez, Yves Kerboul, Elie Presmann, Edouardo Manet. Mit ihnen erarbeitete ich eine Aufführung über das Mimenspiel mit dem Titel *Reisetagebücher*, die die verschiedenen Richtungen des Mimenspiels so zeigte, wie ich sie auffaßte: offen für Theater und Tanz. Zu dieser Aufführung gehörte ein maskierter Chor mit konkreter Musik, eine *figuration mimée*[4], eine weiße Pantomime, eine komische Nummer, ein Gemeinschaftsmelodrama und eine Commedia dell'arte.

1962 tauchten zum ersten Mal die Clowns auf. Den Bereich des Lächerlichen und des Komischen erforschend, entdeckte ich »die Suche nach dem eigenen Clown«, welche dem Schauspieler eine große Freiheit sich selbst gegenüber geben würde. Hier eröffnete sich ein weites dramatisches Feld, das in vielen Aufführungen seinen Raum einnahm. Zur selben Zeit begann ich, mit den noch unbemalten Masken des Basler Karnevals (Larven) zu arbeiten und mich mit dramatischen Texten zu beschäftigen.

1968 hatte die Schule so an Umfang gewonnen, daß es in den Tanzstudios eng wurde. Sie zog in eine stillgelegte Ballonfabrik und vormalige bretonische Missionsstation in die rue de la Quintinie. In diesen neuen Räumlichkeiten entfaltete die Schule ihre wahren Dimensionen. Die Clowns entwickelten sich innerhalb großer Gruppen. Die Schüler des ersten Jahres erhielten zum ersten Mal *Aufträge*, sie wurden zu *Recherchen* in verschiedene Alltagsbereiche geschickt, um Stoff für die abendlichen Vorstellungen zu sammeln. Die Ereignisse im Mai 1968 bestätigten den Unterricht der Schule und die Lust der Schüler, an ihr zu arbeiten ... Wir waren wohl eine der wenigen Schulen, die in dieser Zeit nicht geschlossen wurden. Die Jugend befand sich im Aufbruch, während wir Gesten und Texte aufbrachen, auf der Suche nach einer Sprache, die ihnen wieder Sinn verleihen würde. Auf Anfrage von Jacques Bosson, einem phantasievollen Architekten und Lehrer, wurde ich in demselben Jahr Dozent an der Ecole nationale supérieure des beaux-arts (UP6)[5] in Paris. Ich begann meine Studien über konstruierte Räume und die Übertragung der Bewegungspädagogik auf die Ausbildung der Architekten, eine Erfahrung, die sich über zwanzig Jahre erstreckte und viel zu meiner Theaterpädagogik beitrug, insbesondere was den Spiel-*Raum* betrifft. Diese Arbeit sollte zur Einrichtung einer Abteilung für Bühnenbild innerhalb der Ecole nationale supérieure führen: dem LEM (Laboratoire d'étude du mouvement).[6]

Seinen Ort finden

Von 1972 bis 1976 zogen wir von einem Ort zum anderen: vom Théâtre de la Ville ins Amerikanische Zentrum (einem großen Raum ohne Heizung, in dem wir in Decken gehüllt unterrichteten!), dann für kurze Zeit zurück in die bretonische Missionsstation. Unter diesen besonders erschwerten Bedingungen eröffneten sich mir neue dramatische Bereiche, die das Feld meiner Pädagogik erweitern und zahlreiche Inszenierungen hervorbringen sollten: das Melodrama und die Bouffons, die *bande mimée*[7], die Erzähler-Mimen. Die Pantomime der Bilder ersetzte die der Worte. Das Melodrama mußte von seinen schwülstigen Klischees befreit werden und offenbarte die verborgenen großen Gefühle. Die Bouffons bemächtigten sich aller Parodien und ließen gleichzeitig eine neue heilige Dimension erstehen. Die Erzähler entdeckten neue Sprachen der Gestik. 1976 schließlich fanden wir unseren wahren Raum in der 57 rue du Faubourg-Saint-Denis: ein hundert Jahre zuvor erbautes Box-Zentrum und frühere Turnhalle, in der Gymnastik nach Amoros (einem Pionier der Leibeserziehung in Frankreich) betrieben wurde. Ein wahres Symbol! Dort schwangen sich die aus dem 68er-Protest geborenen Massen und Tribunen empor und vermenschlichten den tragischen Chor, ebenso wie das Melodrama den Helden vermenschlichte, indem es ihn wieder in alltägliche Situationen versetzte. Die Commedia dell'arte, in ihren Formen etwas erstarrt, machte einen Purzelbaum und eine Kehrtwendung. Sie gab die »menschliche Komödie« frei, aus der sie entstanden war, die sie aber nach und nach vergessen hatte. Die Clowns verloren in den Vorstellungen ihre rote Nase, behielten sie jedoch im Rahmen der Pädagogik. Mit der Neubelebung von Kabarett und Varieté weitete sich das Komische ins Burleske und Absurde aus. Die Bouffons schufen andere Bereiche: das Mysterium, das Phantastische, die Groteske. Dann folgte die Zeit der Vermischungen und der großen dramatischen Chemie: Melodrama und Chor *(der Melochor)*, Clowns und Grotesken, *bande-mimée* und Drama, Bouffons und Mysterium, das *mélomime*[8] …

Unsere horizontale pädagogische Reise durch die geodramatischen Breiten wurde nach und nach durch eine zweite Reise auf den großen Vertikalen erweitert: die Errichtung der Spielebenen und parallel dazu das Ausloten der poetischen Tiefen. Die Dynamik der Wörter, der Farben, der Leidenschaften und die abstrakte *Verwesentlichung* der Phänomene des Lebens führten zur Suche nach einem gemeinsamen Nenner. Diese Suche setzt aber eine Wahrung der Distanz und wenn möglich den nötigen Humor voraus: Niemals vergessen, daß das Ziel der Reise … die Reise selbst ist! Noch heute ist die Schule in ständiger Bewegung, die Entwicklung geht weiter. Der Unterricht ist jeden Tag anders, schreitet aber nach einem sehr präzise ausgearbeiteten System voran. Die Schüler können uns dazu bringen, gewisse Aspekte in Frage zu stellen, aber es gibt eine Konstanz, und der pädagogische Kurs ist sehr präzise aufgebaut. Man sagt mir manchmal: »Es ist konstruiert, also sind wir nicht frei.« Ganz im Gegenteil! Selbst wenn wir nach außen hin den Eindruck vermitteln mögen, immer das Gleiche zu tun, so bewegt sich im Grunde doch alles … allerdings langsam! Wir

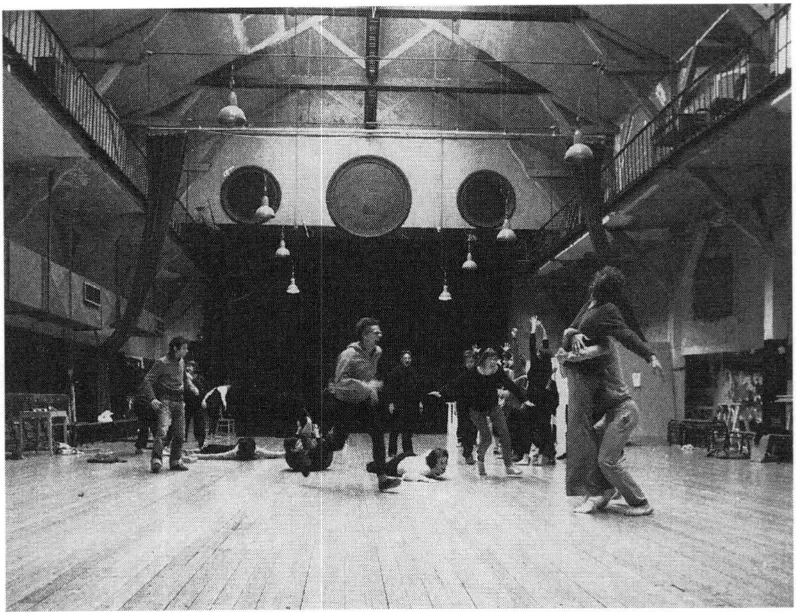

In der Schule, 57 rue du Faubourg-Saint-Denis in Paris

machen keine abrupten Bewegungen, sondern ähneln ein wenig dem Meer: Die Bewegungen der Wellen an der Oberfläche sind sichtbarer als die in der Tiefe. Und doch bewegt sich etwas am Grund. In der Schule existiert immer der Untersee-Gedanke. Auch wenn wir dann und wann den Kopf aus den Wassern strekken, tauchen wir doch meist schnell wieder zurück in die tiefen Gewässer des Unveränderlichen.

Im Dezember 1996 feierte die Schule ihren vierzigsten Geburtstag.

DIE REISE DER SCHULE

Die Ausbildung an der Schule erstreckt sich über zwei Jahre und verfolgt einen doppelten Weg: auf der einen Seite das Spiel und die *Improvisation* mit ihren Regeln, auf der anderen Seite die *Technik der Bewegung* und ihre Analyse. Diese beiden Stränge werden durch die *auto-cours*[9] ergänzt, in denen das Theater der Schüler erarbeitet wird.

Am Anfang des Unterrichts steht das stille psychologische Spiel. Von einem *neutralen Zustand* aus, einem Zustand der Ruhe und Neugier, beginnt dann die eigentliche pädagogische Reise mit der Entdeckung der Dynamiken der Natur. Die Elemente, Materien, Tiere, Farben und das Licht, die Klänge und Worte werden vom *mimenden Körper* erkannt und dienen dem Spiel der Figuren. Die verschiedenen Ebenen des Spiels werden vom Nachspielen bis zur expressiven Maske, von der Charaktermaske bis hin zur abstrakten Maske zu Formen und Strukturen entwickelt. Einschränkungen durch Stilvorgaben helfen, die Wirklichkeit anders aufzubauen. Der technische Teil der Arbeit basiert auf der Analyse der Bewegungen und folgt der Improvisationsthematik. Übungen bereiten den menschlichen Körper darauf vor, besser zu empfangen und auszudrücken (körperliche und stimmliche Vorbereitung, dramatische Akrobatik, Analyse der physischen Aktionen). Dieser erste Teil der Reise wird von Annäherungen an Poesie, Malerei und Musik begleitet.

Der zweite Teil der Reise beginnt mit einem Studium der Sprache der Gesten, sowohl als Vorbereitung auf die Erforschung der verschiedenen dramatischen Bereiche, ihrer Ausdehnung, ihrer Beziehungen und ihrer Verbindungen mit dem *gemeinsamen poetischen Grund*, als auch auf die Errichtung der

Ebenen des Spiels. Diese *geodramatische* Reise ist dreidimensional: Ausdehnung in die Breite, Erhebung, Vertiefung. Sie basiert auf fünf Hauptbereichen, aus denen sich wieder andere ableiten, die in der Theatergeschichte ihren Platz haben und heute anerkannt sind: das Melodrama (die großen Gefühle), die Commedia dell'arte (Comédie humaine), die Bouffons (vom Grotesken zum Mysterium), die Tragödie (der Chor und der Held), der Clown (das Burleske und das Absurde), denen die verschiedenen Formen des Komischen hinzuzufügen sind …

Eine den verschiedenen Bereichen *angepaßte Technik* modelliert das Spiel, und die Hinzunahme dramatischer Texte bereichert das Schaffen in jedem der Bereiche.

Jeder Abschnitt wird in unterschiedlichen Übungen bearbeitet:

- die Entwicklungsmethode, die vom Einfachsten zum Komplexen geht;
- die *Transfer*methode, die von der körperlichen Technik zum dramatischen Ausdruck führt (dramatische *Begründung* der physischen Aktion, *Transfer* von Bewegung aus der Natur in Figuren und Situationen);
- die Vergrößerung und Verkleinerung der Geste, vom Gleichgewicht zur Atmung;
- die *Skalen* und Ebenen des Spiels;
- die Verbindung von Geste und Stimme;
- die Ökonomie der Bewegungen, Zufälle und Abweichungen;
- der Übergang vom Realen zum Imaginären;
- die Entdeckung des Spiels und seiner Regeln (die Regeln entstehen aus dem Spiel selbst);
- die Methode der Einschränkungen (des Raums, der Zeit, der Anzahl).

In Aufführungen realisierte *Recherchen* und eine Technik-Prüfung (die Abfolge von zwanzig Bewegungen) bilden den Abschluß des ersten Jahres. *Aufträge* an die Schüler schließen das zweite Jahr ab.

Während des ganzen zweiten Jahres werden Aufführungen auf die Bühne gebracht, die in Verbindung zu den untersuchten Themen stehen: Arbeiten der Schüler, die in öffentlichen Abendvorstellungen dreimal pro Saison gezeigt werden.

Die vom menschlichen Körper getragene Bewegung ist unser ständiger Wegweiser auf dieser Reise vom Leben zum Theater.

Für ein junges kreatives Theater

Ziel der Schule ist die Verwirklichung eines jungen kreativen Theaters als Träger von Sprachen, in denen das physische Spiel des Schauspielers präsent ist. Der Akt der Kreation *(création)* wird permanent herausgefordert, in erster Linie durch die *Improvisation*, die erste Skizze jeder Handschrift. Die Schule zielt auf ein künstlerisches Theater, aber die Pädagogik des Theaters ist weitreichender als das Theater selbst. Tatsächlich habe ich meine Arbeit mit einem doppelten Ziel konzipiert: Ein Teil meines Interesses richtet sich aufs Theater, ein anderer auf das Leben. Ich habe immer versucht, Leute auszubilden, die in beidem gut sind. Vielleicht ist das eine Utopie, aber ich wünsche mir, daß der Schüler ein Lebendiger im Leben und ein Künstler auf der Bühne ist. Hinzu kommt, daß es nicht nur darum geht, Schauspieler auszubilden, sondern Theaterkünstler jeder Art: Autoren, Regisseure, Bühnenbildner und Schauspieler.

Es ist die Eigenart der Schule, Grundlagen mit dem Bewußtsein zu vermitteln, daß jeder mit diesen Elementen später seinen eigenen Weg wählen wird. Die Schüler, die unserem Weg folgen, eignen sich eine Intelligenz des Spiels an und entwickeln ihre Vorstellungskraft. Das wird sie befähigen, ihr eigenes Theater zu entwickeln oder, wenn sie es wünschen, Texte zu interpretieren, allerdings auf neue Art und Weise. Interpretation ist die Verlängerung eines kreativen Aktes.

Innerhalb der pädagogischen Arbeit selbst wird die *Improvisation* manchmal mit dem *Ausdruck* verwechselt. Tatsächlich ist aber derjenige, der sich ausdrückt, nicht zwangsläufig in der Situation eines Schaffenden. Wohlgemerkt, es wäre der Idealzustand, wenn er im Schaffen sich zugleich auszudrücken vermöchte, das wäre das große Gleichgewicht. Viele drücken sich aus, »bersten« mit großem Vergnügen und vergessen dabei leider, daß nicht nur sie allein Vergnügen finden sollen, sondern auch das Publikum! Viele Lehrer verwechseln allzu häufig diese beiden Begriffe.

Ein Ausdrucksakt unterscheidet sich von einem Schaffensakt dadurch, daß das Spiel eher sich selbst als dem Publikum gilt. Ich achte immer darauf, ob der Schauspieler strahlt, ob er um sich her einen Raum schafft, in dem die Zuschauer gegenwärtig sind. Viele absorbieren diesen Raum, stülpen ihn sich selbst über, bleiben »privat«, und das Publikum ist ausgeschlossen. Wenn manch einer sich nach dem Unterricht besser fühlt, ist das ein zusätzlicher Gewinn, es ist aber nicht mein Ziel, die Leute durch das Theater zu heilen. In einem Schaffensprozeß gehört das geschaffene Objekt nicht mehr dem Schaffenden. Das Ziel ist der Schöpfungsakt: eine Frucht hervorzubringen, die sich vom Baum löst!

Ich habe in meiner Pädagogik immer die Außenwelt der Innenwelt vorgezogen. Die Suche nach sich selbst, nach den eigenen Seelenzuständen, ist in unserer Arbeit kaum von Interesse. Das »Ich« ist nebensächlich. Man muß herausfinden, wie die

Lebewesen und die Dinge sich bewegen und wie sie sich in uns spiegeln. Man muß der Horizontalen und der Vertikalen, all dem, was auf unantastbare Weise außerhalb von einem selbst existiert, den Vorzug geben. Im Verhältnis zu diesen Anhaltspunkten in der äußeren Welt wird die Person sich selbst offenbar. Ist der Schüler anders, so wird sich auch das in diesem Spiegelbild zeigen. Ich suche nicht nach einer Schaffensquelle in den tiefen Erinnerungen der Psyche, wo »der Schrei des Lebens sich mit dem Schrei der Illusion vermischen würde«. Ich bevorzuge zwischen mir und der Figur die Distanz des Spiels, die eine bessere Darstellung erlaubt. Schauspieler spielen diejenigen Texte schlecht, die sie zu sehr betreffen. Sie haben dann eine sozusagen weiße Stimme, weil sie einen Teil des Textes an sich nehmen, ohne ihn dem Publikum geben zu können. Glauben oder Identifikation reichen nicht, man muß spielen.

Angesichts einer Improvisation, einer Übung, mache ich *Feststellungen*, die man nicht mit *Meinungen* verwechseln darf. Daß ein Autoreifen platzt, ist keine Meinung, sondern es ist wahr! Ich stelle es fest. Erst später können im Bezug auf die Wirklichkeit Meinungen formuliert werden. Die Feststellung wird vom Lehrer im Kreis der Schüler gemacht. Wenn ich etwas feststelle, sind meine Worte das Echo der Schüler. Es ist meine Aufgabe, die Feststellung zu formulieren – entscheidend ist dabei, daß alle sie teilen. Daß ein Theaterlehrer nach einer Improvisation am liebsten sagen würde: »Das macht mir Spaß ...« – »Das hat mir sehr gefallen ...«, ist nicht von Interesse. Jeder kann mögen oder nicht mögen, was er gesehen hat, das ist etwas anderes. Die Feststellung ist der Blick auf eine lebendige Sache, wobei man versucht, so objektiv wie irgend möglich zu sein.

Die Kritik an der Arbeit ist keine Kritik über gut oder schlecht, sondern eine Kritik über *richtig, zu lang, zu kurz, interessant,*

Pädagogisches Schema

Erstes Jahr

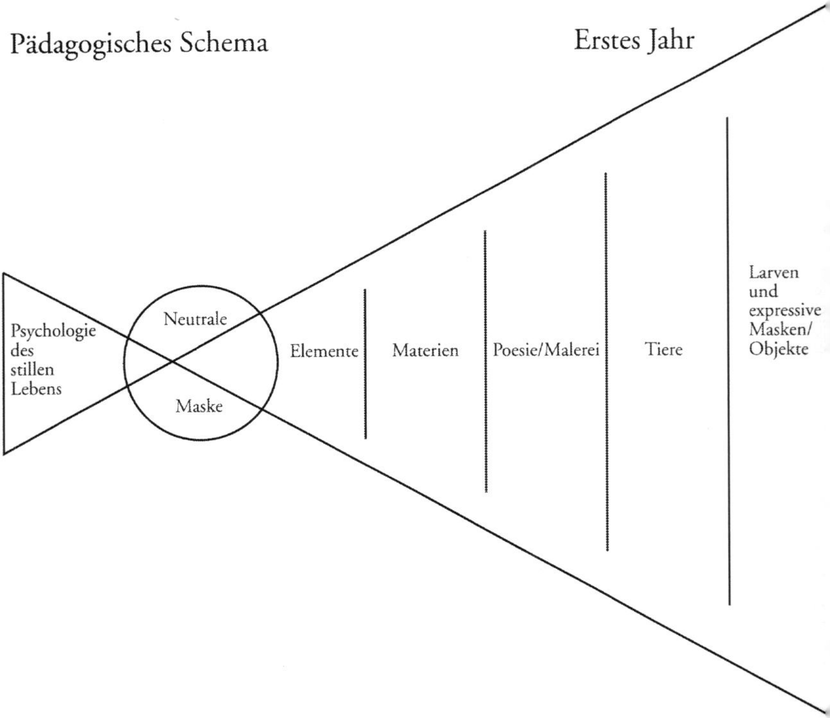

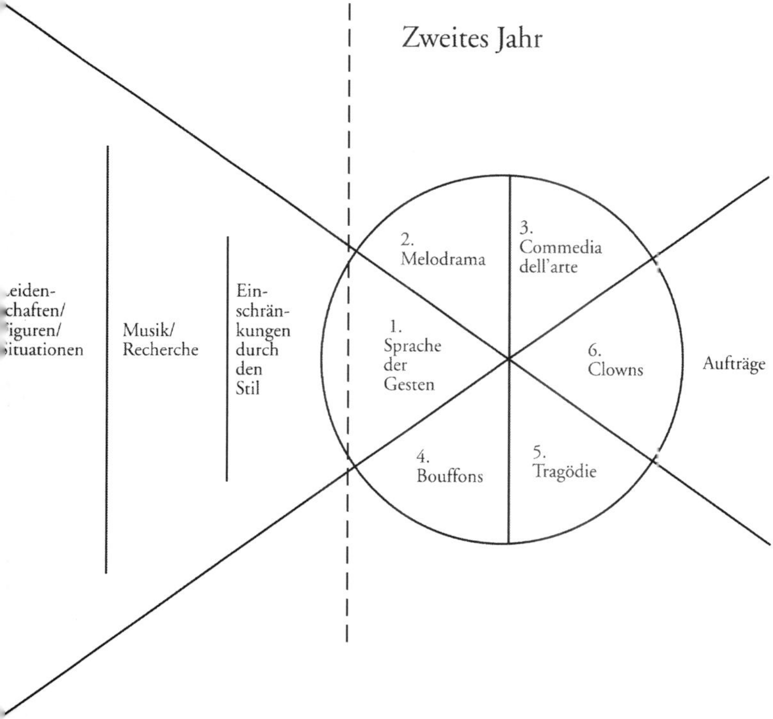

Zweites Jahr
eiden-
chaften/
iguren/
ituationen
Musik/
Recherche
Ein-
schrän-
kungen
durch
den
Stil
1.
Sprache
der
Gesten
2.
Melodrama
3.
Commedia
dell'arte
4.
Bouffons
5.
Tragödie
6.
Clowns
Aufträge

nicht interessant. Das mag anmaßend erscheinen, aber uns interessiert nur, was *richtig* ist: eine künstlerische Dimension, eine Emotion, ein Blickwinkel, ein Farbenverhältnis. All das kommt in jedem bleibenden Werk vor, unabhängig von der historischen Dimension. Jeder kann das spüren, und das Publikum weiß sehr genau, wann etwas *richtig* ist. Und wenn es auch nicht weiß, warum, müssen wir es wissen, denn wir sind schließlich ... die Spezialisten.

Wenn ich eingreife, dann immer in bezug auf die Bewegung. Warum bricht er ein? Warum haben wir den Eindruck, daß dies nicht aufzuhalten ist? Das sind einfache Feststellungen im Dienste einer lebendigen Organisation, und jede lebendige Organisation entspringt nun mal der Bewegung, mit einem Anstieg, einem Abstieg und einem Rhythmus. In jeder Improvisation kann man diese Organisation wiederfinden. So gesehen ist die Schule auch eine Schule des Blicks. Jederman kann ein Thema zur Improvisation vorgeben, das Problem ist, zu wissen, was man hinterher dazu sagt! Es geht nicht darum, Wissen identisch weiterzugeben, sondern zu versuchen, gemeinsam zu verstehen, eine höhere Ebene zwischen Schüler und Lehrer zu finden, auf der der Lehrer seinen Schülern Dinge sagen kann, die er ohne sie niemals zu sagen vermocht hätte, und auf der die Schüler durch ihre Lust und ihre Neugier ihrerseits Wissen herausfordern.

Standpunkte hingegen sind erwünscht: Es ist notwendig, daß die Schüler während ihrer dramatischen Arbeit Ideen und Meinungen haben, aber diese Ideen sind unnütz, wenn sie nicht in der Wirklichkeit verankert sind. Dasselbe Phänomen findet sich in der Malerei: Corot, Cézanne oder Soutine vermochten jede Art von Baum zu malen, ihn zu verwandeln, eine seiner Facetten einzufangen, ihn in spezielle Lichtverhältnisse zu setzen. Wäre aber nicht »Der Baum« in dem gewesen, was sie malten, es wäre nichts weiter geschehen! Man kommt immer auf die Beobachtung der Dinge zurück, in nächster Nähe zur Natur und den menschlichen Realitäten. Ich glaube sehr stark an das Überzeitliche, an den »Baum aller Bäume«, die »Maske aller Masken«, das »Gleichgewicht aller Gleichgewichte«. Ich gebe zu, daß diese persönliche Tendenz ein Hindernis darstellen kann, aber sie ist ein notwendiges Hindernis. Über eine anerkannte Bezugsgröße, die nach Neutralität strebt, finden die Schüler ihre eigene Position. Natürlich existiert diese absolute und universelle Neutralität nicht, sie ist lediglich ein Anreiz. Dadurch wird der Irrtum interessant. Das Absolute kann ohne den Irrtum nicht sein. Die Differenz zwischen dem geographischen und dem magnetischen Pol der Erde interessiert mich sehr. Der Norden ist nicht ganz im Norden! Es gibt eine Abweichung, und es ist ein Glück, daß diese Abweichung existiert. Der Irrtum ist nicht nur anerkannt, er ist notwendig, damit das Leben weitergeht, es sei denn, er ist zu groß. Ein großer Irrtum ist eine Katastrophe, ein kleiner Irrtum ist notwendig, um besser existieren zu können. Ohne Irrtum gibt es keine Bewegung mehr. Das ist der Tod!

Die Suche nach dem Überzeitlichen

Neben der Improvisation ist die *Analyse der Bewegungen* der zweite große Bereich der Schule. Die Bewegung ist keine Strecke, sie ist Dynamik, etwas anderes als einfache Fortbewegung von einem Punkt zum anderen. Wichtig ist, *wie* eine Bewegung sich abspielt. Den dynamischen Boden meines Unterrichts bilden die Verhältnisse von Rhythmen, Räumen und Kräften. Das Entscheidende ist, die Gesetze der Bewegung zu erkennen, und zwar ausgehend vom menschlichen Körper in

Aktion: *Gleichgewicht, Ungleichgewicht, Gegensatz, Wechsel, Ausgleich, Aktion, Reaktion.* Im Körper des Schauspielers wirken ebenso viele Gesetze wie im Körper des Publikums. Der Zuschauer weiß sehr genau, ob eine Szene im Gleichgewicht oder Ungleichgewicht ist. Es gibt einen kollektiven Körper, der weiß, ob eine Vorstellung lebendig ist oder nicht. Die kollektive Langeweile ist ein Zeichen für das organische Nichtfunktionieren einer Vorstellung.

Die Gesetze der Bewegung organisieren alle theatralischen Situationen. Eine Handschrift ist eine Struktur aus Bewegung. Die Themen können sich ändern, sie gehören zu den Ideen, aber die Strukturen des Spiels bleiben der Bewegung und ihren unwandelbaren Gesetzen verbunden. In der Architektur bricht, wenn man ein Betongewölbe hochzieht und dabei zu weit geht, alles zusammen. Im Theater geht man manchmal zu weit, ohne zu wissen, ob alles zusammenbrechen wird. Man muß also die Architektur im Innern finden. Die äußeren Bewegungen sind analog zu jenen im Innern, es ist dieselbe Sprache. Dieser Poetik des Überzeitlichen, aus der eine Handschrift entsteht, gilt meine ganze Begeisterung.

Ich habe immer die Idee einer Pädagogik der *mime ouvert*[10] vertreten. Mimen ist ein fundamentaler Akt, der Anfang allen dramatischen Schaffens, für den Schauspieler, für das dramatische Schreiben und für das Spiel. Ich stelle den Akt des Mimens ins Zentrum, als wäre dies der Körper des Theaters selbst: spielend ein anderer sein zu können, die Illusion jedweder Sache vermitteln zu können. Leider ist das Wort »Mime« vorbelastet, kodifiziert, erstarrt. Ich will genauer erklären, was ich unter *Mime* verstehe. Die Mime erstarrte, als sie sich vom Theater löste. Sie zog sich auf sich selbst zurück, und ihr Sinn erschöpfte sich in einer bestimmten Art von Virtuosität. Das französische Theater hat sie zuletzt gänzlich aus seiner Welt verstoßen, als sei sie eine gesonderte Kunst. Dabei ist der Akt des Mimens ein großer Akt, ein Kindheitsakt: Das Kind mimt die Welt, um sie zu erkennen und sich darauf vorzubereiten, in ihr zu leben. Theater ist ein Spiel, das dieses Ereignis fortführt. Der Begriff des Mimen ist heute so eng gefaßt, daß man andere suchen muß. Deswegen benutze ich manchmal den Begriff des *mimisme*[11] (sehr gut dargestellt von Marcel Jousse in seiner *Anthropologie du geste*, Éditions Gallimard), nicht zu verwechseln mit *mimétisme*[12]. *Mimétisme* ist eine Darstellung der Form, *mimisme* ist die Suche nach der inneren Dynamik des Sinns.

Mimen heißt *verkörpern,* also besser verstehen. Derjenige, der den ganzen Tag lang Steine schleppt, weiß irgendwann nicht mehr, was er da schleppt. Der Vorgang wird zum Automatismus. Wenn man ihn bittet, das Schleppen der Steine zu mimen, wird er den Sinn dieses Objekts wiedererkennen, sein Gewicht, sein Volumen. Dieses Phänomen ist für die Pädagogik interessant: Mimen erlaubt es, eine Sache auf eine frischere Art neu zu entdecken. Der Akt des Mimens ist hier eine Kenntnis. Dieses pädagogische Mimen ist nicht mit der Kunst des Mimens zu verwechseln, die ihre Größe in der theatralischen Überhöhung erreicht, insbesondere beim japanischen Noh-Theater, wenn der Schauspieler seine Wut nur mit einigen wenigen Vibrationen seines Fächers mimt!

Es gibt auch eine versteckte Mime, die sich in allen Künsten findet. Jeder wirkliche Künstler ist ein Mime. Wenn Picasso einen Stier in der ihm eigenen Art malen konnte, dann deshalb, weil er vorher so viele gesehen hatte, daß er zunächst den Stier innerlich *verwesentlichte*, woraufhin seine Geste entstehen konnte. Er mimte! Maler und Bildhauer mimen sehr gut, sie haben teil am selben Phänomen. Eine unterschwellige Mime bringt in allen Künsten zahlreiche sehr unterschiedliche Werke ans Licht. Das ist der Grund, warum ich vom Theaterunterricht zum Architekturunterricht kommen konnte und dabei die »mimenden Architekten« erfand. Sie mimen die existierenden Räume, um sie kennenzulernen, dann die, die sie planen, damit es lebendige Bauten werden.

Für mich ist Mime ein wesentlicher Bestandteil des Theaters, nicht eine gesonderte Kunst. Die Mime, die ich liebe, ist Identifikation mit den Dingen, um sie lebendig zu machen, selbst wenn die Sprache gegenwärtig ist. Die Italiener wissen das sehr genau. Das wurde mir klar, als ich Marcello Moretti in *Harlekin, Diener zweier Herren* sah, oder auch Vittorio Gassman oder Dario Fo. Von dieser italienischen gemimten und gesprochenen Komödie habe ich mich inspirieren lassen und sie später für den Unterricht neu erfunden. Darum kam im Namen der Schule der Begriff »Mime« nie ausschließlich vor. Zuerst habe ich sie »Mime, Erziehung des Schauspielers« bezeichnet, dann »Mime und Theater«, »Mime, Bewegung, Theater«, und letzten Endes »Internationale Schule des Theaters« genannt.

Die Schüler sind die große Kraft der Schule. Sie werden permanent auf sich selbst zurückverwiesen und bringen uns ihr eigenes Theater. Wir geben Themen vor, machen ihnen Vorschläge, fordern sie heraus, erlegen ihnen Einschränkungen auf, aber wir können unsere Arbeit nur vertiefen, wenn sie daran interessiert sind. Allerdings kommt von den Schülern oft Widerspruch. Man muß sie dann anhören, darf aber gleichzeitig nicht zu sehr auf sie hören. Man muß sich ihnen auch entgegenstellen und kämpfen, um sie in einen wahrhaft poetischen Raum mitzunehmen. Diese Dimension ist manchmal schwer zu erreichen. Unsere Antwort auf ihre mangelnde Vorstellungskraft muß das Phantastische, die Schönheit, die Verrücktheit der Schönheit sein.

Auch die Lehrer nehmen an der Entwicklung der Schule teil. Alle Lehrer, die mich begleiten, sind ehemalige Schüler, wir haben also eine gemeinsame Sprache und die gleichen Bezugspunkte, und darüber hinaus bringt jeder seine Persönlichkeit mit ein. Eine von Neugier und Wissensdurst getriebene Suche führt uns zusammen. Unter den Lehrern, die in der Schule mitwirken, hat Antoine Vitez eine Sonderstellung. Er ist der einzige, der nicht mein Schüler war. 1967–1969 machte er an der Schule seine ersten Schritte als Theaterlehrer. Ich habe ihm »*Umgang* mit Texten« anvertraut, den wir von der *Interpretation* unterscheiden. Er sollte diese grundlegende Konzeption später am Conservatoire national d'art dramatique[13] beibehalten.

Vierzig Jahre nach ihrer Eröffnung bleibt die Schule für mich weiterhin ein Ort ständiger Suche. Da diese Suche sich jeden Tag vertieft, wird sie immer interessanter. Die Neuheit ist als solche nicht unerläßlich. Einer Sache auf den Grund zu gehen, ermöglicht die Entdeckung, daß alles in ihr enthalten ist.

Du verbringst dein Leben in einem Wassertropfen und siehst die Welt.

II.

DIE WELT UND IHRE BEWEGUNGEN

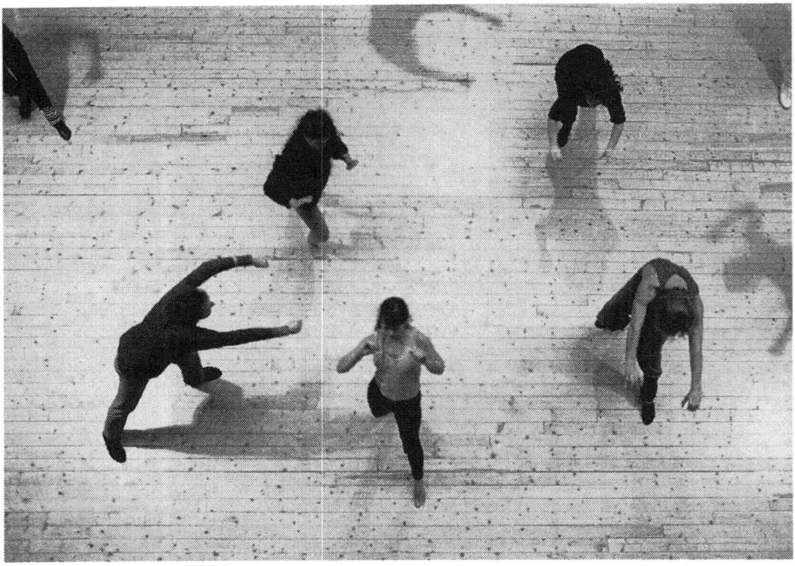

Ziehen … stoßen

Die Schüler, die aus verschiedenen Ländern kommen, werden im ersten Jahr für ein Probetrimester aufgenommen. Sie sind im Durchschnitt vierundzwanzig bis fünfundzwanzig Jahre alt und haben bereits Theatererfahrung. Die Ausländer haben meistens eine Theaterausbildung in ihrem Land absolviert, die anderen haben an diversen Kursen oder Workshops teilgenommen. Man muß also damit anfangen, die parasitären Formen, die ihnen nicht eigen sind, zu eliminieren, alles abzubauen, was sie behindern könnte, um so nah wie möglich an das wirkliche Leben heranzukommen. Wir müssen die Schüler ein wenig von ihrem Wissen abbringen, nicht um zu tilgen, was sie wissen, sondern um ein sozusagen unbeschriebenes Blatt zu schaffen, was sie befähigt, Ereignisse von außen aufzunehmen. Erklärtes Ziel des ersten Jahres ist, die für die Qualität des Spiels unabdingbare große Neugier in ihnen zu wecken.

In diesem Jahr der Entdeckung und des Kennenlernens legen wir mit der Improvisation und der Analyse der Bewegungen des Lebens die Grundlagen für Spiel und Kreation. Diese beiden Aspekte stehen in konstantem Zusammenhang. Bei der Improvisation geht es darum, nach außen zu kehren, was im Innern ist; demgegenüber steht die objektive Technik der Bewegung, die uns den entgegengesetzten Weg vom Äußeren ins Innere ermöglicht.

Auf dem Gebiet der Improvisation führt uns der Weg im ersten Jahr durch mehrere große aufeinanderfolgende Abschnitte. Die Analyse der Bewegung geht parallel dazu einen ebenfalls strukturierten und sich fortentwickelnden Gang. Diese Arbeit wird von körperlicher und stimmlicher Vorbereitung, von Kursen in dramatischer Akrobatik, Jonglieren und Kampfsport begleitet.

Während des ganzen Jahres haben die Schüler in den *autocours* Gelegenheit, ihre persönliche Kreativität zu entwickeln. Für diese Arbeit ohne Lehrer bekommen die Schüler jede Woche ein Thema, das sie so bearbeiten sollen, wie sie es wollen. Es ist ihr Theater. Dieser Freiraum ist wichtig und hilft, das Hauptziel der Schule niemals aus den Augen zu verlieren: die Kreation. Er erleichtert ebenfalls die Anwendung all dessen, was im Unterricht erarbeitet wird, und offenbart das Talent der Schüler, ihren Sinn fürs Spiel und für dramatische Texte.

Die drei Achsen der Arbeit des ersten Jahres, die auf den folgenden Seiten einzeln besprochen werden, stehen miteinander in engem Zusammenhang und greifen im Verlauf des Jahres ineinander. *Improvisation, Analyse der Bewegungen* und *eigene Kreation* kreuzen und ergänzen sich ständig, um dem Schüler den unmittelbaren Zugriff auf die Welt und ihre Bewegungen zu ermöglichen.

1
IMPROVISATION

DIE STILLE VOR DER SPRACHE

Spielen und Nachspielen

Wir nähern uns der Improvisation über das stille psychologische *Nachspielen.* Das *Nachspielen* ist die einfachste Art, die Phänomene des Lebens wiederzugeben. Ohne jegliche Überhöhung, ohne Übertreibung, in größter Treue zur Wirklichkeit und zur Psychologie der Individuen und ohne Sorge um ein Publikum, machen die Schüler eine Situation lebendig: im Klassenzimmer, auf dem Markt, im Krankenhaus, in der U-Bahn ... Später, wenn der Schauspieler für ein Publikum und im Bewußtsein der theatralischen Situation seiner Improvisation Rhythmus, Maß, Zeit, Raum und Form verleiht, kommt das *Spiel.* Das *Spiel* kann dem *Nachspielen* sehr ähnlich sein oder aber sich sehr weit davon in die gewagtesten theatralen Überhöhungen entfernen, allerdings darf es nie die Verankerung in der Wirklichkeit verlieren. Ein großer Teil meiner Pädagogik besteht darin, den Schülern dieses Gesetz zu offenbaren.

Wir beginnen mit der Stille, denn die Sprache vergißt meistens die Wurzeln, aus denen sie hervorgeht, und es ist wünschenswert, daß die Schüler sich von Anfang an in einen Zustand ursprünglicher Naivität, Unschuld und Neugier begeben. In allen menschlichen Verhältnissen gibt es zwei große Bereiche der Stille: vor und nach der Sprache. Vor der Sprache hat man noch nicht gesprochen, man befindet sich in einem Zustand der Scham, in dem die Sprache aus der Stille heraus entstehen kann.

Meidet sie Diskurs und Erklärung, so kann sie um so ausdrucksstärker sein. Die Arbeit an der Natur des Menschen in solchen Situationen der Stille verschafft einen Zugang zu den Momenten, in denen Sprache noch nicht existiert. Die andere Stille ist die Stille danach: wenn man sich nichts mehr zu sagen hat. Diese Stille interessiert uns weniger!

Die ersten Improvisationen dienen mir dazu, die Qualität des Spiels der Schüler zu beobachten: Wie spielen sie die ganz einfachen Dinge? Wie still sind sie? Manche verstehen die Einschränkung als Sprechverbot, dabei verbiete ich nichts, sondern bitte sie einfach, still zu sein, um das, was sich *unter den Worten* befindet, besser hören zu können.

Aus dieser Stille führen nur zwei Wege heraus: die Sprache oder die Handlung. In einem bestimmten Moment, wenn die Stille zu bedeutungsvoll wird, befreit sich das Thema, und die Sprache löst die Stille ab. Man darf also sprechen, aber nur wenn es notwendig ist. Der andere Weg ist die Handlung: »Ich mache etwas.« Am Anfang wollen die Schüler unbedingt agieren, willkürlich Situationen herbeiführen. Indem sie das tun, ignorieren sie die anderen Spieler völlig und spielen nicht *mit* ihnen. Dabei kann das Spiel nur in der Reaktion auf den anderen entstehen. Man muß ihnen dieses wesentliche Phänomen begreiflich machen: Reagieren heißt, das Angebot der Außenwelt auszugestalten. Die innere Welt offenbart sich in Reaktion auf die Herausforderungen der äußeren Welt. Fürs Spielen nützt es überhaupt nichts, die eigene Gefühlswelt, die Erinnerungen und die Kindheit in sich aufzusuchen.

Paradoxerweise ist eines der ältesten Themen, die ich für die Improvisation am Anfang des Jahres vorschlage, *Das Kinderzimmer.*

Nach langer Zeit kehren Sie zurück, um das Zimmer Ihrer Kindheit wiederzusehen. Sie haben deswegen eine lange Reise gemacht, nun stehen Sie vor der Tür, Sie öffnen die Tür. Wie werden Sie sie öffnen? Wie werden Sie hineingehen? Sie entdecken Ihr Zimmer wieder: Nichts hat sich verändert, jedes Ding ist an seinem Platz. Sie finden alle Ihre Kindersachen wieder, Ihr Spielzeug, Ihre Möbel, Ihr Bett. Diese Bilder der Vergangenheit leben in Ihnen wieder auf bis zu dem Moment, in dem die Gegenwart Sie einholt. Und Sie verlassen den Ort.

Das Thema ist nicht das Zimmer *meiner Kindheit*, sondern ein Kinderzimmer, dessen Wiederentdeckung man spielt. Die Dynamik der Erinnerung ist wichtiger als die Erinnerung selbst. Was passiert, wenn man an einen Ort kommt, den man zum ersten Mal zu entdecken glaubt? Plötzlich dieses Gefühl: »Das habe ich schon einmal gesehen!« Wir befinden uns in einem gegenwärtigen Bild, und plötzlich erscheint ein Bild aus der Vergangenheit. Aus der Verbindung dieser beiden Bilder entsteht das Spiel. Wer improvisiert, schöpft natürlich aus seinem eigenen Gedächtnis, aber die Erinnerungen können ebensogut erfunden sein.

Ich erinnere mich, daß ich dieses Thema bei einem Kurs in Deutschland vorgab. Ein junges Mädchen spielte, daß sie einen Ring in ihrem alten Schmuckkästchen wiederfindet. Sie versuchte instinktiv, ihn an den Finger zu stecken, aber der Ring war zu klein. Sie steckte ihn dann an den kleinen Finger. Die Improvisation löste einen heftigen Gefühlsausbruch aus. Hatte sie diesen Ring erfunden? Handelte es sich um eine wirkliche Erinnerung? Die Improvisation wühlt manchmal sehr intime Dinge auf, die aber dem Spielenden gehören. Ich verlange von den Schülern nie, daß sie ihre wahren Erinnerungen aufsuchen.

Ich will weder in ihre Intimsphäre noch in ihre Geheimnisse eindringen.

Dieses Thema wird alleine vor den anderen Schülern gespielt. Da es sich um ein Spiel vor Publikum handelt, gebe ich keine zeitliche Begrenzung vor, achte allerdings darauf, daß sich ein dramatischer Bogen einstellt, damit es interessant und stimmig wird. Die Improvisation ist gemimt: Das bewirkt eine Erneuerung des Gespürs für die Dinge und für die Möglichkeit, sich vieles vorzustellen, ohne sich mit wirklichen Dingen zu umgeben.

Das Warten ist das wichtigste Hauptthema der ersten stillen Improvisationen. Der entscheidende Motor des Spiels sind die Blicke: *schauen* und *angeschaut werden.* Im Leben wartet man dauernd, überall, mit Leuten, die man nicht kennt: in der Post, beim Zahnarzt. Dieses Warten ist nie abstrakt, es besteht aus unterschiedlichen Kontakten: Man agiert und reagiert. Wir versuchen, das sowohl in den Improvisationen als auch durch die Beobachtung des wirklichen Lebens wiederzufinden. Weil die Erinnerungen an das Leben nicht für das Spiel ausreichen, müssen wir jeden Moment auf die Beobachtung des Lebendigen zurückgreifen: wie die Leute durch die Straßen gehen, in einer Warteschlange stehen, wie sie sich verhalten.

Das vorgegebene Thema ist *Die psychologische Versammlung*, die ich absichtlich in einen »klischeehaften«, sehr bürgerlichen Kontext stelle, obwohl sie auch in einem ganz anderen, sogar unbestimmten Raum stattfinden könnte.

Sie sind bei einer sehr reichen Dame zu einem kleinen Cocktail eingeladen, an einem Freitag gegen fünf Uhr. Niemand kennt sich. Ein großer persischer Teppich auf dem Boden, ein venezianischer Leuchter an der Decke, an der Wand ein Renaissancebild, sicher eine Fälschung. Auf der anderen Seite

eine kleine Säule, darauf eine sehr schöne chinesische Vase; es ist eine Wohnung in der zweiten Etage, die schicke Etage in Paris, es muß das sechzehnte Arrondissement sein, mit einem großen Zwanziger-Jahre-Fenster zur Avenue. Hinten ein Serviertisch mit Cocktails, Whisky, Fruchtsaft, kleinen Leckereien …
Fünf Personen stellen sich, eine nach der anderen, am Eingang vor; ein Butler hat sie eingelassen, sie gehen durch eine weitere Tür, einen Flur entlang, und man sagt ihnen: »Hier ist es!« Der erste, der hereinkommt, weiß nicht, daß er der erste ist, er kommt herein, und es ist niemand da. Nur er. Ein zweiter kommt herein, dann ein dritter, ein vierter, ein fünfter … Die Dame erscheint natürlich nie! Sie sehen sich also mit einer Situation des Schweigens konfrontiert, wagen nicht zu sprechen, ein bißchen wie in einem Wartezimmer.

Diese Arbeit bringt mehrere Abweichungen zum Vorschein. Zum einen die »pantomimischen« Aspekte, wenn die Schüler Worte, die sie nicht sagen dürfen, durch Gesten ersetzen, oder wenn sie Grimassen schneiden, um sich auszudrücken. Zum anderen sehen sie oft … bevor sie sehen! Sie zeigen, daß sie sehen, bevor sie wirklich gesehen haben: Sie vollführen eine Scheinhandlung. Sie machen eine Geste, bevor das motorische Empfinden da ist. Wenn die erste Person eintritt, weiß sie noch nicht, daß sie die erste ist. Es gibt also dieses außerordentlich wichtige Moment der Überraschung, das eigentliche Spielmoment des Schauspielers. Der Schauspieler kennt das Ende des Stücks, die Figur aber nicht!

Die aufeinanderfolgenden Auftritte verdeutlichen auch die *mimetische* Bedeutung von Dauer und Distanz. Die ersten beiden Schauspieler, die auftreten, haben ein Timing, das zwangsläufig vom dritten gebrochen werden muß, wenn man das Ganze lebendig erhalten will. Man muß einen *Rhythmus* finden und nicht ein festes *Maß*. Das Maß ist geometrisch, der Rhythmus ist organisch. Das Maß kann man definieren, während der Rhythmus sehr schwer zu fassen ist. Der Rhythmus ist die Antwort auf ein lebendiges Element. Das kann eine Wartehaltung sein, aber auch eine Handlung. In den Rhythmus einzusteigen heißt, sich dem großen Motor des Lebens anzuschließen. Der Rhythmus liegt den Dingen wie ein Geheimnis zugrunde. Natürlich sage ich das meinen Schülern nicht, weil sie sonst nichts mehr machen könnten. Sie müssen es selbst entdecken.

In solchen Situationen plazieren sich die Leute oft symmetrisch zueinander: Sie stellen sich in gleichen Abständen in einer Reihe, Seite an Seite, hintereinander oder im Kreis auf. Wir haben es hier mit demselben Phänomen wie bei den zeitlich getakteten Auftritten zu tun. Solche Aufstellungen können nur militärisch oder rituell sein, dramatisch sind sie nicht spielbar. Jede Gruppe tendiert zu einer meßbaren Geometrie, die nicht mit der dynamischen Geometrie verwechselt werden darf. Jede Figur muß ein Teil der Gruppe und zugleich von der Gruppe verschieden sein, ihre persönliche Zeit und ihren eigenen Raum finden.

Es gibt auch die umgekehrte Situation: Jemand tritt auf, will um jeden Preis originell sein, führt sich auf wie ein klinischer Fall und legt das extravaganteste Verhalten an den Tag. Dieser steht nun konträr zum *Mimetismus* und dem Aspekt des »Herdentriebs«. Natürlich ist das nicht das, was wir suchen, selbst wenn es für die anderen eine interessante Provokation darstellt. Wenn sie irgendwelche Reaktionsschwierigkeiten haben sollten, bietet sich hier immerhin eine Gelegenheit. Die Reaktion ist kollektiv: »Alle gegen einen.« Gewissermaßen eine Geburt des Chors angesichts eines verunglückten Helden!

Die Strukturen des Spiels

Nach ersten Studien über *Das Warten* nehmen wir das skizzierte Thema noch einmal auf. Wir verlassen die anekdotische Dimension, drehen das Thema herum und behalten nur den *Motor*: Nun ergeben sich andere Themen, andere Bilder, andere Situationen, andere Figuren.

> *Zwei Personen begegnen sich, halten einander mit dem Blick fest, und es entsteht nach dieser Begegnung eine stille dramatische Situation. Eine dritte Person kommt vorbei und beobachtet die beiden. Dann eine vierte, die alle drei beobachtet …*

Nach und nach kommen wir über die Ansammlung wieder auf das vorangegangene Thema zurück, diesmal aber zu seiner Struktur. Es gibt keine Bebilderung mehr, kein vorgefertigtes Gerüst, nur den dramatischen Motor, der demontiert und analysiert werden kann. Von dieser Grundstruktur können wir verschiedene Unterthemen ableiten und unter dem allgemeinen Titel »Derjenige, welcher …« zusammenfassen. Reduziert auf diesen Motor entfernen sich die psychologischen Themen von den Anekdoten, und es entstehen Momente ganz speziellen Spiels. Sie erlauben einen sehr genauen Blick auf ein einzelnes Detail, das dadurch zum großen »Derjenige, der glaubt, daß … aber nein!« – Thema wird: Derjenige, der glaubt, er würde erwartet; der glaubt, man verabscheue ihn; der glaubt, er wäre der stärkste; der glaubt, man lächle ihm zu.

> *Sie sitzen in einem Café. Ihnen gegenüber, an einem anderen Tisch, macht Ihnen jemand ein kleines Zeichen mit der Hand. Sie fragen sich, ob Sie ihn kennen oder nicht? Aus Höflichkeit antworten Sie in der gleichen Weise. Der andere,*

etwas wohler in seiner Haut, macht etwas verrücktere Sachen, ausladendere Gesten, spielt mit einem Gegenstand, lächelt. Nach und nach entsteht ein geheimes Einverständnis zwischen Ihnen beiden, ein Dialog aus Gesten oder Minenspiel. Am Ende steht die Person auf, kommt lächelnd auf Sie zu. Sie stehen ebenfalls auf, um sie zu empfangen ... aber sie geht an Ihnen vorbei zu jemandem, der sich hinter Ihnen befand!

Wichtig ist hier die aufsteigende dynamische *Skala*, die man in all ihren Feinheiten spielen soll. Indem man die Situation nach und nach aufbaut, entsteht ein regelrechtes Gewebe, das, wird es weiterentwickelt, uns in die Nähe der Commedia dell'arte führt. Die Situationen werden bis an ihre Grenzen getrieben: »Jemand hat Angst, er weicht zurück; Harlekin hat Angst, er versteckt sich unterm Teppich oder in sich selbst!«

Wir versuchen immer, die Situationen über die Wirklichkeit hinauszutreiben, ein Spiel zu erfinden, das im Leben nicht mehr wiederzuerkennen ist, um gemeinsam festzustellen, daß das Theater weiter reicht. Es versetzt das Leben in andere Dimensionen und erweitert es auf diese Art. Eine wesentliche Erkenntnis!

Der Begriff der *Skalen* verdeutlicht die verschiedenen Stufen der Entwicklung einer dramatischen Situation. Ich habe ihn in das Thema der *Sechs Töne* eingearbeitet, das wir als technische Improvisation in einer Gemeinschaftsübung bearbeiten.

Während Sie eine physische Arbeit verrichten, eine Tätigkeit, die dem Körper eine immer gleiche Geste abverlangt (Holz sägen, eine Mauer anstreichen, fegen), werden Sie sechs Töne hören, die von verschiedener Bedeutung sind. Den ersten hören Sie nicht. (Was nicht heißt, daß es keine Reaktion gibt.) Den zweiten hören Sie, messen ihm aber keinerlei Bedeutung bei.

Der dritte ist wichtig, Sie warten, um zu hören, ob er noch einmal wiederkommt. Da er sich nicht wiederholt, läßt Ihre Aufmerksamkeit nach. Der vierte ist sehr wichtig, und Sie glauben zu wissen, woher er kommt, was Sie beruhigt. Der fünfte bestätigt nicht, was Sie dachten. Der sechste und letzte ist schließlich ein Düsenflugzeug, das über Ihren Kopf hinwegfliegt.

Diese stark strukturierte *Skala* dient als Orientierung für alle Skalen, denen man später in zahlreichen Theatersituationen begegnet. Die Übung ist besonders geeignet, um die Dynamik der Steigerung einer Bewegung zu verstehen, aber auch, um die der Skala entsprechenden Bewegungen technisch kennenzulernen. Wie verändert sich die Handlung in Hinblick auf die Bedeutung der Töne? Verändert sich die Geste je nachdem, welche Bedeutung man dem beimißt, was man hört? Welche Beziehungen bestehen zwischen Aktion und Reaktion?

Als Antwort auf diese Fragen stellen wir fest, daß die Aktion immer der Reaktion vorausgehen muß. Je mehr Zeit zwischen Aktion und Reaktion verstreicht, um so größer wird die dramatische Intensität und um so größer wird das Spiel des Schauspielers, wenn er das Niveau hält. Die dramatische Kraft wird sich proportional zur Reaktionszeit verhalten. Das Prinzip der *Skalen*, das wir sehr oft anwenden, ist ein ausgezeichnetes Mittel, um dieses Gesetz zu begreifen und die Ebenen des Spiels aufzubauen.

Bei dieser Arbeit zeige ich den Schülern, bevor sie anfangen, die verschiedenen Artikulationen des Themas, dann schlage ich selbst die Töne auf einem Tamburin. Ich werde der Regisseur des Themas, was mich dazu zwingt, der Abfolge der verschiedenen Töne einen bestimmten Rhythmus zu geben. Ich kann sie nicht regelmäßig alle fünf Sekunden geben. Ich muß einen für das Gelingen des Spiels günstigen Rhythmus finden: Wenn ich zu lange warte oder zu schnell bin, ist die Aufgabe mißlungen. Der Lehrer wird für diese Gemeinschaftsübung zum Regisseur.

Alle diese ersten Erfahrungen zielen darauf ab, den Gebrauch der Sprache hinauszuzögern. Die Anweisungen für das stille Spiel bringen die Schüler dazu, das grundlegende Gesetz des Theaters zu erkennen: Aus der Stille erhebt sich das Wort. Parallel dazu werden sie entdecken, daß die Bewegung ihrerseits nur aus der Bewegungslosigkeit entstehen kann. Alles andere ist Kommentar und Gestikulieren. »Sei still, spiele, und das Theater wird kommen!«, so könnte unsere Devise lauten. Sie wäre das paradoxe Echo der Statuen, die vor den Tempeln der Khmer errichtet sind, von denen eine den Mund offen, die andere den Mund geschlossen hat. »Am Anfang spricht man, und dann schweigt man«, sagen sie. Meine Pädagogik behauptet genau das Gegenteil!

DIE NEUTRALE MASKE

Die Neutralität

Die Arbeit mit der neutralen Maske beginnt nach dem *stillen psychologischen Spiel.* Sie ist der eigentliche Anfang der Reise. Die Erfahrung hat mich gelehrt, daß im Zusammenhang mit dieser Maske fundamentale Dinge geschehen. Sie wurde zum Kernpunkt meiner Pädagogik.

Die neutrale Maske ist ein eigenartiges Ding. Ein sozusagen *neutrales*, ausgeglichenes Gesicht, das eine körperliche Wahrnehmung der Ruhe anbietet. Dieses Objekt, das man sich vors Gesicht hält, soll dazu dienen, den *neutralen Zustand*, der einer Handlung vorausgeht, zu empfinden, einen Zustand der Empfänglichkeit für das, was uns umgibt, frei von innerem Konflikt. Die Maske ist Bezugspunkt, Grundmaske, Ausgangsmaske für alle anderen Masken. In allen anderen Masken, expressiven Masken oder denen der Commedia dell'arte, steckt als Träger des Ganzen die neutrale Maske. Sobald der Schüler diesen neutralen Ausgangszustand gefunden hat, ist sein Körper wie ein unbeschriebenes Blatt verfügbar für die Handschrift des Dramas.

Eine gute neutrale Maske ist sehr schwer herzustellen. Sie ist natürlich grundverschieden von den weißen Masken, die man bei Umzügen oder Demonstrationen sieht. Jene sind Totenmasken, also alles andere als neutral. Wir verwenden Ledermasken von Amleto Sartori, die mit der *›masque noble‹* von Dasté verwandt sind. Die ›masque noble‹ ist ein bißchen »japanisierend«, ist aber neutral insofern, als sie eine Maske der Ruhe, ohne besonderen Ausdruck, im Zustand der Ausgeglichenheit ist.

Die neutrale Maske, wie übrigens auch alle anderen Masken, darf nicht am Gesicht kleben. Es muß zwischen dem Objekt

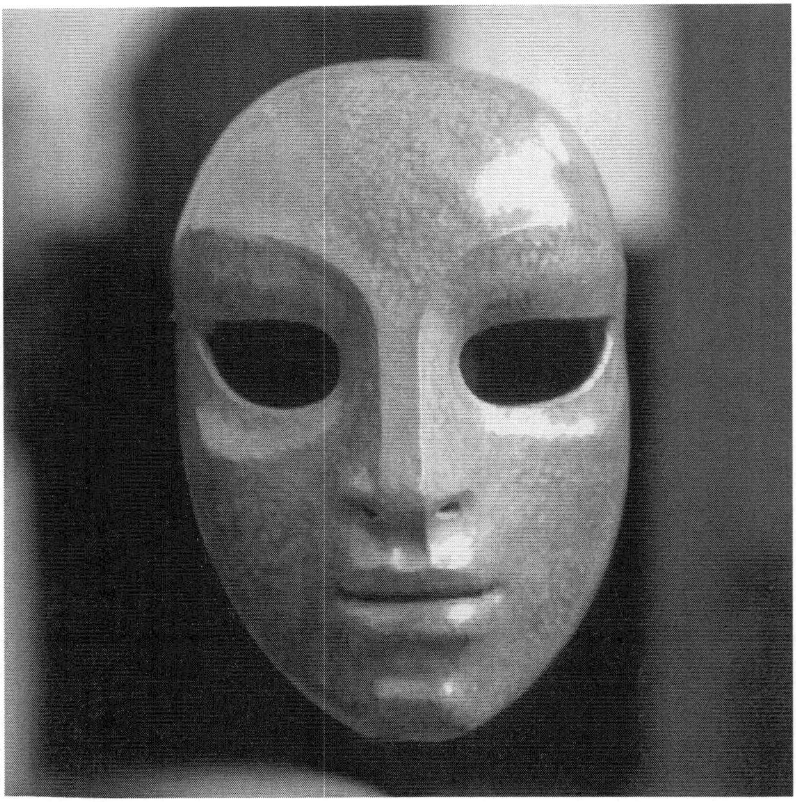

Die neutrale Maske, von Amleto Sartori geschaffen.

und dem Gesicht eine gewisse Distanz erhalten bleiben, denn erst mit dieser Distanz kann der Schauspieler wirklich spielen. Die Maske muß auch etwas größer sein als das Gesicht. Die realen Proportionen des Gesichts, wie zum Beispiel bei den Totenmasken, erleichtern weder das Spiel noch dessen Ausdruckskraft. Diese Beobachtung gilt für alle Masken.

Mit der neutralen Maske entwickelt sich in erster Linie die Präsenz des Schauspielers im Raum. Sie versetzt ihn in den Zustand des Entdeckens, der Bereitschaft und empfänglichen Verfügbarkeit. Sie gestattet ihm, elementare Dinge mit einer Frische anzuschauen, zu hören, zu fühlen und zu berühren, als sei es das erste Mal. Man dringt in die neutrale Maske ein wie in eine Figur, mit dem Unterschied, daß es sich nicht um eine Figur, sondern um ein *Wesen von neutraler Gattung* handelt. Eine Figur hat Konflikte, eine Geschichte, eine Vergangenheit, einen Kontext, Leidenschaften. Im Gegensatz dazu ist die neutrale Maske in einem Zustand von Gleichgewicht und Ökonomie der Bewegung. Sie bewegt sich richtig, mit einer Ökonomie der Gesten und Handlungen. Wenn man die Bewegung von einem neutralen Standpunkt aus erarbeitet, erhält man wesentliche Anhaltspunkte für das folgende Spiel. Weil er das Gleichgewicht kennt, drückt der Schauspieler das Ungleichgewicht der Figuren oder Konflikte viel besser aus. Und für die, die in ihrem Leben mit sich selbst oder ihrem eigenen Körper uneins sind, ist die neutrale Maske Hilfe und Ausgangspunkt, um freier atmen zu können. Für alle wird die neutrale Maske zum Bezugspunkt.

Unter der neutralen Maske verschwindet das Gesicht des Schauspielers, und man nimmt den Körper sehr viel stärker wahr. Im allgemeinen schaut man dem anderen ins Gesicht, wenn man mit ihm spricht. Ist das Gesicht aber hinter einer neutralen Maske verborgen, dann sieht man auf den ganzen Körper des Schauspielers. Die Maske ist sein Blick, der Körper sein Gesicht. Alle Bewegungen offenbaren sich mit großer Ausdruckskraft. Nimmt ein Schauspieler seine Maske ab, dann ist sein Gesicht, wenn er sie richtig getragen hat, entspannt. Ich bräuchte eigentlich überhaupt nicht auf das zu achten, was er tut. Ich wüßte sogleich, ob er sie wahrhaftig getragen hat, wenn ich nur am Ende sein Gesicht betrachte. Die Maske hat aus ihm etwas herausgeholt, was ihn seiner Kunstgriffe beraubt hat. Er hat dann ein sehr schönes, offenes Gesicht. Ist diese Offenheit einmal erreicht, kann die Maske abgenommen werden, ohne daß man fürchten müßte, wieder ins Gestikulieren oder in erklärende Gesten zurückzuverfallen. Die neutrale Maske führt uns zum Spiel ohne Maske!

Die erste Lektion ist die Entdeckung des Objekts. Ich beginne damit, die Maske zu zeigen. Die Schüler fassen sie an, tragen sie, probieren verschiedene Gesten, um sie zu spüren. Diese Annäherungen sind wichtig, denn die Maske löst beim ersten Kontakt manchmal erstaunliche Reaktionen aus: Manche haben das Gefühl zu ersticken und ertragen sie nicht auf dem Gesicht; andere, was allerdings seltener vorkommt, reißen die Maske herunter. Jedesmal wenn sie die neutrale Maske zum ersten Mal getragen haben, bitte ich die Schüler zu beschreiben, was sie empfunden haben, und wenn sie es nur mit einem Wort ausdrücken. Manche sagen gar nichts, und das ist sehr gut. Andere »entdecken ihren Körper« oder stellen fest, daß »es langsamer ist«. Die Eindrücke dieser ersten Erfahrung bedürfen keines Kommentars. Sie sind richtig. Ich lasse reden. Wir brauchen nicht zu erklären, wie man mit der neutralen Maske richtig spielt. Der Techniker könnte das sagen, aber der Lehrer muß es sich verbieten. Dies den Schülern zu erklären hätte nur zur

Folge, daß sie die Maske nicht tragen könnten. Sie wären viel zu sehr damit beschäftigt, alles richtig zu machen, während sie die Dinge doch zunächst einmal empfinden müssen.

Das erste pädagogische Thema ist das *Erwachen.*

Aus dem Zustand der Ruhe, entspannt auf dem Boden, sollen die Schüler »zum ersten Mal erwachen«. Ist die Maske einmal erwacht, was kann sie tun? Wie kann sie sich bewegen?

Das Thema ist eine Gemeinschaftsübung, zu siebt oder acht vor den anderen, aber jeder spielt sein eigenes Erwachen. Es geht nicht um realistische Improvisation: Durch den Hinweis, daß dies das erste Mal sei, wird das Thema *verwesentlicht* und zum Grundmotiv.

Diese Improvisation führt regelmäßig zu denselben Feststellungen. Manche Schüler neigen dazu, zuerst ihre Hände zu bewegen, ihre Füße, ihren eigenen Körper zu entdecken, in einer Situation, in der sie eigentlich vor einem außerordentlichen Phänomen stehen: dem Raum! Man muß ihnen also sagen, daß es nicht um Völkerkunde geht, daß es kaum von Bedeutung ist, herauszufinden, wie viele Zehenglieder der Mensch hat, daß es nichts nützt, mit seinem eigenen Körper zu diskutieren, sondern daß es ganz einfach darum geht, die Welt zu entdecken! Andere versuchen, mit einer anderen Maske, die gleichzeitig spielt, in Kontakt zu treten. Sie schauen einander durchdringend an, ohne daß einer von beiden antworten könnte. Tatsächlich kommuniziert die neutrale Maske nie von Angesicht zu Angesicht mit einer anderen Maske. Was könnte eine neutrale Maske einer neutralen Maske sagen? Nichts! Sie können sich nur zusammenfinden, Seite an Seite, einem äußeren Ereignis gegenüber, das sie interessiert.

Während dieser ersten Annäherungen kursiert in der Gruppe manchmal die Vorstellung, die neutrale Maske hätte eine mystische oder philosophische Dimension. Manche wollten, sie wäre weder Mann noch Frau. Man muß dann auf die Betrachtung des Körpers zurückverweisen: Mann und Frau sind nicht identisch. Die neutrale Maske ist keine symbolische Maske. Die Idee, daß alle Individuen gleich seien, ist sowohl richtig als auch völlig falsch. Universalität ist nicht Uniformität. Um diesen Aspekt zu entmystifizieren, greife ich zu ausgesprochen realistischen, sehr melodramatisch klischeehaften Themen aus dem täglichen Leben, um zu beweisen, daß die Neutralität auch in diesen Themen zu finden ist. Da wäre zum Beispiel *Der Abschied am Schiff.*

> *Ein sehr lieber Freund geht auf ein Schiff, um sehr weit, ans andere Ende der Welt zu reisen, und man geht davon aus, daß man ihn nie mehr wiedersehen wird. Im Moment seiner Abreise stürzt man auf die Mole an der Hafenausfahrt, um ihm ein letztes Mal zu winken.*

Dieses alltägliche Thema ist mit Menschen im Hafen, mit Nebel und Schiffssirenen umrissen, es könnte aber genausogut auf einem Bahnsteig bei der Abfahrt eines Zuges oder sonstwo spielen. Nicht die *Karosserie* des Themas ist die Hauptsache, sondern die motorische Struktur des Abschieds, die es auszuarbeiten gilt. Wir untersuchen also, wie der Abschied in seiner Dynamik funktioniert. Ein wirklicher Abschied ist kein »Auf Wiedersehen«, es ist ein Trennungsakt.

> *Ich bin Teil eines anderen, wir haben einen Körper, einen Körper zu zweit, und plötzlich flüchtet ein Teil dieses Körpers.*

Ich werde versuchen, ihn zurückzuhalten ... und, ach, nein! Er ist weg, ich bin von einem Teil meiner selbst getrennt und bewahre doch etwas Unauslöschliches davon, eine Art Traurigkeit des Körpers, ein Weh des Körpers. Schließlich akzeptiere ich diesen Abschied.

Diese motorische Struktur ist nicht an einen bestimmten Kontext gebunden, und nur die neutrale Maske erlaubt es, an die innere Dynamik der Situation heranzukommen. Der Abschied ist keine Idee, er ist ein Phänomen, das man fast wissenschaftlich untersuchen kann. Dieses Thema bietet eine hervorragende Möglichkeit, den Schauspieler, seine Präsenz und seinen Sinn für den Raum zu beobachten, zu sehen, ob seine Gesten und sein Körper für jeden da sind, ob es ihm gelingt, den für alle erkennbaren gemeinsamen Nenner einer Geste zu finden: *den Abschied aller Abschiede.* Mit der neutralen Maske empfindet jeder das, was allen gehört, und die Nuancen erscheinen dann um so ausgeprägter. Diese Nuancen rühren nicht von den Figuren her, da es ja keine gibt, sondern von den mannigfachen Unterschieden zwischen den spielenden Personen. Die Körper sind verschieden, aber sie gleichen sich in dem, was sie vereint: dem Abschied. In diesem gemeinschaftlichen Phänomen klingt der Chor an, mit dem wir uns später beschäftigen werden.

Die elementare Reise

Das große Leitmotiv der neutralen Maske ist die *elementare Reise.* Bei dieser Reise durch die Natur wird gelaufen, gerannt, geklettert und gesprungen. Das Thema wird isoliert gespielt, ohne Interaktion zwischen den Schauspielern, auch wenn mehrere Schüler gleichzeitig spielen.

Bei Tagesanbruch steigen Sie aus dem Meer und entdecken in der Ferne einen Wald, zu dem Sie hingehen werden. Sie überqueren den Sandstrand und kommen in den Wald. Dort, zwischen Bäumen und Pflanzen, die zusehends dichter werden, suchen Sie den Weg hinaus. Plötzlich treten Sie, völlig überraschend, aus dem Wald und befinden sich vor einem Berg. Sie »absorbieren« das Bild dieses Berges, dann beginnen Sie, ihn zu besteigen, über die ersten leichten Hänge bis zu den Felsen und der Steilwand, die man kletternd bewältigen muß. Auf dem Gipfel des Berges eröffnet sich eine weite Landschaft: ein Flüßchen im Tal, eine Ebene und da in der Ferne die Wüste. Sie steigen den Berg hinunter, durchqueren den Fluß, wandern über die Ebene, dann durch die Wüste, und schließlich geht die Sonne unter.

Die hier vorgegebene Natur ist eine ruhige, neutrale Natur im Gleichgewicht. Es ist keine Natur für Pfadfinder mit einem Handbuch für die praktische Nutzung, was Distanz zwischen Mensch und Natur schaffen würde. Die Natur spricht direkt zum Neutralen. Wenn ich durch den Wald gehe, *bin* ich der Wald. Auf dem Gipfel des Berges kommt es mir vor, als wären meine Füße im Tal, und ich selbst sei der Berg. Eine Voridentifikation beginnt sich einzustellen. Die *elementare Reise*, das Hauptthema, ist die Vorbereitung für die große Arbeit über die Identifikationen.

Es ist auch eine symbolische Reise. Durch diese Erfahrungen führen wir die Schüler an die Poetik des Themas heran: Wir streifen Dante – *Die Göttliche Komödie,* Shakespeare – *Der Sturm*, Brecht – *Der aufhaltsame Aufstieg des Arturo Ui*. Der Gang durch den Fluß ist vergleichbar mit dem Übergang von der Jugend zum Erwachsensein, mit allen Bewegungen, die sich in den Emotionen widerspiegeln: Strömungen, Strudel, Sprünge, Stürze, Versickern, Hervorquellen, von einem Ufer zum anderen. Wie bei allen anderen Bewegungen weite ich die Möglichkeiten maximal aus, damit die Schüler diese *Reise* mit anderen Bildern als nur denen einer einfachen geographischen Rundreise *beladen* können.

In einem zweiten Anlauf nehmen wir dasselbe Thema noch einmal zur Improvisation, aber in einer extremen Dimension, unter ungünstigen Witterungsverhältnissen.

> *Das Meer ist stürmisch, man wird von einer Welle auf den Strand geworfen. Auf dem Strand wütet ein Gewitterregen. Der Wald steht nach und nach in Flammen. Auf dem Berg oben wüten Erdbeben und Erdrutsche, man stürzt in den Gebirgsbach, der Hochwasser führt. Man hält sich an Bäumen fest, schließlich gelangt man in die Wüste, durch die wiederum ein Sandsturm fegt.*

Früher führte die *Reise*, bevor man in die Wüste kam, auch durch die Stadt. Es schien mir besser, die Stadt als Thema zu isolieren, weil sie einen konstruierten, an Architektur und Formen gebundenen Raum darstellt, in dem wir eine andere Sprache entwickeln als in der natürlichen Aktion, in den *»mimages«*[14]. Wir bearbeiten die Stadt deshalb zu einem anderen Zeitpunkt, vom Morgen bis zum Sonnenuntergang, im Zustand der Ruhe und im Zustand der Revolution. Diese extremen Improvisationen bringen die Schüler dazu, Situationen zu durchleben, die sie noch nie erlebt haben, komplizierte Bewegungen auszuführen, die in ihrem Leben noch nie vorkamen. Sie erfahren, wie der Körper an der Grenze seiner Möglichkeiten, im Ausnahmezustand und im Imaginären agiert.

Identifikation mit der Natur

Die dritte Arbeitsphase mit der neutralen Maske bilden die *Identifikationen.* Natürlich geht es nicht darum, sich vollständig zu identifizieren, das wäre bedenklich, sondern zu spielen, daß man sich identifiziert. Ich schlage den Schülern zunächst vor, sich unter der Maske in die verschiedenen Naturelemente zu verwandeln: Wasser, Feuer, Luft und Erde.

Um sich mit dem Wasser zu identifizieren, spielen sie das Meer, aber auch Flüsse, Seen, Pfützen, Tropfen. Wir versuchen, uns den Bewegungen des Wassers in all ihren Formen, von den sanftesten bis zu den heftigsten, zu nähern.

> *Ich bin am Meer, ich schaue es an, ich atme es ein. Mein Atem vereinigt sich mit der Bewegung der Wellen, und allmählich dreht sich das Bild um, und ich werde selbst das Meer ...*

Die Luft, das ist vor allem der Wind, sichtbar an allen Dingen, die er in Bewegung bringt: ein Blatt, ein Stück Blech, ein Stück Stoff. Das sind Gegenwinde, ein Luftzug, alles was bläst, kräuselt und wirbelt.

Die Erde ist sowohl das, was man formen und kneten kann, als auch der Baum, für mich das symbolische Hauptelement der Erde. Er ist in sie eingepflanzt. Für einen Schauspieler ist die Arbeit am Motiv des Baumes von größter Bedeutung. Er muß in der Lage sein, sich im körperlichen Gleichgewicht wirklich im Boden zu verwurzeln. Eine Schauspielerin, die *Die Möwe* von Tschechow spielen soll, kann eine luftige Erscheinung nur dann entwickeln, wenn sie das ursprüngliche Verwurzeltsein kennt.

Das Feuer schließlich ist das Feuer: das anspruchsvollste der Elemente, weil es nur es selbst ist!

Parallel zu diesen Identifikationen mit den Elementen, mache ich gerne auf gewisse Autoren aufmerksam, angefangen bei Gaston Bachelard, dem Analytiker der materiellen Imagination, der in *L'Air et les Songes* einen tiefgründigen Blick auf dieses Element wirft. Für diejenigen, die sich vielleicht für solche Überlegungen interessieren, ist es wichtig, daß solche Bezüge erst nach der eigenen Erfahrung mit der Maske hergestellt werden und nicht vorher.

> Man könnte sagen, der wütende Wind sei das Symbol des reinen Zorns, des Zorns ohne Gegenstand, ohne Vorwand. Die großen Dichter des Sturms (...) liebten diesen Aspekt: der Sturm ohne Vorwarnung, die physische Tragik ohne Grund (...) Indem man die Bilder des Orkans innerlich erlebt, lernt man zu begreifen, was der wütende und vergebliche Wille bedeutet. Der Wind in seiner Maßlosigkeit ist der Zorn, der überall und zugleich nirgends ist, der sich aus sich selbst gebiert und wieder erzeugt, der sich dreht und selbst umstößt. Der Wind ist bedrohlich und brüllt und nimmt doch nur Form an, wenn er auf Staub trifft: Ist er sichtbar, wird er zur miserablen Lappalie.
>
> *Gaston Bachelard, aus: »L'Air et les Songes« (»Die Luft und die Träume«). Deutsch von Barbara Engelhardt.*

Nach den Naturelementen nehmen wir die verschiedenen Materien zum Gegenstand der Identifikation: Holz, Papier, Pappe, Metall, Flüssigkeiten. Das Interesse des Schauspielers gilt dabei der Erweiterung seines Bezugsfeldes und seines Gespürs für die feinen Nuancen – zwischen den Materien und innerhalb ein und derselben Materie. Teigig, sahnig, cremig, ölig ... lauter verschiedene Arten von Dynamik. Ich wünsche mir, daß die Schüler den Geschmack der Dinge finden, genauso wie ein Gourmet subtilste Unterschiede im Geschmack erkennt. Um diese Subtilität der Nuancen zu erfassen, bedarf es ausführlicher Arbeit, die sich in der Beschäftigung mit Farben, Licht, Worten, Rhythmen, Räumen in dem fortsetzen wird, was wir den *gemeinsamen poetischen Grund* nennen. Die neutrale Maske ist dann verschwunden.

Transfer

Die Identifikationen stellen ein Moment der Arbeit dar, das in die dramatische Dimension übertragen werden muß. Dazu verwende ich die *Transfermethode*, das heißt, um die menschliche Natur genauer darzustellen, greifen wir im Ausdruck auf die Dynamiken der Natur, der Tätigkeiten, der Tiere und der Materie zurück. Das Ziel ist, ein Niveau theatralischer Überhöhung außerhalb eines realistischen Spiels zu erreichen.

Innerhalb dieser Methode sind zwei Vorgehensweisen möglich. Die erste besteht darin, ein Element oder ein Tier zu vermenschlichen, ihm ein Verhalten zu geben, es sprechen zu lassen, es ins Verhältnis zu anderen zu setzen ... Das Feuer sprechen zu lassen heißt, Angst oder Wut zum Ausdruck zu bringen. Die Luft vermenschlichen heißt, das Fehlen eines Halts, die ständige Bewegung, die unbeständigen Rhythmen des Windes zu betonen, der weht, ohne jemals irgendwo zu bleiben.

Eines Morgens erwacht das Meer!
Der Wind kämmt sich im Bad!
Der Baum zieht sich an!
Jemand klopft wütend an die Tür ... das Feuer kommt herein!
Vier Bäume treffen sich auf einer Bank, schütteln sich die Hand und unterhalten sich.

Einen Baum so zu spielen, daß er wie eine Figur spricht und handelt, heißt, sich auf eine poetische Überhöhung der Figur einzulassen. In diesem Fall ist es interessant zu beobachten, daß der gesprochene Text nicht realistisch sein kann, sondern zwangsläufig überhöht ist. Eine Schriftweise des Baumes entwickelt sich, die zum Beispiel Worte aus dem Umfeld des absurden Theaters verwendet. Diese Art von *Transfer* führt zu der Entdeckung, daß selbst die Sprache im Theater, die Gesten des Körpers, ein bestimmtes Niveau der Überhöhung erreichen muß.

Die Umkehrung des Phänomens ist die zweite Möglichkeit der Überhöhung. In einer menschlichen Figur scheinen in bestimmten Momenten des Spiels nach und nach die Elemente oder Tiere auf, die sie im Grunde charakterisieren. Ein Mann, der in seinen Papieren wühlt, verwandelt sich in die in ihm schlummernde Maus, ein anderer entflammt in Wut oder Liebe, und so weiter. Wenn er mit Hilfe solcher Identifikationen die größtmögliche Zahl natürlicher oder tierischer Dynamiken ausprobiert hat, ist der Schauspieler (oder Autor) in der Lage, sich dieser Erfahrungen oftmals unbewußt zu bedienen, um Figuren, die er spielen (oder schreiben) soll, auszustatten und auf diese Art gewisse innere Merkmale hervorzuheben. Er verfügt über eine Reihe von zugleich sehr komplexen und präzisen Anhaltspunkten, auf die er sich stützen kann.

Das Hauptergebnis der Arbeit mit Identifikationen sind die *Spuren*, die sich in den Körper eines jeden eingraben: im Körper gespeicherte physische Kreisläufe, in denen parallel die dramatischen Gefühle kreisen, die auf diesem Weg zum Ausdruck finden. Diese Erfahrungen, die aus der Stille und der Bewegungslosigkeit über unzählige Zwischenstufen von Dynamiken zur größtmöglichen Bewegung führen, bleiben für immer in den Körper des Schauspielers eingeschrieben. Sie werden im Moment des Spiels in ihm erwachen. Wenn der Schauspieler manchmal viele Jahre später einen Text spielt, wird dieser Text den Körper zum Klingen bringen und in ihm ein reiches, für den Ausdruck verfügbares Material vorfinden. Der Schauspieler wird mit Sachkenntnis das Wort ergreifen können. Denn in Wahrheit ist die Natur unsere erste Sprache. Und der Körper erinnert sich!

ANNÄHERUNG AN DIE KÜNSTE

Der gemeinsame poetische Grund

Am Anfang hat unsere Arbeit weder mit Texten noch mit orientalischem, balinesischem oder sonst irgendwelchem Theater zu tun. Unsere erste Lektüre ist nichts anderes als das Leben selbst. Dieses Leben müssen wir im *mimenden Körper*, im *Nachspielen* wiedererkennen, von da aus eröffnet die Imagination dem Schüler neue Dimensionen und Räume. Aufbauend auf das erste psychologische Nachspielen erreichen wir mit Hilfe der Masken verschiedene Ebenen des Spiels und im zweiten Jahr die großen Theaterformen: die Commedia dell'arte und die Tragödie. Diese stetige Aufwärtsentwicklung kennzeichnet das erste Schuljahr.

Parallel dazu findet eine zweite Reise im Innern statt. Sie führt zur Begegnung mit dem *verwesentlichten* Leben, zu dem, was ich den *gemeinsamen poetischen Grund* nenne. Darunter ist eine abstrakte Dimension aus Räumen, Licht, Farben, Materialien und Klängen zu verstehen, die jeder in sich trägt. Diese Elemente unserer verschiedenen Erfahrungen, unserer Empfindungen und all dessen, was wir gesehen, angefaßt, geschmeckt haben, sind in uns gespeichert. Das alles bleibt in unserem Körper und bildet den gemeinsamen Grund, aus dem auch der Antrieb und die Lust, etwas zu schaffen, hervorgehen werden. Die pädagogische Arbeit muß in diesen gemeinsamen poetischen Grund vordringen, um über das Leben, wie es ist oder erscheint, hinaus zu gelangen. Nur so werden die Schüler zu einer persönlichen Kreativität finden.

Wenn wir zuschauen, wie das Meer, ein Element oder ein Material wie Wasser, Öl … sich bewegen, haben wir es mit objektiven Bewegungen zu tun, die wir identifizieren können und die im Innern desjenigen, der zuschaut, entsprechende Empfindungen wachrufen. Es gibt aber auch Dinge, deren Dynamiken wir, obwohl sie sich nicht bewegen, ebenfalls erkennen können. Das sind Farben, Wörter, Architektur. Wir können weder die Form noch die Bewegung einer Farbe sehen. Die Emotion aber, die sie in uns wachruft, kann uns in Bewegung, in *Bewegtheit* versetzen, bis hin zu tiefstem *Bewegtsein*. Den Ausdruck für dieses besondere Gefühl suchen wir mit Hilfe der *mimages*, das heißt: mit Gesten, die nicht zum Repertoire des realen Lebens gehören.

Rhythmen, Räume und die Kräfte unbeweglicher Objekte sind Gegenstand der *mimodynamischen* Arbeit. Jeder kann, wenn er den Eiffelturm anschaut, eine dynamische Emotion empfinden und diese Emotion in Bewegung umsetzen. Diese Dynamik wird sowohl das Verwurzelt-Sein als auch den senkrechten Antrieb und abnehmende Geschwindigkeit beinhalten. Aber sie hat nichts mit dem Versuch einer bildlichen Darstellung (im Sinne einer *figuration mimée*) dieser Bewegung zu tun. Sie ist mehr Emotion als theatralische Überhöhung. Der Begriff Emotion bedeutet etymologisch »in Bewegung bringen«. Wir mimen unsere Welt jeden Tag, ohne es eigentlich zu wissen. Wenn man liebt, *mimt* man instinktiv den anderen in sich. In der Schule geht es darum, solche Elemente nach außen zu projizieren, anstatt sie im Innern zu behalten. Dieses Hervorbringen ist zuerst einmal ein Wiedererkennen, bevor eventuell daraus ein Akt der Erfahrung oder ein schöpferischer Akt wird. Der Poet, ob Maler, Schriftsteller oder Schauspieler, hat den Auftrag, alle diese Erfahrungen zu absorbieren.

Die Farben des Regenbogens

Zunächst beschäftigen wir uns mit Farben und Licht. Es ist eigenartig zu beobachten, daß unabhängig von Land und Kultur immer dieselben Bewegungen auftauchen, wenn es zum Beispiel um Farben geht. Jenseits von symbolischen Unterschieden ist der poetische Grund überall auf der Welt derselbe: Blau ist blau!

Einer kleinen Gruppe von Schülern nenne ich verschiedene Farben und fordere sie auf, so schnell wie möglich zu reagieren und, ohne nachzudenken, die innere Bewegung auszudrücken, die sie verspüren. Ich gehe die Farben des Regenbogens durch, bevor sie dann selbst verschiedene, im Arbeitsraum vorhandene Farben auswählen und deren Bewegungen zeigen. Die Zuschauer müssen versuchen, die Farben zu erkennen.

Jede Farbe hat eine Zeit, einen Raum, einen Rhythmus, ein Licht, die für sie stimmig sind. Wir entdecken gemeinsam, daß eine Bewegung, die zu lange dauert oder zu weit geht, ihre Farbe verliert. Zum Beispiel machen die Schüler zu Rot meistens Explosionsbewegungen. Sobald sie explodieren, verschwindet allerdings die Farbe aus der Bewegung und wird zu Licht. Das Rot existiert seinem Wesen nach nur in der sehr hohen dynamischen Spannung des Moments genau vor der Explosion.

Bei diesen Übungen lege ich besonderen Wert auf die Qualität des Spiels. Ich beobachte die Bewegungen der Schüler, um zu sehen, ob sie aus ihrem eigenen Körper kommen oder aus einem parallelen Bild, einer Art Postkarte, die sie zu illustrieren versuchen, oder ob sie versuchen, uns symbolische Bewegungen, äußerliche Vorstellungen von einer Farbe vorzumachen. Man muß dann die Bewegung zusammenstreichen, die Schüler von den Abweichungen abbringen, um sie Schritt für Schritt ins Innere des Körpers zu geleiten, in nächste Nähe zur wahrhaftigen Farbe. Ins Unnennbare!

Der Pädagoge steht hier vor der Aufgabe, die Abweichungen der Bewegung deutlich zu machen, ohne dabei erkennen zu lassen, was eigentlich getan werden muß. Ich muß den Zweifel im Raum lassen: Die Schüler müssen selbst etwas entdecken, was der Lehrer bereits weiß! Der Pädagoge muß sich immer wieder in Frage stellen, muß sich die Frische und Unschuld des Blicks erhalten, um ihnen nicht auch nur das kleinste Klischee aufzudrängen.

Diese Arbeit steht im Dienste einer Annäherung an Poesie, Malerei und Musik. Im Anschluß an die Analyse der Farben wird die Arbeit der Schüler anhand eines Bildes oder Gemäldes komplexer. Ihre Betrachtung von Kunstwerken in Museen ist der Ausgangspunkt für eine *mimodynamische* Übersetzung. Auch hier geht es weder um die Illustration eines Gemäldes noch um Erklärungen, wie sie es wahrnehmen, sondern darum, den Geist des Werkes direkt mitzuteilen.

Der Unterschied zwischen der Arbeit mit einzelnen Farben und der Arbeit mit Bildern ist faszinierend. In einem malerischen Werk sind die Farben von ihrem Ursprung entfernt und entwickeln eine andere Dynamik. Bei van Gogh bewegt sich das Gelb nicht wie isoliertes Gelb, sondern wie Violett. In den Werken von Chagall ist der Gegensatz zwischen oben und unten, zwischen Himmel und Erde sehr stark ausgeprägt. Wenn die Schüler versuchen, ein solches Werk darzustellen, müssen sie darauf achten, seine einzelnen Elemente nicht voneinander zu isolieren: den erdgebundenen Aspekt auf der einen, die fliegenden Figuren auf der anderen Seite. Was sie wiedergeben sollen, ist der Übergang vom einen zum anderen, die Art, sich zu verwurzeln oder abzuheben, die Spannung zwischen den beiden Elementen, die das Wesen von Chagalls Werk ausmachen. Eine wahrhaft künstlerische Angelegenheit.

Diese Arbeit wird von einer Gruppe von Schülern gemeinschaftlich ausgeführt. Wenn alles gutgeht, bewegen sie sich zwar einzeln, sind aber Teil eines gemeinsamen Körpers. In einer anderen Übung können die, die das wünschen und Sinn für Architektur haben, dahin kommen, das Werk so weit zu veredeln, daß nur seine Struktur erhalten bleibt. Dann wird es möglich, die abstrakten Strukturen verschiedener Maler in Spiel umzusetzen. Bei Pollock ist dieser Ansatz besonders interessant, denn man muß seine Werke auf den Boden stellen, um sie zu betrachten. Man steigt durch verschiedene aufeinanderfolgende Schichten hinab in eine lamellierte Struktur, die in die untersten, zuletzt beängstigenden Bereiche führt, am Grund gibt es keinen Halt!

Ein ähnlicher Weg führt uns zur Poesie: Bevor wir uns mit poetischen Texten befassen, arbeiten wir mit den Worten, ganz wie in der Musik, wo wir mit Tönen spielen, bevor wir uns in musikalische Werke hineinbegeben.

Der Körper der Worte

Der Umgang mit den Worten beginnt bei den Verben, Ausdruck der Handlung, und den Nomen, Ausdruck der Dinge. Das Wort als lebendigen Organismus betrachtend suchen wir nach dem *Körper der Worte.* Dafür wählen wir diejenigen Worte aus, die eine reale körperliche Dynamik bieten. Verben sind dafür besser geeignet: nehmen, heben, zerschlagen, sägen implizieren eine Fülle von Handlungen, die das Verb selbst ausmachen. »Ich säge« trägt die Dynamik der Bewegung in sich. Französische

Butter – »le beurre« – ist schon gestrichen, während die englische – »the butter« – noch verpackt ist! Je nach Sprache befinden sich die Wörter in jeweils unterschiedlicher Berührung mit dem Körper. Wir arbeiten intensiv mit den verschiedenen Sprachen: Französisch, Englisch, Deutsch, Italienisch, Japanisch, Spanisch und so weiter. Für das Verb »nehmen« (frz. prendre) zum Beispiel bilden die französischen Schüler mit dem, was sie nehmen, eine Einheit, indem sie die Arme über dem Oberkörper schließen. Das hat nichts damit zu tun, dieses oder jenes Objekt zu nehmen, sondern bedeutet ganz allgemein zu nehmen, sich selbst zu nehmen! Bei demselben Wort »ich nehme« sammeln die Deutschen! Und die Engländer, »I take«, reißen an sich! Hier stellt sich auf poetischem Gebiet natürlich das Problem der Übersetzung. »Ich nehme meine Mutter am Arm« läßt sich weder mit »Ich sammle meine Mutter am Arm« noch mit »Ich reiße meine Mutter am Arm« übersetzen. Die beste Übersetzung eines Gedichts scheint mir die *Mimodynamik* zu sein, die Übersetzung des Gedichts in wahrhaftige Bewegung, an die eine Übersetzung in Worte praktisch nicht heranreichen kann.

ED È SUBITO SERA
Ognuno sta solo
sul cuor della terra
Trafitto da
un raggio di sole:
Ed è subito sera

UND SCHON IST ES ABEND
Ein jeder steht allein
auf dem Herzen der Erde
Getroffen von
einem Sonnenstrahl:
Und schon ist es Abend

Salvatore Quasimodo, aus: »Das Leben ist kein Traum«.
Übersetzung von Gianni Selva, München 1960.

Die Dynamik dieses Gedichts befindet sich im Inneren eines jeden Wortes: *sole* ist anders als »Sonne«, *raggio* ist energischer als »Strahl«, und so weiter. Jede Sprache wählt mit dem, was sie benennt, ein bestimmtes Element. Wir arbeiten oft mit den Worten des Essens, weil sie bereits zum Körper gehören; vor allem im Französischen der Rabelaisschen Tradition, das »la soupe« (die Suppe) dem »le potage« (ebenfalls: die Suppe) vorzieht. Alle diese Worte werden von den Schülern, einschließlich derer, die nicht Französisch sprechen, in Bewegung umgesetzt. Erstaunlicherweise verstehen und sprechen sie unsere Sprache später sehr gut, weil sie sich an die Dynamik des Wortes halten. Für das Erlernen von Sprachen eröffnet sich hier ein wunderbares Arbeitsfeld.

Von den Wörtern kommen wir zur Poesie. Ich lese den Schülern einige Gedichte vor, und sie wählen davon eines, an dem sie arbeiten wollen. In kleinen Gruppen zu dritt oder zu viert setzen sie ein Gedicht in Bewegung um. Ihre Aufgabe ist es, eine wirklich gemeinsame Bewegung zu finden, was etwas anderes als die Summe der individuellen Bewegungen bedeutet. Ich stelle Gedichte von Henri Michaux, Antonin Artaud, Francis Ponge, Eugène Guillevic … vor. Jedem von ihnen läßt sich ein bestimmtes Element zuordnen. Artaud und das Feuer, Paul Valéry und das Wasser, wenn er vom Meer spricht, aber auch Ponge, wenn er die »Wassertropfen, die an einem Regentag über die Scheiben laufen« beschreibt … oder Charles Péguy in »la Meuse endormeuse et douce à mon enfance …«[15] Diese Worte gleiten mit derselben Langsamkeit durch die Ebene wie der Fluß selbst. Hier kommt es zur Berührung mit den physischen Emotionen der Landschaft.

Es sieht aus als,
Als bewegtest du dich nicht.

Du sitzt da, ohne dich zu rühren,
Du schaust irgend etwas an.

Aber in dir
Gibt es Bewegungen,

In einer Art Sphäre, die
Erfassen, durchdringen,

Verkörpern
Ich weiß nicht welche Schwingungen,

Werden nach und nach Worte,
Bruchstücke von Sätzen,

Ein Rhythmus entsteht,
Und du erlangst ein Gut.

Eugene Guillevic: »Le Sorti des mots«, in: »Art poétique«.
Deutsch von Katja Douvier.

Zum »Dichtermarkt« bringt jeder Schüler ein Gedicht, das er schätzt, stellt es in der Originalsprache vor, und wir machen das gleiche: Die Gruppen tun sich zusammen, um in den Text einzudringen, egal in welcher Sprache er vorgestellt wurde. Auf diese Art haben wir viele fremde Dichter entdeckt, darunter auch nordische, in Frankreich kaum bekannte Dichter. Viele Schüler, die sich nie mit Poesie beschäftigten, interessieren sich nach dieser Erfahrung dafür. Poesie ist meine wichtigste Nahrung.

Die Musik als Partner

Die Annäherung an Töne und Musik erfolgt in derselben Weise. Wir arbeiten mit verschiedenen Klängen, dann mit Werken von Bartók, Bach, Satie, Strawinski, Berio, Miles Davis ... Alles, was in der Musik nicht sichtbar ist, visualisieren wir, als sei sie Materie, als sei sie ein bewegter Organismus. Wir treten in ihren Raum ein, wir schütteln sie, wir ziehen an ihr, wir kämpfen mit ihr. Wir verkörpern sie, um sie zu erkennen. Ich verlange von den Schülern, daß sie die inneren Bewegungen der Musik erkennen: wenn die Musik sich sammelt, zu einer Spirale wird, explodiert, abstürzt ... Mit Interpretation hat das überhaupt nichts zu tun, das ist ein vollkommen anderes Gebiet. Man kann ganz und gar *gegen* Bartók spielen, einen Standpunkt haben, eine Meinung, eine Sichtweise, eine je nach Persönlichkeit, Epoche, Kultur unterschiedliche persönliche Interpretation. Aber man muß sich in die Sache hineinbegeben haben, bevor man gegen sie ist.

Die *Lektion über Bartók* ist sehr konstruiert. Sie gliedert sich in verschiedene Abschnitte. Zum Hören des Werkes gehört zunächst das Visualisieren dessen, was sich im Raum abspielt. Anschließend der Versuch, die umhergehenden Töne zu *berühren*; dann die Untersuchung, ob es die Töne sind, die uns stoßen oder ziehen, oder ob wir es sind, die sie stoßen oder ziehen. Schließlich entsteht Stück für Stück eine *Berührung* mit ihnen. Nur von dieser Berührung aus ist die Wahl eines Standpunktes möglich: *dafür, dagegen* oder *darin*. Das bedeutet, daß man ein Spielverhältnis herstellt. Das Ziel ist immer, mit der Musik so zu spielen, wie sie mit einer Figur spielen würde. Damit verhindert man, daß sie das Figurenspiel nur verdoppelt oder, wie es im Theater allzu oft der Fall ist, als Lückenbüßer eingesetzt wird.

Aus diesen verschiedenen *mimodynamischen* Annäherungen ergeben sich wesentliche Bereicherungen für das Spiel des Schauspielers. Der Schauspieler würde nur einen Arm heben, und das Publikum wäre von einem Rhythmus, einem Ton, einem bestimmten Licht, einer Farbe getroffen. Die pädagogische Schwierigkeit liegt darin, mit geübtem Blick die angebotenen Gesten danach unterscheiden zu können, was einer erklärenden, einer formalisierten oder einer wirklich poetischen Geste entstammt. Nach und nach entwickeln die Schüler selbst einen subtilen Blick für die Nuancen der Gesten. Eigentlich müßte auch das Publikum genau diesen Blick haben, es würde ungeahnte Reichtümer entdecken. Aber es wird für gewöhnlich mit einem derart banalen Niveau abgespeist, daß so etwas fast unmöglich ist. Die Ausbildung des Blicks ist genauso wichtig wie die künstlerische Ausbildung. Es hat keinen Sinn, jemandem guten Wein einzuschenken, der ihn nicht zu würdigen weiß! Das nenne ich Kultur, wenn man die Dinge wirklich zu würdigen weiß.

MASKEN UND GEGENMASKEN

Die Spielebenen

Die neutrale Maske ist einzigartig, sie ist die Maske aller Masken. Nachdem dieses Experiment nun abgeschlossen ist, beschäftigen wir uns mit anderen, möglichst unterschiedlichen Masken, die wir unter dem Begriff »expressive Masken« zusammenfassen. Es gibt nur eine neutrale Maske, aber unendlich viele expressive Masken. Ob sie nun von den Schülern selbst angefertigt sind oder bereits existieren, diese Masken bringen eine Spielebene mit sich oder besser gesagt: Sie diktieren sie. Eine expressive Maske zu spielen bedeutet, in wesentliche Dimensionen des Theaterspiels vorzudringen, den ganzen Körper einzusetzen, eine Intensität der Emotion und des Ausdrucks zu erfahren, die, auch hier wieder, dem Schauspieler als Bezug dienen wird.

Mit der expressiven Maske treten die groben Züge einer Figur hervor. Sie strukturiert und vereinfacht das Spiel, weil sie die wesentlichen Haltungen an den Körper delegiert. Sie reinigt das Spiel, filtert die Komplexität des psychologischen Blicks und diktiert dem gesamten Körper *Grundhaltungen*. Wie subtil es auch sein mag, das Spiel mit der expressiven Maske stützt sich immer auf eine Grundstruktur, die es im Spiel ohne Maske so nicht gibt. Und das ist der Grund, warum diese Arbeit für die Ausbildung des Schauspielers unentbehrlich ist. Jedes Theater, was immer seine Form sei, wird von der Erfahrung eines Schauspielers, der mit Maske gespielt hat, profitieren. Die Ausbildung funktioniert in dieser Sache nicht direkt, sondern, genau wie bei manchen sportlichen Disziplinen, über Umwege. Ein Kugelstoßer muß sprinten, ein Judoka muß seine Muskeln trainieren. Ein solcher Umweg ist im Theater ebenfalls notwendig. Die ganze Schule ist indirekt. Wir gehen nie auf geradem Wege dahin, wohin wir die Schüler führen wollen. Wenn mir jemand sagt: »Ich möchte Clown werden«, dann empfehle ich ihm, mit der neutralen Maske und im Chor zu arbeiten. Wenn er ein Clown ist, so wird sich das schon zeigen!

Der Begriff *expressive Maske* umfaßt *Larven*, *Charaktermasken* und schließlich auch *Gebrauchsmasken*, die nicht *a priori* für das Theater geschaffen sind.

Beim »Maskentreffen« probieren wir die Masken gemeinsam aus, jeder Schüler spielt eine. In dieser ersten Phase erlaube ich den Schülern nicht, ihre eigene Maske zu tragen. Es ist von Vorteil, wenn sie zuerst eine andere ausprobieren, damit sie Distanz zu ihrem Spiel bewahren und ihre eigene Maske von außen, in Bewegung sehen. Einige sind oftmals sehr schön, aber das reicht nicht aus. Eine gute Theatermaske muß ihren Ausdruck den Körperbewegungen des Schauspielers entsprechend verändern können. Mein Ziel ist es, die Schüler so weit zu bringen, daß die Maske sich beim Spielen wirklich *bewegt*.

Die ersten Fabrikationen bergen zahlreiche, für die Pädagogik sehr interessante Fehler. Zum Beispiel stecken die Schüler bei der Herstellung öfters den Kopf in den Gips, oder ihre Maske hat genau die Größe ihres Gesichtes. Wie wir bereits gesagt haben, erfordert das Maskenspiel jedoch einen unverzichtbaren Abstand zwischen der Maske und dem Gesicht des Schauspielers. Die Maske muß deshalb größer (oder kleiner) als das Gesicht sein. Eine expressive Maske, die exakt die Größe des Gesichtes des Schauspielers hat oder die, noch schlimmer, auf seiner Haut klebt, ist unspielbar. Sie ist eine tote Maske!

Es nützt überhaupt nichts, eine Maske mit einer wie auch immer gearteten mystischen Konzentration anzustarren, bevor

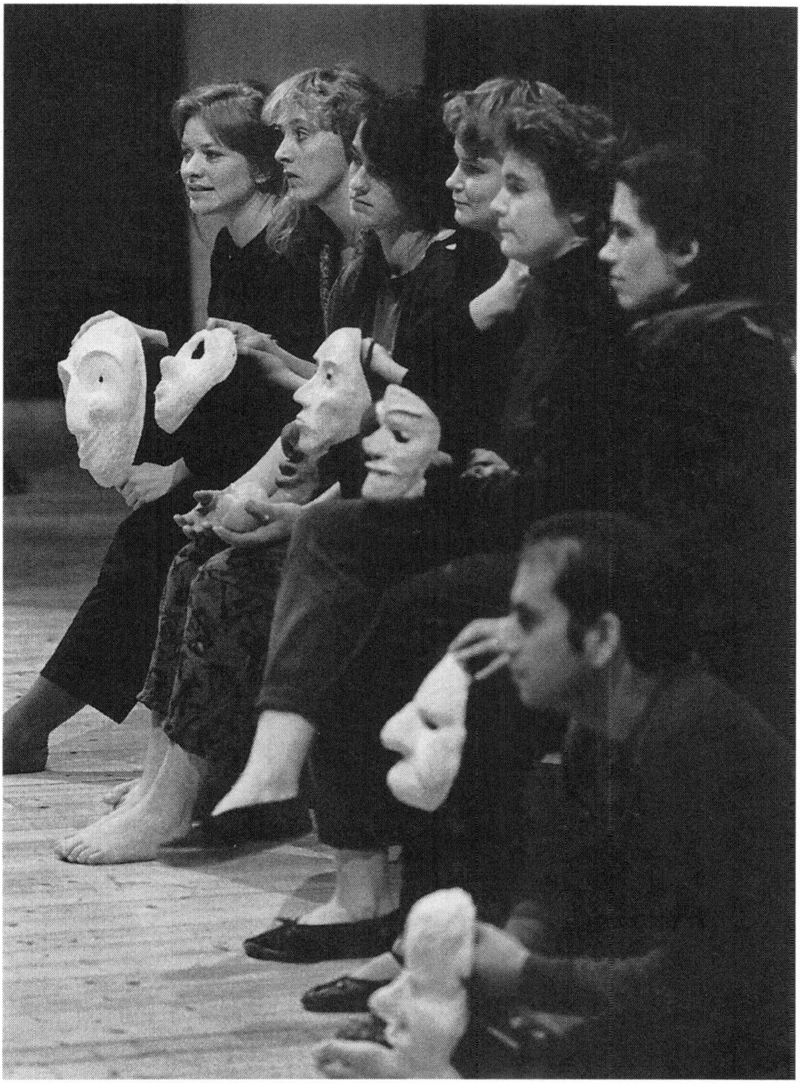

Das Maskentreffen

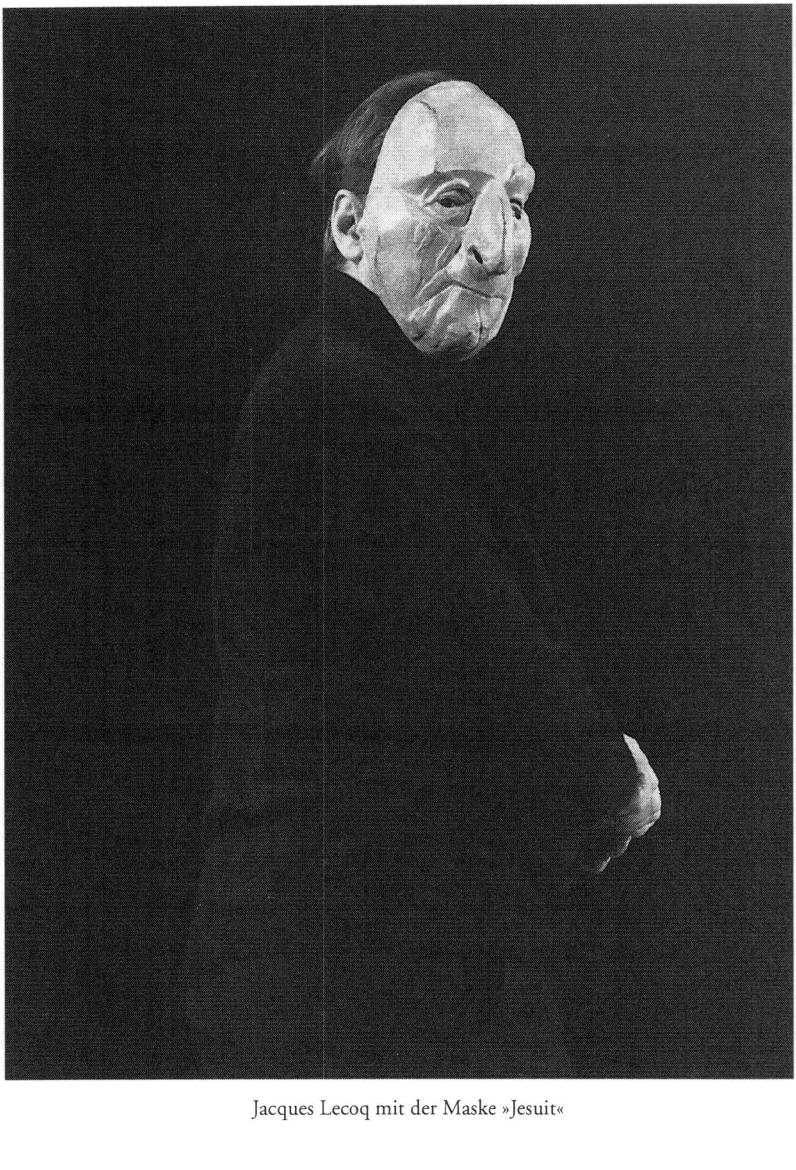

Jacques Lecoq mit der Maske »Jesuit«

man sie spielt. Man muß sie angreifen. Wir versuchen, sie möglichst rasch verschiedenen Situationen auszusetzen: »Sie ist fröhlich«, »sie ist traurig«, »sie ist eifersüchtig«, »sie ist sportlich«. Wir provozieren die Maske in verschiedene Richtungen, um herauszufinden, ob sie antwortet oder nicht. Man beginnt eine Maske erst dann wirklich kennenzulernen, wenn sie dem Angriff standhält! Selbstverständlich antwortet ein und dieselbe Maske nicht auf jedwede Provokation, und nur bestimmte Situationen erlauben einen Zugang. Das Maskentreffen dient der groben Vorbereitung des Arbeitsfeldes, denn nun führe ich die *expressiven Masken* ein. Diese stellen Charaktere, das heißt spezielle Figuren dar. Die Schüler versuchen, sich diesen Figuren soweit wie möglich zu nähern, in die Maske einzudringen, ohne darunter Grimassen zu schneiden, ohne in parallele, äußerliche Imitationen zu verfallen, ohne sich im Spiegel zu betrachten. In eine Maske einzudringen bedeutet zu spüren, woraus sie entstanden ist, ihren Grund zu finden, ihre inneren Schwingungen aufzuspüren. Durch all das wird es möglich, sie von innen heraus zu spielen.

Im Unterschied zu den Halbmasken der Commedia dell'arte verbergen die expressiven Masken das ganze Gesicht, der Schauspieler spricht dahinter nicht. Sie stellen meistens Charaktere des täglichen Lebens dar. Amleto Sartori ließ sich von den Gesichtern der Universitätsprofessoren und der Menschen in den Straßen von Padua sowie, gemäß einer gewissen Tradition, von Personen des politischen Lebens inspirieren. Wenn sie auch leicht übertrieben erscheinen, so sind diese Masken jedoch keine Karikaturen. Entscheidend ist, daß sie beim Spielen eine Vielfalt von Gefühlen zum Ausdruck bringen können. Würde eine Maske nur den erstarrten Ausdruck eines Augenblicks darstellen, den dauernden »Lacher« zum Beispiel, könnte sie nicht lange auf der Bühne verweilen, sie könnte allenfalls vorbeigehen. Eine gute expressive Maske muß sich verändern, muß traurig, fröhlich, verspielt sein können, ohne dabei jemals im Ausdruck eines Augenblicks endgültig zu erstarren. Das ist eine der Hauptschwierigkeiten bei ihrer Herstellung.

Im Umgang mit der expressiven Maske kann man sich auf zwei Dinge stützen.

Wenn man zum Beispiel die Maske »der Jesuit« nimmt, deren asymmetrische Gesichtshälften ineinandergreifen, so kann sie einerseits gespielt werden, indem man sich in den »Jesuiten« einfühlt, die Psychologie der Figur aufspürt, die ein bestimmtes Verhalten und besondere körperliche Bewegungen mit sich bringt, aus denen dann eine gewisse *Form* entsteht. Wir können uns andererseits aber auch von der Form selbst, wie sie sich in der Struktur der Maske anbietet, leiten lassen. Diese wirkt dann wie ein Vehikel, das den ganzen Körper in den Raum, in eine bestimmte Art von Bewegung hineinzieht, in der die Figur erscheint. Unser »Jesuit« greift nie frontal an, er folgt zunächst den in der Maske vorgezeichneten Schrägen und Kurven, um dann den Gefühlen und Emotionen, die diese Bewegungen begleiten, Raum zu geben. Die Figur entsteht also aus der Form heraus.

In die Form eindringen

Mit dieser Art, in die Form einzudringen, haben wir es insbesondere bei den Larven zu tun. Wir entdeckten diese großen, einfachen Masken in den sechziger Jahren in der Schweiz, beim Basler Karneval. Sie lassen sich nicht als wirklich menschliches Gesicht definieren, sondern beschränken sich auf große Nasen, Kugeln, Schlag- oder Hackwerkzeuge. Die Arbeit mit den Larven geht in zwei Richtungen.

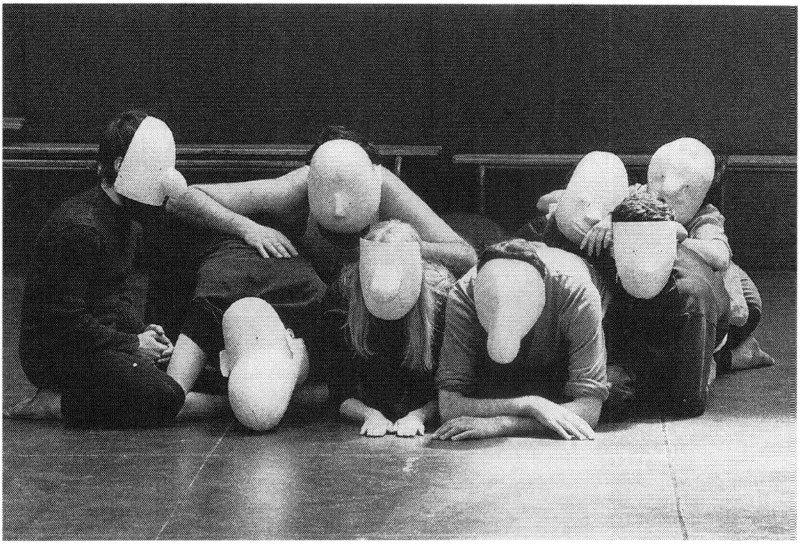

Larven

Zum einen skizziert sie *Figuren* und *Situationen*, die ein wenig in der Art humoristischer Zeichnungen karikiert werden. Die Masken ziehen echte Anzüge und Hüte an ... wie im Leben. In verschiedenen realistischen, auf die Ebene der Masken übertragenen Situationen, erkunden wir sie. Zum anderen suchen wir nach ihrer *Animalität* oder ihrer *phantastischen* Dimension.

> *Wir haben fremde Wesen gefangengenommen, deren Reaktionen wir untersuchen wollen. Lebensnahe Figuren in weißen Kitteln leiten die Tests: Sie lassen die Masken marschieren, stoßen sie mit einem Stock, machen ihnen Angst ... und beobachten ihre Reaktionen.*

Diese Untersuchung führt zur Entdeckung einer undefinierbaren, unbekannten, bizarren Gattung. Die Erforschung eines unvollendeten, notwendigerweise andersartigen Körpers belebt die Phantasie.

Wir dehnen unsere Erkundungen auf Gebrauchsmasken aus: Eishockeymasken, Schweißermasken, Skifahrermasken ... Alle sind Verteidigungsmasken: Man verteidigt sich gegen die Kälte, gegen das Feuer, gegen das Licht, gegen den Wind. Sie sind aber auch Tarnmasken, die zu Spionagespielen, Versteckspielen anregen und das verborgene Gesicht der Dinge betonen. Man muß allerdings aufpassen. Viele Dinge können zwar zur Herstellung von Masken dienen, aber nicht alles funktioniert als Maske. Ein Kochtopf oder ein dreibeiniges Sieb auf dem Kopf ist »Spielerei« und reicht nicht aus. In der Vielfalt der Möglichkeiten suche ich immer nach der wahren Theatermaske, die Menschlichkeit transportiert, theatralische Überhöhung unumgänglich macht und eine bestimmte Spielebene erreicht.

Nach diesen ersten Erfahrungen im Maskenspiel verlange

ich von den Schülern, genau das Gegenteil von dem zu tun, was die Maske scheinbar suggeriert. Ein Beispiel: Eine Maske, die eindeutig das Gesicht eines »Kretins« darstellt, wird zunächst genau so gespielt. Die Figur soll eher idiotisch, schüchtern, unbeholfen sein. Dann stellen wir die Figur dar, als sei sie weise, genial, selbstsicher und über die Maßen intelligent. Der Schauspieler spielt jetzt das, was wir die *Gegenmaske* nennen, er läßt also in derselben Maske eine zweite Figur erscheinen, die ihr eine sehr viel interessantere Tiefe gibt. Wir entdecken auf diese Weise, daß die Menschen nicht unbedingt das Gesicht dessen haben, was sie sind, und daß jede Figur ihr eigenes Gepräge hat. Mit bestimmten Masken kann sogar noch eine dritte Stufe erreicht werden: in ein und derselben Figur gleichzeitig Maske und Gegenmaske zu spielen.

Die Themen bleiben die gleichen, aber im Unterschied zur neutralen Maske eröffnet die expressive Maske einen Zugang zu dem, was ich die *Abweichungen* der Figuren nenne. Wenn Mann und Frau einander mit neutraler Maske begegnen, ist ihr Verhältnis wesentlich, direkt. Es nimmt keine schrägen oder abschweifenden Wege. Mann und Frau sehen einander, gehen geradewegs aufeinander zu, es gibt kein Hindernis, das ihre Begegnung stören könnte. Mit expressiver Maske könnte dasselbe Thema so aussehen:

Mann und Frau begegnen einander ... in der Post! Er kommt, um Briefmarken zu kaufen, sie verkauft sie.

Die Situation ist die gleiche, die Gefühle sind identisch, aber die Figuren können nicht den geraden Weg gehen. Alle dramatischen Abweichungen kommen zum Vorschein: sie sehen einander ... und gehen fort; sie kommen von der Seite wieder; einer nähert sich, der andere zieht sich zurück, und so weiter. Natürlich könnte das Thema ohne Masken gespielt werden. Aber die Masken ermöglichen es, das Spiel zu erweitern und auszuarbeiten, Details zugunsten des großen Bogens der Haltungen wegzulassen. Entscheidend ist nicht das Thema, sondern die Art des Spiels und die Ebene der theatralischen Überhöhung. Mit der Maske werden Gesten vergrößert oder verkleinert. Das Auge, das im psychologischen Spiel einen hohen Stellenwert hat, wird durch Kopf und Hände ersetzt, denen nunmehr sehr starke Bedeutung zukommt. Das ist auch der Grund, warum reale Objekte das Spiel der expressiven Masken sehr stark bereichern.

Man muß wohl nicht erläutern, daß die Masken, so wie ich sie sehe, nichts zu tun haben mit bestimmten symbolischen Masken orientalischer Tanztheaterformen, deren Gestik sehr präzise kodiert ist. Die Symbolik ist eine wichtige Dimension des Theaters, aber sie ist die Folge unserer Arbeit: Man kann kodierte symbolische Gesten nicht ausführen, ohne sie mit Leben zu erfüllen. Manche orientalischen Masken, insbesondere die balinesischen, sind sehr große Masken, selbst wenn sie dort pantomimisch gespielt werden. Wir gehen anders mit ihnen um, ebenso wie mit bestimmten afrikanischen Masken, die wir auch immer wieder verwenden. Wir fragen nicht nach ihrem ursprünglichen symbolischen Gehalt. Die großartigsten Masken sind allerdings die des japanischen Noh-Theaters: Eine ganz kleine Abwärtsbewegung des Kopfes genügt, die Lider zu senken und den Blick von außen nach innen zu richten!

DIE FIGUREN

Zustände, Leidenschaften, Gefühle

Die gesamte Arbeit des ersten Jahres hat ein Hauptziel: das Spielen der *Figur*. Ebenso wie sie ein Element, eine Farbe, ein Insekt in sich aufgenommen haben, müssen die Schüler in der Lage sein, eine Figur in sich aufzunehmen, wenngleich dieses Unterfangen sehr viel schwieriger ist. Wenn wir anfangen, uns mit Figuren zu beschäftigen, ist meine größte Befürchtung, daß die Schüler wieder in die Person zurückfallen, also wieder von sich selbst sprechen, ohne eigentlich zu spielen. Wenn Figur und Person eins sind, hebt sich das Spiel auf. Eine derartige Osmose mag manchen Nahaufnahmen des psychologischen Kinos dienlich sein, theatralisches Spiel aber muß das Bild zum Zuschauer transportieren. Es besteht ein großer Unterschied zwischen den Schauspielern, die ihr eigenes Leben auf der Bühne ausdrücken, und denen, die wirklich spielen. In diesem Sinne ist die Maske von großer Bedeutung. Die Schüler haben gelernt, etwas anderes zu spielen, als was sie selbst sind, und sich dabei dennoch einzubringen. Sie spielen nicht *sich selbst*, sie spielen *mit* sich selbst! Das ist das Zweischneidige an der Arbeit eines Schauspielers.

Um das Phänomen der Osmose zu umgehen und dieses *andere* zu unterstützen, das wir uns wünschen, greifen wir häufig auf die Tiere zurück. Jede Figur kann teilweise mit einem oder mehreren Tieren verglichen werden. Wenn einer Figur die Einbildung der Gans zugrunde liegt, muß man sichergehen, daß die Gans im Spiel des Schauspielers tatsächlich präsent ist. Schauspieler und Figur stehen einander nicht von Angesicht zu Angesicht gegenüber, sondern es besteht immer ein Dreiecksverhältnis, in diesem Fall: die Gans, der Schauspieler und die Figur.

Zu Beginn beauftrage ich die Schüler, sich durch die Beobachtung auf der Straße oder ihrer Umgebung zu einer ersten Figur anregen zu lassen. Jeder spielt einfach, er wäre ein anderer. Zuerst versuchen wir, den *Charakter* dieser Figur zu bestimmen. Was einen Charakter ausmacht, sind weder Leidenschaften oder Zustände, die die Figur animieren, noch die Situationen, in denen sie sich befindet, sondern *Kraftlinien.* Man muß sie in drei Worte fassen können. Eine Figur ist beispielsweise »stolz, großzügig und cholerisch«. Auf diese Weise wird die Definition maximal vereinfacht und eine Grundstruktur geschaffen, die dem Schauspieler das Spielen ermöglicht. Mit drei Pfeilern können wir einen ersten Raum errichten: Schon wird aus der Hütte ein Haus. Zwei Elemente würden nicht ausreichen, das Gleichgewicht wäre instabil. Für eine Figur ist wie für ein Haus der architektonische Dreifuß unabdingbar. Wenn diese drei Elemente definiert sind, können wir Nuancen suchen: »Sie ist stolz, aber hochmütig«; »Sie ist cholerisch, aber nett«. Nach und nach bringen die Schauspieler ihre eigene Feinstruktur, ihre eigene Komplexität mit ein, und so entsteht ihre Figur auf festen Grundlagen und mit einer klaren Struktur.

Die Schüler erscheinen bereits als Figur und in deren Kleidung zum Unterricht. Manche sind schon zu Hause »in der Figur« losgegangen, äußerlich teilweise so sehr verwandelt, daß sie kaum zu erkennen sind. Wir empfangen sie dann wie neue Schüler: Die Figur hat Bewegungs- oder Akrobatikunterricht. Das ist sehr komisch und zugleich ermüdend, und deshalb verabreden wir ein Zeichen, das eine Unterbrechung des Spiels gestattet, um sich zu entspannen, bevor es wieder weitergeht. Denn, ob man will oder nicht, die Figur hat immer die Tendenz, in die Person zurückzufallen. Erinnern wir uns, daß die Schüler ihren eigenen Text improvisieren, zu dem sie nicht die Distanz haben, die ein von einem Autor geschriebener Text mit sich bringt. Darum bestehe ich auf der Darstellung einer echten Theaterfigur, einer aus dem Leben entstandenen Figur und nicht einer Lebensfigur! Der Unterschied ist delikat, aber wesentlich.

Wenn die Schüler sich einzeln den anderen vorstellen, befragen wir sie über ihre Identität: Name, Alter, familiäre Situation, Herkunft, Beruf ... und sie müssen in der Lage sein zu antworten. Dann bringen wir sie in bestimmte Situationen, damit sich ihr Charakter entfalte. Denn, wohlgemerkt, ohne Situation gibt es keine Figur. Nur die Situation macht es ihr möglich, sich zu entfalten. »Macht uns lebendig!« fordern Pirandellos *Sechs Personen ...* Harpagon könnte sagen: »Wenn ich geizig bin, bitten Sie mich doch einmal um Geld!«

Ort und Milieu

Um zu beobachten, wie sie sich verhalten, teile ich die Schüler/Figuren in große »Familien« ein (Figuren aus Büros, Fabriken, Universitäten ...). Vom dramatischen Standpunkt aus gesehen zeigt sich immer ein interessanter Unterschied zwischen dem, was die Figuren sagen, wenn sie auf die Fragen antworten, und dem, was sie in der Situation tatsächlich tun. Niemand macht immer genau das, was er sagt. Wir beobachten die Figur in ihrem Familienleben, im Beruf, in den Ferien, auf einem Empfang. Wir belassen sie zunächst im Kontext ihres Milieus, dann wählen wir Situationen aus, in denen sie sich nicht zu Hause fühlt, oder zufällige Situationen, durch die sie sich selbst wie auch den Zuschauern ganz anders zeigt. *Die Fahrstuhlpanne* oder *Der entgleiste Zug* sind Notsituationen, in denen Menschen aufeinanderstoßen, die sich sonst nie begegnet wären. Auch die *Hausversammlung* ist sehr reich an Menschlichkeit.

> *In einem Mietshaus sind neue Bewohner eingezogen. Sie beschließen, die Nachbarn einzuladen, damit man sich kennenlernt. Nach und nach kommen also die von oben, die von unten, die von nebenan … Im Laufe der Unterhaltung stellt sich heraus, daß sie auf dem gleichen Sektor arbeiten wie die anderen, jedoch nicht am selben Ort … Am Ende wird ihnen klar, daß die einen Büroangestellte sind und die anderen in der Unternehmensleitung arbeiten. Verlegenheit!*

In derlei Situationen zeigen die Figuren ihr wahres Gesicht: Manche schüchterne beweisen schreckliche Autorität und übernehmen auf überraschende Weise das Kommando. Dieser Ansatz bringt die in jeder Figur verdeckte andere – entgegengesetzte – Persönlichkeit zur Geltung, die sich erst im Konflikt oder in einer Ausnahmesituation zeigt. Für den Schauspieler eine wichtige Entdeckung.

Manchmal kommt es vor, daß Schüler sich so sehr in eine Figur verstricken, daß sie nicht mehr in der Lage sind, sie zu verlassen. Um dieser Gefahr vorzubeugen, halten wir uns nie sehr lange mit einer Figur auf. Wir wechseln schnell von einer zur anderen, ein wenig wie die großen Filmschauspieler, die hinter den Kulissen über banale Dinge reden können, plötzlich für einen Moment in ihre Figur schlüpfen und dann wieder zu ihrer Unterhaltung zurückkehren.

Wenn sie eine erste Figur ausgearbeitet haben, sollen die Schüler eine zweite wählen, die von der ersten so verschieden wie irgend möglich ist. Im allgemeinen präsentieren sie abwechselnd eine gebeugte und eine gestreckte Figur: eine Figur populären Typs, entspannt, eher frei, und eine andere, strengere, in starrer Haltung, mit förmlichem Gebaren. Diese Variationen sind um so interessanter, als sie ohne jede zwingende Anweisung auftauchen.

Diese zweite Figur wird auf andere Weise erarbeitet. Wir befragen sie physisch. Ich frage, wer »gerne angeschaut wird«, »nicht angeschaut wird«, »glaubt, er würde angeschaut«, »angeschaut wurde, aber jetzt nicht mehr«, »weiß, wohin er geht (die Programmierten)«, »nicht weiß, wohin er geht« und so weiter. Danach kann ich genauer werden: »die zum Fußball gehen«, »die am Samstagabend tanzen gehen«, »die ins Museum gehen«, »die in den Sex-Shop gehen«. Wir beobachten die Figuren in diesen verschiedenen Situationen oder, noch besser, in ihren Reaktionen, wenn sie wieder zurückkommen. Wir versuchen, die Orte oder das Milieu zu bestimmen, in denen die Figur sich am besten darstellen kann.

Diese Spielsituationen führen zur Analyse der Technik, einer für den Aufbau der Figur notwendigen Stufe. Wir arbeiten ihr Verhältnis zum Raum heraus: Es gibt diejenigen, die »von hinten angestoßen werden«, diejenigen, die »nach vorne gezogen werden« und so weiter.

In einer dritten Phase wählen die Schüler zwei weitere, sehr verschiedene und zueinander komplementäre Figuren, die von einem einzelnen Schauspieler gleichzeitig dargestellt werden sollen. Es handelt sich um eine Szene mit Verfolgung, Warten und Suchen um einen Wandschirm herum.

Auf der Bühne befindet sich ein zweiteiliger Wandschirm, der die Bühne in einen vorderen, offenen und einen hinteren, versteckten Raum teilt. Auftritt der ersten Figur. Sie sucht nach einer anderen, ruft sie, findet sie nicht, geht hinten nachse-

hen ... Sehr schnell, mit Hilfe eines Kostüms oder Requisits, wechselt der Schauspieler die Rolle und erscheint als der andere, der vom ersten verfolgt wird.

Die Schüler sollen dieses Thema mit allen denkbaren Mitteln entwickeln. Es geht darum, die Illusion und die Vielfalt der Figuren auszuspielen, den Wechsel von Kostüm, Requisit, Stimme; die Figuren von hinten und von vorne zu zeigen ... im Idealfall dem Publikum in einem geeigneten Augenblick beide Figuren gleichzeitig zu zeigen!

Einschränkungen durch Stilvorgaben

Diese Improvisationen werden im Gruppenunterricht bearbeitet, danach arbeiten die Schüler im *auto-cours* mit denselben Vorgaben. Ich stelle »Truppen« von je fünf Schauspielern zusammen, deren Aufgabe es ist, zehn Figuren zu spielen. Nun ist alles möglich: die Verdoppelung der Stimmen, der Bilder, mehrere Wandschirme ... *Das Hotel zum freien Austausch* ist ein sehr anregendes Thema: Man hat jede Menge klappende Türen, Schränke, in denen man sich verstecken kann, Verwechslungsmöglichkeiten aller Art. Wir berühren hier sowohl die Virtuosität als auch die Lust des Spiels, zwei für mich wichtige Dimensionen des Schauspielers. Der pädagogische Hintergedanke dieser wie der vorangegangenen Übungen ist dabei immer, den Schüler zu zwingen, eine oder mehrere Rollen zu spielen, die so weit wie möglich von ihm selbst entfernt sind.

Ich beende die Auseinandersetzung mit den Figuren mit folgender Aufgabe: Eine Schauspielertruppe soll eine Szene mit Bühnenbild, Kostümen, Objekten und vielen Figuren spielen. Da sie die Tendenz haben, sich über dem gesamten Raum zu verteilen, stelle ich, um dem entgegenzuwirken, eine Bedingung: Sie dürfen nur einen eng begrenzten Raum von zwei mal einem Meter benutzen. Auf diesem kleinen, begrenzten Fleck sollen sie die Illusion der größtmöglichen Weite zum Leben erwecken.

Zwei Personen, die sich im Wald verlaufen haben, suchen einander, finden sich nicht und begegnen sich schließlich doch noch. Sie können körperlich fünfzig Zentimeter und theatralisch über mehrere hundert Meter voneinander entfernt sein, aus dem Tal zum Berg hinauf nacheinander rufen, während sie eigentlich Rücken an Rücken stehen.

Dieses Thema wird erst zu zweit gespielt, dann mit drei, vier oder fünf Schauspielern. Die Grenze liegt bei sieben Schauspielern auf zwei Quadratmetern. Diese Übung steht in der Tradition des Kabarett, das die Erfindung theatraler Formen dadurch erleichtert, daß es sehr starke räumliche Zwänge auferlegt. Ich erinnere mich an einen kompletten Western, mit Pferden, Verfolgungsjagden, Schlachten, Saloon ..., brillant inszeniert auf der winzigen Bühne im *La Rose Rouge*, dem berühmten Pariser Kabarett der Nachkriegszeit. Vor allem aber beenden wir die Arbeit an den Figuren mit der Rückbesinnung darauf, daß das Theater immer ein Spiel bleiben muß. Man soll seinen Spaß haben, und die Schule ist eine glückliche Schule. Wir brauchen uns keine bangen Fragen darüber zu stellen, wie man eine Bühne betritt: Es genügt, mit Lust aufzutreten!

2
DIE TECHNIK DER BEWEGUNGEN

Die *Technik der Bewegungen* bildet die zweite Achse meiner Pädagogik. Ich werde sie hier als etwas Autonomes darstellen, in der Praxis ist sie jedoch immer sehr stark an das Spiel gebunden. Sie begleitet die Improvisation und die eigenen Arbeiten der Schüler während ihres gesamten Werdegangs. Sie ist Vorbereitung, Unterstützung oder Verlängerung der verschiedenen Komponenten des Unterrichts. Die *Technik der Bewegungen* umfaßt drei verschiedene Aspekte: die *körperliche und stimmliche Vorbereitung*, die *dramatische Akrobatik* und zuletzt die *Analyse der Bewegungen*, die sich im zweiten Jahr in *angewandte Techniken* für die verschiedenen Bereiche des Dramatischen verwandelt.

KÖRPERLICHE UND STIMMLICHE VORBEREITUNG

Der Bewegung Sinn verleihen

Das Studium der Anatomie des menschlichen Körpers diente mir dazu, in bezug auf den Ausdruck eine analytische körperliche Vorbereitung zu entwickeln, bei der jeder Teil des Körpers, also Füße, Beine, Becken, Brust, Schultern, Hals, Kopf, Arme, Hände, isoliert behandelt wird, um auf diese Weise seinen dramatischen Gehalt zu erfassen. Ich habe beobachtet, daß zum Beispiel rein geometrische Kopfbewegungen zur Seite, nach vorn, nach hinten ... soviel bedeuten können wie: »Ich höre, ich schaue, ich habe Angst!« Eine Bewegung ist im Theater niemals nur ein rein mechanischer Akt, eine Geste muß *begründet* sein. Das kann durch eine Andeutung, eine Handlung oder ein inneres Ereignis geschehen. Ich hebe einen Arm, um einen Raum oder einen Ort anzudeuten, um etwas vom Regal zu nehmen oder weil ich innerlich etwas verspüre, das mich den Arm heben läßt. Andeutung, Handlung und innerer Zustand sind die drei Möglichkeiten, eine Bewegung zu begründen. Sie entsprechen drei großen theatralen Richtungen: Die Andeutung liegt nah bei der Pantomime, die Handlung im Bereich der Commedia dell' arte, und der innere Zustand führt zum Drama. Welche Geste er auch vollführt, der Schauspieler befindet sich immer im Verhältnis zum Raum und läßt in seinem Innern einen besonderen affektiven Zustand entstehen. Wieder einmal spiegelt sich der äußere Raum im inneren. Die Welt »mimt« sich in mir und gibt mir einen Namen!

Die *körperliche Vorbereitung* zielt weder darauf ab, einem körperlichen Vorbild nachzueifern, noch vorgefertigte theatralische Formen zu diktieren. Sie soll jedem helfen, die Fülle der richtigen Bewegung zu erlangen, ohne daß der Körper sich in den Vordergrund spielt, ohne daß er stört, was er transportieren soll. Sie stützt sich also zunächst auf eine *dramatische Gymnastik*, bei der jede Geste, Haltung oder Bewegung *begründet* ist. Ich wähle dafür elementare Übungen wie Armschwingen, Beugen des Rumpfes vorwärts oder seitwärts, Beinschwingen – gewöhnliche Aufwärmübungen, denen ich einen *Sinn* gebe.

Aus der gestreckten Position, mit erhobenen Armen, bewirkt der Fall des Rumpfes eine Beugung des Körpers und dann, im Zurückschwingen, eine Rückkehr in die Ausgangsposition.

Diese Bewegung ist, wenn man sie in einer präzisen Form der Steigerung ausführt, exemplarisch für die gesamte *dramatische Gymnastik*. Wir beginnen damit, sie auf mechanische, einfache Art auszuführen, um ihren Ablauf zu begreifen. Dann versuchen wir, die Bewegung zu vergrößern, sie im größtmöglichen Umfang auszuführen, um ihre Grenzen zu erfahren. In einem dritten Anlauf konzentrieren wir uns insbesondere auf zwei wichtige Momente der Bewegung, um ihre dramatische Dynamik zu begreifen: den Anfangsmoment, gestreckt, kurz bevor der Rumpf vom Fall mitgerissen wird, und das Ende der Bewegung, wenn Rumpf und Arme in die Vertikale zurückkehren, der Körper erneut gestreckt ist, und die Bewegung unmerklich in Unbeweglichkeit erstirbt.

Diese beiden Momente, auf den gestreckten Zustand folgend und ihm vorausgehend, sind von einer sehr hohen dramatischen Spannung. Das dem Aufbruch vorausgehende Innehalten schlägt sich in der Dynamik des Risikos, des Falls nieder und enthält ein deutliches Gefühl von Beklemmung. Umgekehrt ist das Innehalten am Ende wie eine Landung, die Rückkehr zur Ruhe, der allmähliche Übergang in die Unbeweglichkeit und Ausgeglichenheit.

Als nächstes bringen wir die Atmung ins Spiel. Der Hin- und Rückweg der Bewegung wird während des Ausatmens ausgeführt, das Einatmen findet nur in der unbeweglichen, gestreckten Haltung, in der ›oberen Atempause‹ statt. Ausgehend von dieser Beherrschung der Atmung beginne ich dann, gleichgelagerte Bilder hervorzurufen, die der Bewegung zu ihrer dramatischen Dimension verhelfen. Bei ebendieser Bewegung stellt der Schüler sich also vor, er sei am Meer und werde eins mit dem Rhythmus der Wellen. Dabei können Vorstellungen von einem Ball entstehen, der in die Luft geworfen wird und wieder herunterfällt, in der Faszination von Anfang und Ende der Bewegung: Wann ist der Moment der Bewegungslosigkeit zwischen Hin- und Rückweg? Bleibt der Ball in der Luft hängen? Wie geht das? In einer Bewegung dieser Art, genau im Moment der Schwebe, beginnt das Theater. Vorher ist es nur Sport! Alle, die Nijinski tanzen gesehen haben, sagten, er würde schweben. Nur wie?

Die *dramatische Gymnastik* hat auch eine stimmliche Dimension, denn es wäre absurd, so zu tun, als sei die Stimme etwas vom Körper Isoliertes. Jede Geste hat einen Klang, eine Stimme, die der Schüler entdecken muß. Die Stimme in den Raum zu schicken ist der Natur nach dasselbe, wie eine Geste auszuführen: So, wie ich im Stadion den Diskus werfe, so schicke ich auch meine Stimme in den Raum. Ich versuche, ein Ziel zu erreichen, ich spreche zu jemandem über eine bestimmte Distanz. In den Wellen des Meeres, ebenso wie in den Sprüngen eines Balls oder in jeder anderen Bewegung, sind Geste, Atmung und Stimme vereint. In der Bewegung kann ein Ton, ein Wort, ein Satz, eine poetische Sequenz oder ein dramatischer Text hervorgebracht werden.

Die analytische Betrachtung der Bewegungen des menschlichen Körpers verlangt vom Pädagogen objektive Kenntnis der Anatomie. Wie viele für Schauspieler oft extrem gefährliche Fehler wurden und werden noch von Pädagogen gemacht, die nichts vom menschlichen Körper verstehen! Manche verlangen von den Schauspielern, sich bis an die äußersten Grenzen der Bewegung zu begeben, ohne die damit verbundenen Gefahren zu ermessen. Was sie ihren Schülern mit manchmal perversem oder gar sadistischem Unterton aufdrängen, ist in Wahrheit ihre eigene Angst vor den Grenzen. Sie verwechseln die Lust am Spiel mit der Angst vor der Übung! Was für ein Künstlerabenteuer akzeptabel sein mag, ist nach pädagogischen Gesichtspunkten unannehmbar.

Mein Verständnis von körperlicher Vorbereitung widerspricht in vielen Punkten den zahllosen Bewegungsmethoden, die für Schauspieler angeboten werden. Es handelt sich dabei meistens um Gymnastik, die ich »tröstend« nennen würde, deren Hauptziel das Wohlgefühl des Praktizierenden ist. Die verschiedenen Methoden, die zwecks Entspannung und Sichbesserfühlen von Theatergruppen angewendet werden, können vielleicht helfen, die ein oder andere Angst zu beheben oder ein gewisses inneres Gleichgewicht der Person wiederherzustellen. Sie stehen aber nie in Zusammenhang mit dem Spiel. Dabei ist das Spiel für einen Schauspieler das einzig wahre Mittel zur Wiederherstellung des inneren Gleichgewichts!

Diesen Aspekt der Tröstung, der den Lehrer verleitet, sich bei seinen Schülern um jeden Preis beliebt zu machen, lehne ich ab. Eine derartige Vorgehensweise ist demagogisch. Nehmen Sie einen naiven Intellektuellen, lassen Sie ihn, von sanfter Musik begleitet, irgend etwas am Boden machen, er wird begeistert sein. Das ist meistens Wohltätigkeit. Man segelt schlicht und ergreifend unter der Flagge der Wohltätigkeit!

Eine rein sportliche Gymnastik ist für den Schauspieler ebenfalls unzureichend. Ich habe Schauspieler gekannt, die in der Turnhalle extrem steif waren, sich auf der Bühne aber wundervoll bewegten, und andere waren beim Training sehr beweglich, jedoch unfähig, Illusionen entstehen zu lassen. Die einen hatten schauspielerisches Talent, die anderen hatten es nicht!

Ein andere Abweichung hat ihre Ursachen in der verfrühten Aneignung formaler Gesten, die dem Stil oder Kodex hochentwickelter Theaterformen, zum Beispiel aus dem Orient, oder dem klassischen Tanz entstammen. Solche formalen Gesten, häufig ein Resultat ungenügender Übung, schaffen im Körper des Schauspielers physische Muster, die besonders für junge Schauspieler im nachhinein äußerst schwer zu begründen sind. Meistens behalten sie eine lediglich ästhetisierende Form bei. Fechten, Tai-Chi-Chuan, Reiten ... können allenfalls als Hilfstechniken oder zur Neuorientierung dienen, jedoch niemals die wirkliche Erziehung des Körpers eines Schauspielers ersetzen, der in der Welt der Illusion lebt.

Die gruppendynamischen Übungen schließlich – sich vor dem Theaterakt an den Händen fassen – sind für eine Gruppe nett. Nicht für die Schauspieltruppe! Viele oft hochintelligente Regisseure, denen eine wirkliche Kenntnis der körperlichen Praxis fehlt und die zum eigenen Körper manchmal einen äußerst geringen Bezug haben, legen hohen Wert auf diese Art von Übung. Die »Bedeutsamkeit« der Bewegung zieht sie stärker an als die Handlung selbst. Ich hörte, daß der Schauspieler in Australien einen »Guru« hat, daß in Amerika ein »Psy« ihn begleitet. In Italien geht er auf die Bühne und spielt! Ich bin ein Anhänger dieser Haltung.

DRAMATISCHE AKROBATIK

An den Grenzen des Körpers

Die akrobatischen Bewegungen sind anscheinend nutzlos. Sie »dienen« zu nichts, es sei denn zum Spielen. Sie sind die ersten natürlichen Bewegungen der Kindheit. Ein Kind dreht sich aus dem Körper seiner Mutter heraus. Bevor es krabbelt oder läuft, sind seine ersten Berührungen mit dem Boden die Folge einer Kopfbewegung, die sich in einer seitlichen Drehbewegung fortsetzt. Ich habe das Ziel, dem Schauspieler zu der Bewegungsfreiheit zu verhelfen, über die ein Kind verfügt, bevor das soziale Leben ihm andere, herkömmlichere Verhaltensweisen auferlegt.

Die *dramatische Akrobatik* beginnt mit Überschlägen und Purzelbäumen, deren Schwierigkeitsgrad sich nach und nach steigert, bis daraus Fenstersprünge und schließlich Salti geworden sind. Ich möchte den Schauspieler soweit wie möglich von der Schwerkraft befreien. Wir trainieren Geschmeidigkeit, Kraft, Gleichgewicht (Handstand, Kopfstand, Schulterstand usw.) und Schwerelosigkeit (alle Sprünge), und wir lassen auch hier die dramatische Begründung der Bewegung niemals außer acht. Eine Rolle kann sowohl zufällig sein – ich stoße gegen ein Hindernis, ich falle, ich rolle – als auch ein Element der Überhöhung des Spiels: »Harlekin muß so sehr lachen, daß er sich überschlägt!« Mit dem akrobatischen Spiel stößt der Schauspieler an eine Grenze des dramatischen Ausdrucks. Aus diesem Grund trainieren wir die dramatische Akrobatik während der gesamten Ausbildung, wobei sie im zweiten Jahr auf die jeweils bearbeiteten Bereiche des Dramatischen abgestimmt wird. Dank der sehr gut ausgepolsterten Kostüme mancher Bouffons gibt es eine besonders interessante »bouffoneske« Akrobatik, zu der teilweise harte Stürze oder spektakuläre, zusammenbrechende Pyramiden gehören.

Das *Jonglieren* ergänzt die akrobatische Arbeit. Es beginnt mit einem Ball, dann zwei, drei, vier, fünf oder mehr ... dann vor allem mit Gegenständen des täglichen Lebens, mit Tellern oder Gläsern, und mündet zuletzt in eine dramatische Spielsequenz (im Restaurant, im Laden usw.). Darauf folgen die *Kämpfe:* Ohrfeigen einstecken und verpassen, Fußtritte, Haare ziehen, Nase verdrehen, eine Massenschlägerei anzetteln. Es gilt dabei, ein Maximum an Illusion herzustellen, selbstverständlich ohne die Schlägerei wirklich auszutragen. Derjenige, der geohrfeigt oder an den Haaren gezogen wird, führt das Spiel und stellt die Illusion her. Hier bestätigt sich ein bereits beobachtetes wesentliches Gesetz des Theaters: Die Reaktion schafft die Aktion!

Schließlich kommen noch Gegenstände dazu: der fliegende Stuhl, ein Tisch, über den man sich rollt, und so weiter. Die *Hilfestellung*, das heißt die Begleitung und Sicherung der akrobatischen Bewegung, wird ebenfalls trainiert, um den Schauspieler vor einem Sturz zu bewahren. Beim Salto kann eine Hand im Rücken helfen, die Bewegung gefahrlos auszuführen. Die Hilfestellung ist ihrerseits auch dramatisiert: »Ich bücke mich, um etwas aufzuheben, ein anderer rollt über meinen Rücken. Ich richte mich wieder auf, um zu sehen, was los ist, und indem ich mich aufrichte, helfe ich ihm, seinen Sprung zu vollenden.« Die technische Beherrschung all dieser akrobatischen Bewegungen, der Stürze und Sprünge, des Jonglierens und Kämpfens haben nur einen Zweck: dem Schauspieler eine größere Freiheit beim Spiel zu geben.

ANALYSE DER BEWEGUNGEN

Die *Analyse der Bewegungen* des menschlichen Körpers und der Natur sowie die Analyse der Ökonomie körperlicher Tätigkeiten bilden in unserer Schule die Grundlage der Körperarbeit. Ganz selbstverständlich habe ich die praktische Erfahrung meines Sportlerdaseins auf das Mimen der Tätigkeiten übertragen. Damals trainierte ich nach der ›natürlichen Methode‹ von Georges Hébert: *ziehen, stoßen, klettern, gehen, laufen, springen, heben, tragen, angreifen, sich verteidigen, schwimmen.* Diese Tätigkeiten hinterlassen in einem empfindsamen Körper physische Spuren, in die sich Emotionen einzeichnen. Gefühle, Zustände und Leidenschaften drücken sich durch Gesten, Haltungen und zu den körperlichen Tätigkeiten analoge Bewegungen aus. Für den jungen Schauspieler ist es wichtig zu wissen, wie der Körper »zieht«, wie er »stößt«, damit er gegebenenfalls alle einer Figur eigenen Arten von »ziehen« und »stoßen« ausdrücken kann. Einen körperlichen Akt zu analysieren heißt nicht, Meinungen abzugeben, sondern Kenntnisse dingfest zu machen. Das ist die unerläßliche Grundlage des Spiels.

Die natürlichen Bewegungen des Lebens

Ich beginne die Analyse der Bewegungen des menschlichen Körpers anhand von drei natürlichen Bewegungen, die sich im Leben wiederfinden: die *Wellenbewegung*, die *umgekehrte Wellenbewegung* und die *Entfaltung*.

Im Stadion habe ich die *Wellenbewegung* als Prinzip aller großen Leistungen entdeckt. Auf der Bühne des Theaters in Grenoble stieß ich auf die *Entfaltung*. In der rue du Bac, in der Anfangszeit der Schule, habe ich die *umgekehrte Wellenbewegung*

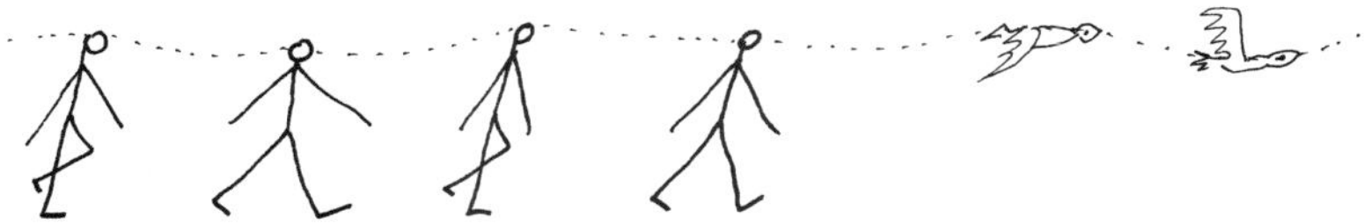

Wellenförmige Fortbewegung

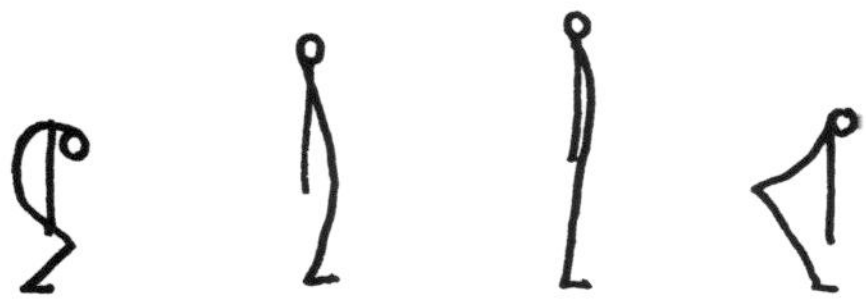

Wellenbewegung

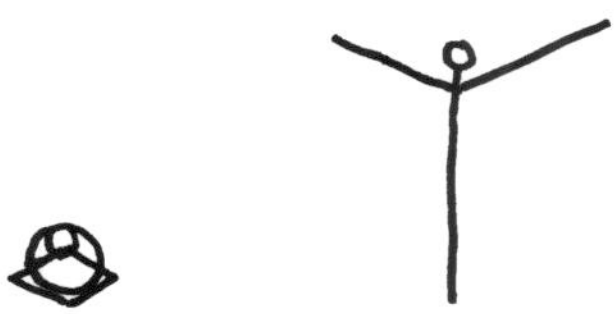

Entfaltung

ausgearbeitet und darin den Sinn der Konflikte und der Figuren entdeckt. Die drei Prinzipien, die die *Bewegung* des menschlichen Körpers bestimmen, waren gefunden und mit ihnen die drei Stränge meiner Pädagogik.

Abgesehen von der körperlichen Bewegung an sich sind Wellenbewegung, Entfaltung und umgekehrte Wellenbewegung tatsächlich drei zum Maskenspiel analoge Stränge. Die Entfaltung entspricht der neutralen Maske; die Wellenbewegung der expressiven Maske, in ihrem ersten Bild; und die umgekehrte Wellenbewegung entspricht der Gegenmaske. Diese Bewegungen fassen die drei dramatischen Positionen: *darin, dafür, dagegen.*

Die *Wellenbewegung* ist die erste Bewegung des menschlichen Körpers, das Grundmuster jeder Fortbewegung. Der Fisch im Wasser bewegt sich wellenförmig vorwärts. Die Schlange bewegt sich ebenfalls wellenförmig durchs Gras. Auch die Bewegung eines Kindes auf allen Vieren und des aufrechten Menschen verläuft wellenförmig. Wenn man Menschen, die aus der Metro steigen, mit einer Kamera beobachtet, stellt man bei der Analyse ihrer Bewegungen fest, daß sie auf und ab gehen: Es ergibt sich eine wellenförmige Linie. Jede Wellenbewegung hat eine Basis und einen Wirkungspunkt. Die Wellenbewegung beginnt am Boden, überträgt von dort aus den Schwung in alle Teile des Körpers, bis sie den Wirkungspunkt erreicht. Diese Übertragung kann man auch in der sich immer weiter fortsetzenden Welle beobachten, wenn man auf die Wasseroberfläche bläst. Das Bekken des gehenden Menschen beschreibt ebenfalls eine Wellenbewegung. Der Rest des Körpers folgt in einer doppelten natürlichen Wellenbewegung: lateral wie der Haifisch und vertikal wie der Delphin. Die Wellenbewegung ist der Motor aller physischen Anstrengungen des menschlichen Körpers: »stoßen/ ziehen« und »sich stoßen/sich ziehen«.

Die *umgekehrte Wellenbewegung* ist die gleiche Bewegung wie die soeben beschriebene, jedoch in der umgekehrten Richtung. Ich beginne nicht an der Basis auf dem Boden, sondern mit dem Kopf. Der Kopf leitet die Bewegung ein, meine Aufmerksamkeit bezieht sich dabei auf irgend etwas Interessantes im Raum. Das Bild des Vogels hilft bei der Ausführung dieser Bewegung:

> *Vor mir befindet sich ein Vogel, ich betrachte ihn von ferne. Er erhebt sich senkrecht über meinen Kopf, mein Blick folgt ihm. Er wird fallen, ich trete zurück. Er ist gefallen, ich betrachte ihn am Boden. Dann fliegt er zum Horizont davon.*

In einer solchen vom Kopf ausgehenden Bewegung steht der ganze Körper dem Ereignis zur Verfügung. Der Zusammenhang wird nun nicht mehr durch bloße Handlung hergestellt, sondern durch die *dramatische Andeutung*. Die Wellenbewegung ist eine von einem Punkt auf einen anderen gerichtete, gelenkte Handlung, um mich oder etwas fortzubewegen. Die umgekehrte Wellenbewegung dagegen liefert immer eine dramatische Reaktion. Jedes *Drama* kehrt in Wirklichkeit die Techniken der Handlung um.

Wellenbewegung und umgekehrte Wellenbewegung haben vier große Übergangshaltungen gemeinsam: den nach vorn gerichteten Körper, den Körper im Zenit, den nach hinten geneigten und den zusammengesunkenen Körper. Die Schüler sollen diese Übergangshaltungen eine nach der anderen einnehmen, um in diesem körperlichen Ablauf dann die verschiedenen Stufen der Lebensalter nachzuempfinden: Kindheit, Blütezeit, Reife und Alter. Die Neigung des Körpers nach vorne, mit nach hinten gekipptem Unterleib und vorgeschobenem Kopf, zeigt uns die Kindheit, ein Bild des Harlekin. Die aufrechte, vertikale

Haltung des Körpers führt zur neutralen Maske, zur Reife des erwachsenen Menschen. Der Herbst des Lebens, die Verdauungsphase, bringt uns hinter die vertikale Achse, in den Hintergrund. Das ist die Zeit des Rückzugs! Schließlich zusammengekrümmt: das Alter, es hat wieder Ähnlichkeit mit dem Fötus.

Im Gleichgewicht der beiden beschriebenen Bewegungen entwickelt sich, von der Mitte aus, die *Entfaltung*. Die Ausgangsposition ist eine zusammengekauerte Haltung am Boden, der Körper nimmt sowenig Raum wie möglich ein. Am Ende der Bewegung befindet er sich im »aufrechten Kreuz«, stehend, Beine und Arme ausgebreitet, in gestreckter Haltung, über der Horizontalen. Die Entfaltung ist der bruchlose Übergang von einer Haltung in die andere, wobei alle Körperteile gleichzeitig agieren. Arme und Beine erreichen gleichzeitig die gestreckte Position, ohne daß irgendein Teil des Körpers einem anderen voraus wäre. Die Schwierigkeit liegt darin, ein Gleichgewicht und eine Dynamik zu finden, die durch nichts beeinträchtigt wird. Allzuoft ist der Oberkörper schneller als der Unterkörper, weil man ganz einfach zuerst an ihn denkt. Die Entfaltung ist als umfassende Empfindung zu entdecken, die sowohl in Richtung Ausdehnung als auch in Richtung Konzentration ausgeführt werden kann.

Nachdem nun jede Grundbewegung bearbeitet ist, biete ich *Modifikationen* der Übung an. Unter *Modifikation* verstehe ich eine Reihe von Variationen, um die verschiedenen Bewegungsmöglichkeiten auszuprobieren. Ausgehend von der analysierten einfachen Geste rufe ich, wie in der experimentellen Genetik, verschiedene Veränderungen hervor, um den Schülern zur Erweiterung ihres Ausdrucksfeldes zu verhelfen. Die Grundprinzipien der technischen Modifikation sind: *Vergrößerung und Verkleinerung, Gleichgewicht und Atmung, Ungleichgewicht und Fort-*

bewegung. Sie werden zuerst auf alle analytischen Grundbewegungen, dann auf alle körperlichen Tätigkeiten angewandt und schließlich im Spiel und in den Gefühlen umgesetzt.

Wir beginnen immer damit, die Bewegung maximal zu *vergrößern*, um ihre räumlichen Grenzen zu erfahren und das Gleichgewicht zu finden. Die Wellenbewegung maximal zu vergrößern bedeutet, nach vorne und nach hinten gelagerte Gleichgewichtspositionen im Raum zu finden. Daraufhin *verkleinern* wir die gleiche Bewegung in einem umgekehrten Vorgang so lange, bis sie von außen nicht mehr wahrnehmbar ist. Hier, in der scheinbaren Bewegungslosigkeit, erreichen wir die entgegengesetzte Grenze: die Atmung.

Gleichgewicht und Atmung sind die extremen Grenzen jeder Bewegung, die dem Spiel des Schauspielers angepaßt werden können. Bei der Improvisation gehen wir im allgemeinen von einer einfachen Situation aus, vergrößern sie maximal, steigern die Gefühle bis zur äußersten Grenze, bevor wir sie dann reduzieren. Wir erkunden das Lachen vom Lächeln bis zu der Grenze, wo man fast erstickt vor Lachen, bevor wir zu einem gemäßigten Gelächter zurückkehren. Der Schauspieler, der das geübt und die obere Grenze des Lachens erforscht hat, wird in egal welchem psychologischen Drama in der Lage sein, sehr subtil und auf lebendige Weise zu reagieren. In seinem Spiel wird die vollständige Dimension des Lachens präsent sein. Dieser Vorgang führt uns vom Expressionismus zum Impressionismus, vom spielenden Körper zum spielenden Auge: Der Körper überträgt dem Auge die Widerspiegelung seiner Bewegungen.

Wir erforschen schließlich die Situation jenseits der Grenzen: Eine Bewegung über das Gleichgewicht hinaus zu treiben heißt, ein Ungleichgewicht auszulösen und den Sturz in Kauf zu nehmen. Um den Sturz zu vermeiden, weicht man in die

Fortbewegung aus. Man geht vorwärts! Diese Regel gilt ebenso für körperliche wie für emotionale Bewegungen.

Bei der Arbeit eines Schauspielers kommt es darauf an, zunächst sehr *groß* zu spielen, um die Kraftlinien, die großen einfachen Linien der Figur zu spüren. Später, bei intimerem Spiel, gilt es dann zu nuancieren. Das psychologische Spiel muß ein Ergebnis des im Raum vergrößerten Spiels sein. Mich verblüfft die Tatsache, daß manche sehr große, zu sehr starkem intimem Spiel fähige Schauspieler in vollkommen anderen Bereichen angefangen haben: Jean Gabin trat im Varieté auf, bevor er zu dem Schauspieler wurde, als den man ihn kennt! Diese Herangehensweise unterscheidet sich sehr von dem bei bestimmten Schauspielausbildungen zu beobachtenden Ansatz, wo am Anfang von den Schauspielern verlangt wird, sie sollen »klein« spielen, um dann ihr Spiel zunehmend zu vergrößern. Vergebens! Das führt nur dazu, daß sie äußerlich werden und »fabrizieren«.

Haltungen entstehen lassen

Wenn wir mit der neutralen Maske arbeiten, müssen wir dem Körper eine Reihe von *Haltungen* abgewinnen, die eine Bewegungsstruktur abseits der natürlichen Gestik sicherstellen. Als *Haltungen* bezeichne ich ein im Innern der Bewegung, in der Bewegungslosigkeit erkanntes, starkes Moment. Das kann ein Innehalten am Anfang, am Ende oder in einem Übergangsmoment sein. Wenn man eine Bewegung an ihre Grenze treibt, entdeckt man die Haltung.

Ich verwende für diese Arbeit eine feststehende Serie von »neun Haltungen«, die die Schüler als Abfolge ausführen sollen.

Diese Übung fixiert Becken, Rumpf und Kopf derart, daß jede natürliche Bewegung *vermieden* wird. Ein künstliches Vorgehen also, unerläßlich für jede künstlerische Überhöhung (mit der neutralen Maske, in der Commedia dell'arte ...), mittels dessen wir gegen die Natur spielen, um besser von ihr erzählen zu können. Wenn der Schüler die neun Haltungen in der Abfolge ausgeführt hat und sie beherrscht, folgen wieder Modifikationen der Übung: *vergrößern/verkleinern, Gleichgewicht/Atmung*, und dramatische Begründungen, die wir die Schüler entdecken lassen (ich schaue, ich drehe mich um, und so weiter). Ebenso werden alle möglichen Variationen, insbesondere solche der Atmung, einbezogen. Man verbinde eine Bewegung mit einer ihr entgegengesetzten Atmung und ihre Begründung wird eine andere sein. Das beste Beispiel dafür ist sicher der *Abschied:*

> *Ich stehe da und hebe einen Arm hoch, um jemandem Lebewohl zu sagen.*

Wenn man diese Bewegung so ausführt, daß man beim Heben des Armes einatmet und beim Senken ausatmet, erlebt man ein positives Abschiedsgefühl. Wenn man das Gegenteil macht, den Arm also beim Ausatmen hebt und beim Einatmen wieder senkt, ist der dramatische Zustand negativ: Ich will nicht Abschied nehmen, aber ich bin gezwungen es zu tun! Eine andere Möglichkeit: einatmen, die Bewegung in der ›hohen Atempause‹ ausführen und erst nach vollendeter Geste ausatmen – so kommen wir zum faschistischen Gruß. Und auch hier ist das Gegenteil möglich: ausatmen, die Bewegung in der ›tiefen Atempause‹ ausführen, einatmen. Ich habe mit Sicherheit ein Bajonett im Rücken, das mich dazu zwingt! Alle diese Nuancen der Atmung werden auf die neun Haltungen angewandt und verändern zutiefst die dramatischen Begründungen.

Die neun Haltungen und ihre dramatische Begründung sind deswegen interessant, weil sie Träger von Widersprüchen sind.

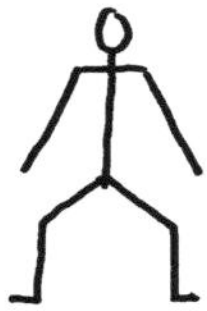

Der Samurai

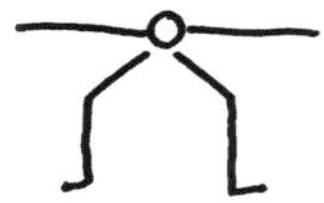

Der Tisch

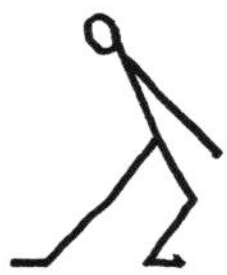

Der große Harlekin Nr. 1

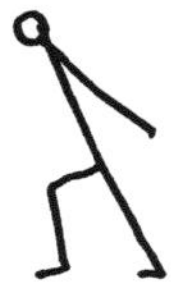

Der Ausfallschritt nach vorn

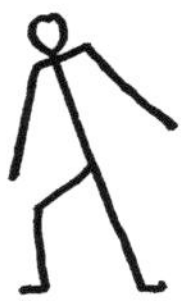

Der seitliche Ausfallschritt

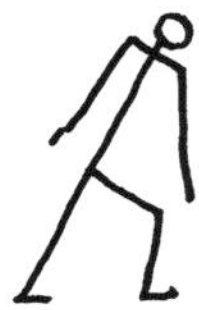

Der seitliche Ausfallschritt spiegelbildlich

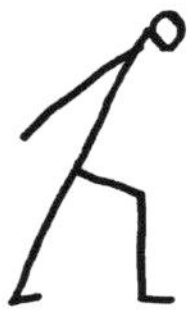

Der umgekehrte Ausfallschritt

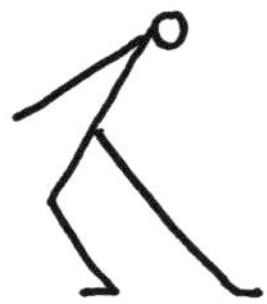

Der große Harlekin Nr. 2

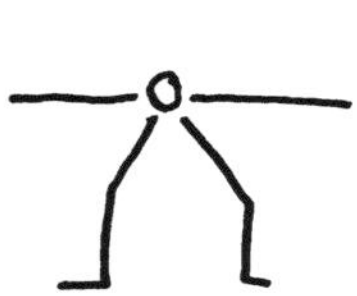

Der Tisch

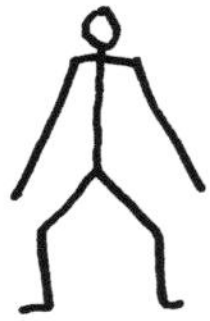

Der Samurai

DIE NEUN HALTUNGEN

»Der große Harlekin«, mit der Rückwärtsbewegung des Bekkens, kann sowohl eine Verbeugung als auch Angst oder Bauchweh vermitteln. Es gibt nie nur eine einzige Begründung, meistens ist das Gegenteil ebenso möglich. Alle großen Haltungen sind Träger einer Vielzahl von Möglichkeiten. In diesem Punkt sind sie ausgesprochen theatralisch und pädagogisch reichhaltig. Es ist Sache der Schüler, sich auf dieses Abenteuer einzulassen, das Mögliche zu entdecken, besonders in den Übergängen von einer Haltung zur anderen. Es ist ihre Sache herauszufinden, welche Bedeutung es für einen Schauspieler hat, die Strukturen der Haltung auch in der intimsten der reduzierten Versionen aufrechtzuerhalten.

Der Begriff *Haltung* taucht bei allen großen Schauspielern auf, was auch immer ihr Stil oder ihr Theater ist, denn das Publikum will eigentlich Haltungen lesen. Die undeutliche Geste ist im Theater nicht wünschenswert, es sei denn, sie ist vorübergehend erforderlich, um gegen die erstarrte und Verkrustung verursachende Kodifizierung mancher Haltungen anzukämpfen. Das war das große Experiment des Living-Theatre Ende der sechziger Jahre, als es den Kodex in einem Schrei explodieren ließ. Aber nach dieser notwendigen Revolte mußte wieder etwas Neues aufgebaut werden. Diese Entdeckung wünsche ich meinen Schülern: von der einfachsten natürlichen Geste zum ausgereiftesten Theater zu gelangen. Denn je konstruierter das Theater ist, um so größer ist es.

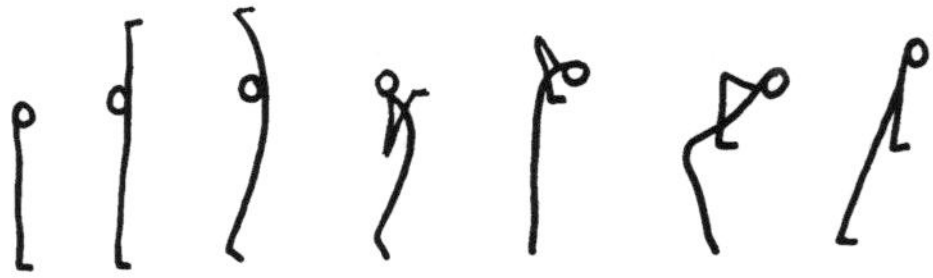

Klettern

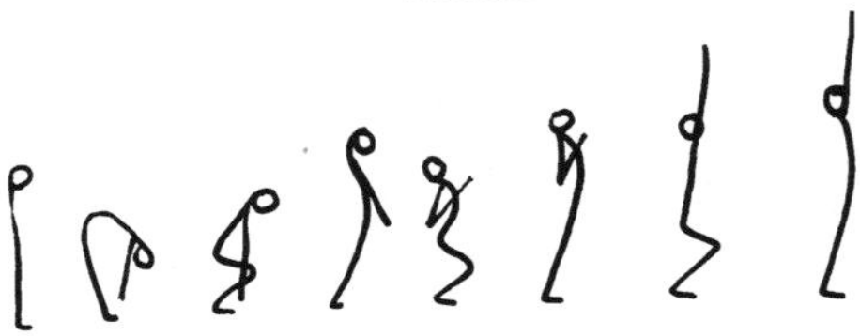

Heben/Tragen

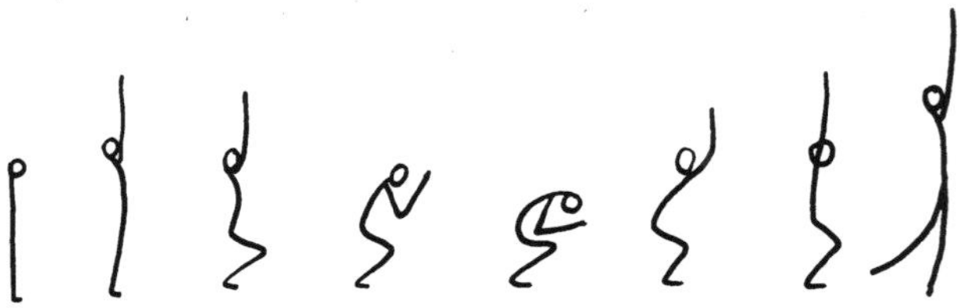

Glocken läuten

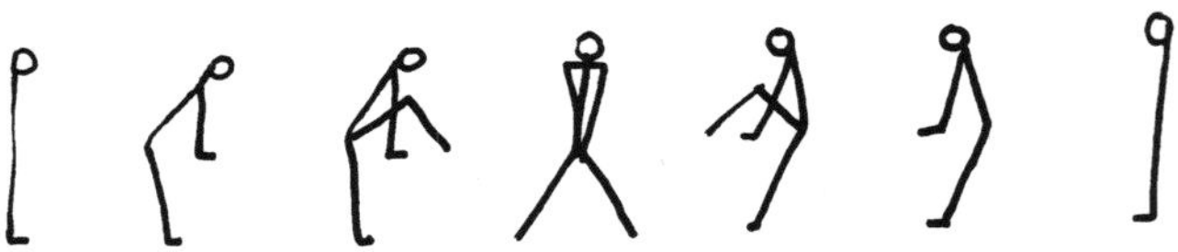

Über die Hürde steigen

Die Ökonomie der körperlichen Tätigkeiten

Unsere Grundlage, um die körperlichen Tätigkeiten des Menschen zu analysieren, ist das *Mimen der Tätigkeiten.* Es kommt darauf an, eine körperliche Tätigkeit so genau wie möglich ohne jede theatralische Überhöhung zu reproduzieren und dabei das Objekt, das Hindernis, den Widerstand zu mimen. Ich greife hier zu den Gesten der ältesten Berufe: *schaufeln* und *hacken*, Gesten *des Fährmanns, des Holzfällers* oder auch der Sportler, die *am Reck turnen, Gewichte und Hanteln heben.* Das Mimen der Tätigkeiten betrifft ebenfalls den Umgang mit Objekten: *einen Koffer aufmachen, eine Tür schließen, eine Teetasse in die Hand nehmen.*

Ohne uns mit Psychologie zu befassen, suchen wir nach der ökonomischsten Form der körperlichen Tätigkeit, die zum Bezugspunkt werden soll. Wie bei den vorangegangenen Übungen werden die Bewegungen, bevor wir sie maximal vergrößern und dann reduzieren, zuerst nach technischen Gesichtspunkten analysiert, um ihren dramatischen Gehalt zu entdecken und den versteinerten Formen der *Pantomime* zu entgehen.

Um dem Hang zu bloßer Technik oder willkürlicher Virtuosität entgegenzuwirken, gehen wir über die Analyse isolierter Bewegungen hinaus und integrieren die Gesten in dramatisierte Sequenzen mit einem Anfang und einem Ende. *Die Mauer*, eine Sequenz aus siebenundfünfzig sehr präzisen Haltungen, erlaubt den Übergang zu einer Gesamtbewegung.

Sie werden in einer Stadt verfolgt, Sie verstecken sich in einer Toreinfahrt am Ende einer Sackgasse. Ihr Verfolger geht an Ihnen vorbei, ohne Sie zu sehen. Ihre einzige Fluchtmöglichkeit ist, die Mauer auf der anderen Straßenseite zu überwinden. Sie stürzen dorthin, Sie klettern und springen auf der anderen Seite hinunter. Leider hat er Sie gesehen und erwartet Sie schon!

Diese Sequenz wird Haltung für Haltung analysiert, die Schüler erarbeiten eine nach der anderen. Denn erst wenn sie die Haltungen genau kennen, können sie sich wieder von ihnen lösen und sich auf die Suche nach dem Spiel begeben. Es geht hier um körperliche Disziplin im Dienste des Spiels. Einschränkung im Dienste der Freiheit.

Dieselbe Sequenz wird dann im *auto-cours* als chorisches Ballett ausgearbeitet, wobei der Inhalt der Handlungen sowie jegliche dramatische Dimension wegfallen und nur die Bewegungen zur Musik erhalten bleiben. Man kann dabei verschiedene Regeln aufstellen: Eine Bewegung kann mehrfach wiederholt werden, alleine oder chorisch, synchron oder zeitlich versetzt.

Durch das Mimen der Tätigkeiten entdecken wir, daß alles, was der Mensch in seinem Leben macht, in zwei wesentlichen Handlungen zusammengefaßt werden kann: »ziehen und stoßen«. Wir tun niemals etwas anderes! Diese Handlungen lassen sich deklinieren: »gezogen werden und gestoßen werden«, »sich ziehen und sich stoßen« und veräußern sich in verschiedenste Richtungen: nach gegenüber, nach den Seiten, nach hinten, schräg … Ich nenne das: *die Rose der Kräfte.*

Darunter ist ein Richtungsraum zu verstehen, in den sich alle menschlichen Bewegungen einordnen lassen, körperliche oder psychologische Bewegungen, eine einfache Armbewegung oder eine verzehrende Leidenschaft, eine Kopfbewegung oder ein tiefes Verlangen, denn alles läßt sich auf »ziehen/stoßen« zurückführen.

Harlekin weigert sich, in den Krieg zu ziehen. Alle um ihn herum versuchen, ihn dazu zu überreden. Er fängt an, sich kategorisch zu weigern, wird halsstarrig, dann, nach und nach, läßt er sich überzeugen, um schließlich zuzustimmen. Alle freuen sich, aber er überlegt es sich wieder anders ... dann endlich entschließt er sich, allein an die Front zu gehen, in vorderster Linie, bereit, alles zu töten, was sich bewegt. Man versucht nun, ihm zu erklären, daß das gefährlich werden könnte, daß er sich vielleicht doch lieber weiter hinten halten sollte. Nichts zu machen. Jetzt ist er es, der kraftvoll seine Welt mit sich zieht, obwohl alle versuchen, ihn zurückzuhalten.

Die treibende Struktur dieses Themas (die Umkehrung der Situation) läßt sich, Variationen der Ebenen und Umkehrung der Kräfte eingeschlossen, im wesentlichen mit »Ziehen/Stoßen« zusammenfassen:

Ich dränge jemanden dazu, voranzugehen ... er weigert sich.
Ich gehe voraus und ziehe ihn an der Hand ... er sträubt sich.
Ich ziehe stärker ... er zieht mich in die andere Richtung.
Ich ziehe noch stärker ... er gibt nach.
Er kommt mit mir mit ... er überholt mich.
Er zieht mich mit sich ... ich sträube mich.
Ich lasse ihn los ... er läuft davon.

Drei Hauptrichtungen sind in der *Rose der Kräfte* enthalten: *vertikal, horizontal und diagonal.* Beim Rudern (sitzend oder stehend) ebenso wie beim Sägen verläuft die Bewegung horizontal. Es ist ein Hin und Her zwischen *ziehen* und *stoßen.* Glockenläuten, klettern, heben, tragen, Diskus werfen, das alles sind vertikale Bewegungen. Die diagonalen Bewegungen schließlich finden sich beim Holzfäller oder beim Fährmann, der seine Barke mit einer langen Stange vorwärts bewegt.

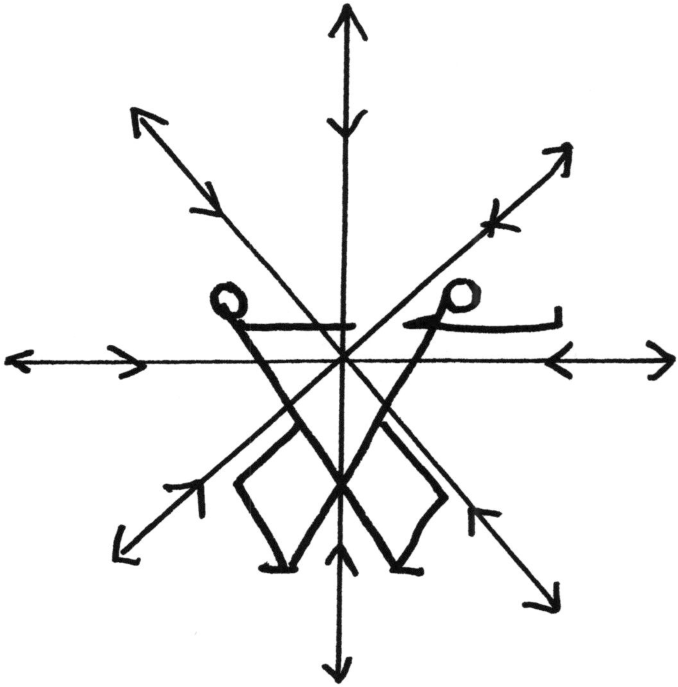

Die Rose der Kräfte

Diese drei Bewegungsrichtungen entsprechen drei verschiedenen dramatischen Welten. Das »Ziehen/Stoßen« nach vorn entspricht dem »Du und Ich«. Hier entsteht ein Dialog mit einem anderen, wie man ihn in der Commedia dell'arte oder bei den Clowns finden kann. Die vertikale Bewegung stellt den Menschen zwischen Himmel und Erde, zwischen Zenit und Nadir, in ein tragisches Geschehen. Die Tragödie ist immer vertikal: Die Götter sind im Olymp. Die Bouffons ebenfalls, allerdings in entgegengesetzter Richtung: Ihre Götter sind unterirdisch. Die Diagonale ist gefühlsbetont, lyrisch, sie entflieht, ohne daß wir wüßten, wo sie wieder herabkommen wird. Hier befinden wir uns in den großen Gefühlen des Melodrama.

Alle Bereiche des Theaters lassen sich sehr präzise in den Raum einordnen. Die körperlichen Bewegungen, die wir von den einfachsten bis zu den komplexesten erforschen, zeichnen sich in diese dramatischen Dimensionen ein. Ich liebe, ich ziehe! Ich hasse, ich stoße!

Analyse der Dynamiken der Natur

Auf die Analyse der Bewegungen des menschlichen Körpers folgt die Analyse der Bewegungen der Natur: Elemente, Materie und Tiere. Sie läuft parallel zu den Identifikationen. Die im Zuge der Improvisationen entwickelten Bewegungen werden in ihrer technischen Form wiederaufgenommen. Wir versuchen nun, die verschiedenen jeweils beteiligten Körperpartien herauszuarbeiten.

Die vier Elemente (*Wasser, Feuer, Luft* und *Erde*) werden in ihren verschiedenen Erscheinungsformen erarbeitet. Beim Wasser heißt das: die Entdeckung des Teiches, des Sees, des Baches und des Meeres. Wir beobachten zum Beispiel die Bewegungen eines mit dem Meer konfrontierten Körpers: Er wird vom Wasser getragen, von den Wellen zurückgestoßen, in einen lateralen Kampf hineingezogen und dringt ins Innere des Wassers ein. Das Wasser ist ein lebendiger Widerstand, gegen den man kämpfen muß, um ihn zu erkennen. Diese ganzheitliche Empfindung kann sich nur vom Becken her auf den gesamten Körper übertragen. Wir fordern bewußt den Einsatz des Beckens, um Gesten der Arme und Hände zu verhindern, die immer dazu verleiten würden, das Meer anzudeuten, es aber niemals zu empfinden.

Das Feuer entsteht im Innern. Seine Grundlagen sind die Atmung und das Zwerchfell. Im Feuer kann man zwei Bewegungen unterscheiden: die Verbrennung und die Flamme. Um die Rhythmen des Feuers Schritt für Schritt zu entdecken, beginnen wir mit der Verbrennung auf der Ebene des Zwerchfells, und sehr bald können wir feststellen, daß die dramatische Begründung im Gefühl der Wut liegt. Die Flammen werden erst in einem zweiten Schritt behandelt, und später können wir andere interessante Bilder bearbeiten, wie zum Beispiel das kochende Wasser.

Die Luft entdecken wir beim Fliegen. Durch den Saal laufend, die Arme wie Flügel ausgebreitet, empfinden wir die Möglichkeit, uns auf die Luft zu stützen, die nicht Leere, sondern ein tragendes Element ist. Der ganze Körper ist gefordert. In ihrer extremen Dimension, wenn sie zum »großen Sturm« wird, wirkt die Luft auf den Menschen, sie stößt ihn, sie zieht ihn. Umgekehrt kann aber auch der Mensch auf die Luft einwirken, sie mit einem Fächer bewegen.

Schließlich haben wir noch die Erde, die wir formen, zusammenpressen, glätten, dehnen können. Bei ihrer Bearbeitung beginnt die Empfindung in den Händen und breitet sich von dort in den ganzen Körper aus. So einfach es ist, Empfindungen durch die Hände wahrzunehmen, so ist es doch notwendig, den Rest des Körpers, das Becken, den Plexus, in die Auseinandersetzung mit einer imaginären lehmigen Erde einzubeziehen. Dadurch, daß ich den Lehm mit den Händen bearbeite, werde ich nach und nach die bearbeitete Erde.

Der Hauptcharakter der Materie ist ihre Passivität und die Tatsache, daß sie sich durch ihre Reaktionen offenbart. Man kann ihre Bewegungen nur dann analysieren, wenn man sie angreift. Man muß Material werfen, zerknüllen, kneten, zerreißen, zerbrechen, um seine Reaktion beobachten zu können. Man muß allerdings aufpassen, daß man den Gegenstand nicht mit dem Material verwechselt, aus dem er zusammengesetzt ist. Wenn man eine Holzkugel auf den Boden wirft, ist es nicht das Holz, das da rollt, sondern eine Kugel. Wenn die Kugel aus Blei ist, wird sie auf andere Weise rollen, aber sie wird in jedem Fall rollen. Uns interessiert hier das Holz oder Blei an sich. Um die Analyse technisch anzugehen, habe ich eine Auswahl verschiedener Materialien zusammengestellt.

Zuerst Material, das ein für allemal unbeweglich liegen bleibt, wenn man darauf einwirkt: zu Boden geworfenes Blei, Erdklumpen, ein verbogener Eisendraht. Groß ist die Zahl der Materialien, die, wenn man einmal auf sie eingewirkt hat, ihren Zustand nicht mehr verändern. Die dramatische Analogie wäre hier: »Was gesagt ist, ist gesagt!«

Umgekehrt hat elastisches Material, wenn es auseinandergezogen wird, Sehnsucht nach der Rückkehr zu seiner Ausgangsform, auch wenn es diese nicht vollständig wieder erreichen wird. Auch hier gibt es unzählige Varianten: Gummi, Kautschuk, manche Fasern. Je mehr man daran zieht, um so mehr ermüdet es und um so weniger ist es in der Lage, in seine

Ausgangsform zurückzukehren. Diese Dynamik von Sehnsucht und Ermüdung ist dramatisch sehr interessant.

Dann gibt es noch die Spuren, Striemen, Falten, Knicke, die am zerknüllten Papier zu beobachten sind, das mit allerdings viel mehr Schwierigkeiten als elastisches Material ebenfalls zu seiner vorherigen Form zurückstrebt. Hier offenbart sich, je nach Natur und Qualität des verwendeten Papiers, die rein tragische Dimension. Die Tragödie des Zeitungspapiers ist nicht die des Blumenpapiers, das Drama des Papiers, das in Metzgereien zum Einwickeln benutzt wird, ist ein anderes als das des Recyclingbriefpapiers. Unzählbar sind die Narben in der Sehnsucht nach dem verlorenen Paradies!

Schließlich nehmen wir uns noch der Scherben, Brüche, gesprungenen Gläser, zerbrochenen Scheiben, der Explosionen an. Vielleicht mehr als irgendwo sonst geht es hier um uns, um unsere vielfältigen Risse.

Mit sehr unterschiedlichem Gang kommt der Regen herab, in den Hof, wo ich ihn fallen sehe. Mittendrin ist er ein feiner, diskontinuierlicher Vorhang (oder Netz), ein unversöhnlicher, doch relativ langsamer Fall vermutlich ziemlich leichter Tropfen, ein immerwährendes Herabstürzen ohne Nachdruck, ein sehr feines Zerbröckeln des reinen Meteors. In geringer Entfernung von den Mauern rechts und links fallen geräuschvoller die schwereren, vereinzelten Tropfen. Hier sind sie an Größe einem Weizenkorn gleich, dort einer Erbse, anderswo fast einer Murmel. Über Steinleisten, über Fensterbleche läuft der Regen waagerecht, während er sich an die Unterfläche dieser Hindernisse in konvexen Karamelbonbons hängt. Über die ganze Oberfläche eines kleinen Zinkdaches in Blickhöhe rinnt er als sehr dünne Schicht,

schillernd infolge der höchst mannigfaltigen Strömungen, welche die unmerklichen Wellen und Buckel der Bedachung verursachen. Von der angrenzenden Traufe, die er mühsam wie ein tiefer Bach ohne großes Gefälle durchfließt, stürzt er jäh als ganz senkrechter, ziemlich grob geflochtener Wasserfaden zu Boden, wo er zerplatzt, doch wieder aufspringt in kleinen glitzernden Nadeln.
Jede seiner Formen hat einen besonderen Gang; ihm entspricht ein besonderes Geräusch. Das Ganze lebt mit der Intensität eines komplizierten Mechanismus, präzis und verwegen, wie ein Uhrwerk, das vom Gewicht einer bestimmten, sich niederschlagenden Dampfmasse getrieben wird.
Das Schlagwerk der senkrechten Wasserfäden am Boden, das Gluckern der Traufen, die winzigen Gongschläge vervielfachen sich und tönen gleichzeitig wider in einem Konzert ohne Monotonie, nicht ohne Zartheit.
Hat sich die Uhrfeder entspannt, drehen bestimmte Rädchen sich eine Zeitlang weiter, mählich verlangsamt, bis die ganze Maschinerie stockt. Kommt nun die Sonne wieder hervor, verschwindet das alles alsbald, der glitzernde Apparat verdunstet: es hat geregnet.

Francis Ponge: »Regen«, aus: »Die Dinge«. Herausgegeben und übersetzt von Gerd Henniger, Frankfurt a. M., 1965. Abdruck mit freundlicher Genehmigung durch den Suhrkamp Verlag.

Abgesehen von physischer Einwirkung ist Material durch Kälte und Hitze veränderbar. Schmelze, Verdunstung, Verhärtung sind reich an dramatischen Analogien, denen man auch in der Umgangssprache begegnet: »Ich schmelze vor Liebe zu dir«, »Dieser Mann ist ein Eisblock«, »Die Situation ist erstarrt«, »Die

Versammlung ist auseinandergebrochen«, »Seine Gegenwart hat mich erdrückt« ... Wir nehmen diese Redewendungen beim Wort, beim Körper der Worte.

Die Küche bietet dank des Kochens natürlich viele Möglichkeiten für Analyse und Spiel. Was landet, wenn man ein Ei aufschlägt, als erstes in der Pfanne: Eigelb oder Eiweiß? Bevor der Schüler es spielt, brät er also ein Ei, um festzustellen, daß das Eigelb das leichtere Eiweiß hinter sich herzieht. Dann beobachten wir, wie es sich in der Pfanne ausbreitet und die verschiedenen Phasen des Bratens: das glibberige Zittern, das Schwirren der ersten Hitze, die zunehmende Verfestigung, die ersten Verbrennungen, die Verkohlung. Wir verfolgen analytisch den Leidensweg des Eis, vom Gelegtwerden zum Omelett!

Die technische Analyse der Materialien führt schließlich vom Umgang mit Material zum Spielen des Materials an sich. Wenn wir uns mit den Ölen beschäftigen, beginnt es damit, daß die Schüler die Ölflasche sind, in deren Innern sie, mittels der Beckenbewegungen, die Dynamik des eingeschlossenen Öls spüren können, bevor sie es auf den Boden schütten und in diesem Moment selbst zum Öl werden. Wir beobachten also den Sturz des Öls aus der Flasche: mit welcher Kraft und wie es herausstürzt, wie es sich dann auf dem Boden verteilt und unaufhörlich ausbreitet. Es ist alles eine Sache von Rhythmus und Fluß. Wenn wir uns Ellbogen und Knie am Boden stoßen und dadurch ständig daran erinnert werden, daß wir ein Skelett haben, ist das nicht leicht zu verwirklichen. Technisch kommt es darauf an, die Bewegung zu bremsen, sich nicht zu schnell auszubreiten, um sich so weit wie möglich in Zeit und Raum ausdehnen zu können.

Auch der Körper des anderen kann benutzt werden, als sei er Material. Man kann einen Körper wie eine Eisenstange verbiegen oder ihn wie Papier zerknüllen. Ein Schauspieler schnappt sich einen anderen, zerknüllt ihn und wirft ihn zu Boden. Der andere führt die Bewegung des sich wieder entfaltenden Papiers allein fort. Diese Art von Übung erfordert von beiden Schauspielern, vom agierenden wie vom reagierenden, größte Genauigkeit, um eine wirkliche Kontinuität des Widerstands vom Anfang bis zum Ende der Bewegung zu gewährleisten. Mit dem Luftballon setzen wir ein ähnliches Geschehen in Szene: Ein Schüler »bläst« den anderen immer weiter auf, mit variierendem Atemrhythmus, dann läßt er ihn plötzlich in die Luft schnellen oder sticht hinein, so daß er platzt. Auch hier ist es ein Spiel zu zweit, ein Verhältnis von vorbereitendem Hinhören und Reagieren auf das Spiel des anderen Schauspielers.

Anhand dieser Übungen werden die Schüler alle möglichen Nuancen zwischen den Materialien sowie die Feinheiten im Innern eines jeden Materials spüren, Eigenschaften von Öl, Rauch, Papier, Metall, Holz und so weiter. Die Dynamiken der Materialien werden ihnen für ihre gesamte künstlerische Arbeit als Sprache dienen. Sie werden sich sagen können: »Du bist zu sehr Öl; du bist nicht genügend Blei; sei Diamant!« Diese analogistische Sprache abseits aller psychologischen Ansätze ist sowohl reich als auch präzise. Käme jemand, während wir die Materialien spielen, in den Saal, ohne zu wissen, worum es geht, er würde sicher meinen, wir bewegten uns auf tragischem Gebiet. Zerknülltes Papier, ein Stück Zucker, das sich in Flüssigkeit auflöst, das sind Bewegungen von extremer tragischer Dichte. Die Tragödie der Materie entspringt ihrem passiven Charakter. Sie erleidet!

Die Tiere studieren

Die Analyse der Bewegungen der Tiere führt uns auf viel direkterem Wege zum menschlichen Körper. Das kommt der Entwicklung einer Figur zugute. Tiere haben in bezug auf Körperbau, Pfoten oder Kopf in der Regel Ähnlichkeit mit uns. Darum fällt es leichter, sich mit ihnen zu befassen als mit den Elementen oder der Materie. Die Erforschung des tierischen Körpers geht von folgenden Fragen aus: Wie ist sein Kontakt zum Boden? Wie sind die Füße gebaut? Worin unterscheiden sie sich von unseren? Wir entdecken Füße, die nur vortäuschen, die nur sehr kurz mit dem Boden in Kontakt sind (wie bei den Frauen mit hohen Absätzen); die Plattfüße der Sohlengänger; die Schwimmfüße der Enten, die »abrollen« (Chaplins Gang); die Füße der Fliegen, die sich »festsaugen« und am Boden haften ... Ich bitte die Schüler, sich vorzustellen, der Boden des Arbeitsraumes sei glühend heiß, wie ein Strand in der Mittagssonne. Das zwingt sie dazu, die Dynamik dieser speziellen Gangart herauszufinden. Und wir kommen dadurch von der Analyse direkt zum Spiel.

Als nächstes suchen wir nach den Haltungen der Tiere. Welches sind die möglichen Haltungen eines Hundes? Auf allen Vieren, auf zwei Beinen aufgerichtet, liegend, auf der Lauer ... Jeder stellt einige vor, so daß von der Gruppe etwa fünfzehn Haltungen entwickelt werden. Manche Tiere bieten außergewöhnliche Verlangsamungen: Zu ihnen gehört das Chamäleon. Es bewegt sich fort, ohne daß an seinem Kopf auch nur die mindeste, von den Pfoten herrührende Erschütterung sichtbar wäre. Ideale Spionagebedingungen! Der Wechsel von Entspannung zu Alarmbereitschaft ist ebenfalls ein besonderes Element der tierischen Dynamik. Der Hund geht unvermittelt von der Verteidigung zum Angriff, vom Schlaf zum Wachen über. Diese zahlreichen analysierten Dynamiken werden das Spiel der Figuren sehr stark bereichern.

Die Arbeit über die Tiere gestattete mir, im Laufe der Zeit eine *gymnastique animalière*[16] zusammenzustellen. In Analogie zu den Bewegungen der Katze wird die Beweglichkeit des Rückgrats erarbeitet, die Arbeit der Schulterblätter erinnert an die Raubtiere, das Strecken der Wirbelsäule geschieht nach dem Vorbild des Erdmännchens, das wie ein Wachposten in der Wüste aufgerichtet steht. Es geht bei dieser Gymnastik nicht darum, außerordentliche Dinge zu spielen, sondern die elementaren und organischen Bewegungen der Tiere aufzuspüren. Um die Hals- und Kopfbewegungen zu studieren, dient uns vor allem der Hund als Vorbild.

Ein Mensch spielt mit seinem Hund, mit einem kleinen Ball.

Anhand dieser Vorgabe entwickelt sich im Spiel zwischen zwei Schülern eine Studie über die Lebhaftigkeit der Reaktion, die vor allem den ganzen Kopf in Anspruch nimmt. Denn ein Hund bewegt nicht die Augen, sondern den Kopf, und das führt uns wiederum direkt zum Maskenspiel. Die Schüler befinden sich bereits bei den Bewegungen des Maskenspiels, wissen davon aber noch nichts.

Die Fortbewegungsarten gehören zu den markantesten Entdeckungen der Arbeit über die Tiere. Da ist vor allem der Vierfüßlergang (das Laufen auf vier Beinen), aber auch das Kriechen (die Wellenbewegung auf dem Boden), der Vogelflug und das Schwimmen der Fische. Wieder einmal: Erde, Luft und Meer! Man geht auf allen Vieren, galoppiert, trabt, hüpft ... viele Bewegungen, die gerade für den Menschen schwer zu vollführen sind.

Am Anfang scheuen sich manche Schüler vor dem Boden, sie sträuben sich, ihr Körpergewicht mit ihren Armen zu tragen, stützen sich nur auf die Fingerspitzen. Sie versuchen, die Sicherheit auf den Beinen zu erhalten, bringen auf diese Weise aber nur einen scheinbaren Vierfüßlergang zustande. Dabei können sie nur vorwärts kommen, wenn sie die Konfrontation mit dem Boden wirklich akzeptieren und ihn benutzen.

Hier ist die wirkliche Beobachtung der Tiere entscheidend. Ich erkenne sehr schnell, wer eine Katze hat und wer nicht, wer Insekten beobachtet und wer sie sich vorstellt. Die einen spielen, die anderen »deuten an«. Man muß sie in den Zoo schicken, damit sie hinschauen, analysieren, auch wenn das manchmal schwierig ist: Der Gang einer Giraffe oder eines Bären ist sehr komplex und hinterläßt immer ein Gefühl des Zweifels.

Die Grundgesetze der Bewegung

Die Analyse der Bewegungen macht einige *allgemeine Gesetze* deutlich, die ich folgendermaßen zusammenfassen möchte:

1. Es gibt keine Aktion ohne Reaktion;
2. Die Bewegung ist fortlaufend, sie geht immer weiter;
3. Die Bewegung entsteht immer aus einem Ungleichgewicht, auf der Suche nach dem Gleichgewicht;
4. Auch das Gleichgewicht ist in Bewegung;
5. Es gibt keine Bewegung ohne Fixpunkt;
6. Die Bewegung macht den Fixpunkt deutlich;
7. Auch der Fixpunkt ist in Bewegung.

Diese Grundsätze lassen sich durch das ergänzen, was aus dem ständigen Spiel zwischen Gleichgewicht und Ungleichgewicht der Kräfte folgt: *Gegensatz* (um aufrecht zu bleiben, widersetzt sich der Mensch der Schwerkraft ...), *Wechsel* (Tag und Nacht wechseln einander ab wie Lachen und Weinen ...) und *Ausgleich* (das Gewicht eines Koffers an der linken Hand wird durch Heben des rechten Arms ausgeglichen ...). Mögen diese Dinge auch abstrakt erscheinen, auf der Bühne sind sie sehr konkret und für meine Pädagogik von großer Bedeutung. Nützlich sind sie vor allem bei der Regie: Man weiß sich im Verhältnis zu einem Fixpunkt, in einer gegebenen Situation und in Verhältnis zum anderen zu plazieren. Wenn sich auf einer Theaterbühne alle gleichzeitig bewegen, dabei aber die Bewegung abhanden kommt, so heißt das nichts anderes, als daß der Fixpunkt fehlt. Das Geschehen wird unverständlich und unlesbar. Wichtig ist, daß der Schauspieler sich selbst in ein Verhältnis zum anderen zu setzen vermag, in ein klares Verhältnis von Hinhören und Antworten.

Paradoxerweise sollte diese scheinbar auf Spiel und Regie bezogene Arbeit vor allem dem Schreiben dienen. Was immer die behandelten Themen, die mitgeteilten Ideen, Fabeln oder verwendeten Formen sind, eine theatralische Schrift muß unbedingt dynamisch strukturiert sein. Es bedarf eines Anfangs und eines Schlusses, denn Bewegung, die nicht endet, hat nie begonnen. Es ist von wesentlicher Bedeutung zu wissen, wie man zum Ende kommt.

3
DAS THEATER DER SCHÜLER

Auto-cours und Recherche

Auto-cours nennen wir Einheiten von ein bis anderthalb Stunden täglich, während derer die Schüler in kleinen Gruppen, ohne Hilfe der Lehrer an einem von mir gestellten Thema arbeiten. Das Ergebnis dieser Arbeit präsentieren sie am Ende der Woche der versammelten Schule. Es ist ihr Theater. Die *auto-cours* sind an die Improvisationsthemen des Unterrichts gekoppelt. Wenn wir am stillen psychologischen Spiel arbeiten, ist eben dieser Aspekt auch Gegenstand der Arbeit im *auto-cours.* Das gleiche gilt für die neutrale Maske, die expressiven Masken und alles andere.

Das erste Thema ist von großer Schlichtheit. Die Schüler sollen sich zu fünft zusammentun und anhand folgender Vorgaben ein Spiel entwickeln:

Ein Ort, ein Ereignis!

Manchmal sind sie mit einer so einfachen Anweisung verloren. »Was sollen wir machen?« fragen sie mich. Ich habe keine Ahnung! »Wie lange soll es dauern?« Die Dauer eines interessanten Spiels! Als einzige Vorgabe gilt die Stille und daß etwas geschehen soll. Wie im Theater!

Bei einem zweiten, vielschichtigeren Thema ist die ganze Klasse am Spiel beteiligt.

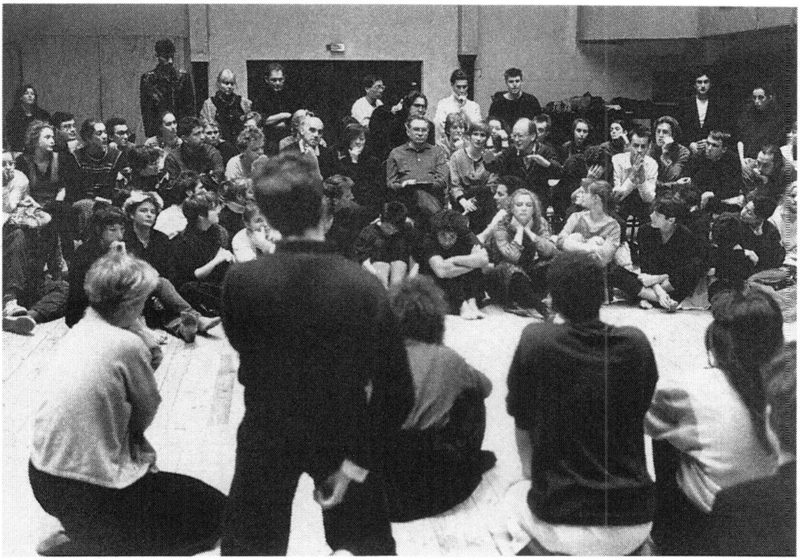

Blick auf die Vorführungen

Das Leben auf einem Dorfplatz in Frankreich oder in einer kleinen Stadt nachspielen, vom Erwachen am Morgen bis in die Nacht hinein.

Die Schüler sollen den rhythmischen Fortgang des Lebens im Laufe eines ganzen Tages selbst spüren und uns spüren lassen, indem sie alle denkbaren realen Tätigkeiten ausführen: Saubermachen, eine Begegnung, Einkäufe in den Geschäften, Mahlzeiten, die Messe, der Markt ... Diese gemeinschaftliche Erfahrung auf der Ebene des Nachspielens ist besonders interessant im Hinblick auf die grundlegenden Dynamiken eines Lebenstages, die sich hier in zwanzig Minuten zusammendrängen (über diese Zeitspanne hinaus wird es immer zu lang). Wir erkennen sehr deutlich die charakteristischen Momente des gesellschaftlichen Lebens: der Moment, in dem Frankreich stillsteht, um zu essen, der allmähliche Wiederbeginn der Arbeit, die Dämmerung, das Nachtleben, die nächtlichen Einsamkeiten ... Diese Arbeit dauert vierzehn Tage, nach einer Woche gibt es eine erste Skizze.

Die *Auswanderung*, das in der Nachkriegszeit sehr heikle dritte Thema, findet heute wieder neuen Anklang. Ich stelle dieses Thema parallel zum Maskenspiel. Die Schüler entwickeln und proben ohne Masken, präsentieren das Ganze dann aber als Maskenspiel. Alle Formen der Auswanderung kommen darin vor: der Auszug aus den Dörfern in die Städte, die Massen auf der Flucht vor Krieg und Bombenangriffen ... Die Schüler übertragen ihre heutigen Angelegenheiten und setzen sie in einer Fiktion um, die sie unmittelbar berührt. Mein Kommentar bezieht sich immer nur auf die Struktur des Spiels und die dramatische Bewegung der Improvisation. Alles muß für das Publikum lesbar sein. Daher die Suche nach einer Schrift und einer Sprache.

Am Ende des Jahres verwandelt sich der *auto-cours* in *Recherche*. Die Schüler wählen einen Ort in einem ihnen unbekannten Alltagsmilieu, beobachten dieses vier Wochen lang und sollen versuchen, sich dort hineinzuleben. Es geht dabei nicht um Recherche im journalistischen Sinn des Wortes, die mit einfacher Beobachtung und einigen Unterhaltungen mit den Leuten abgetan wäre, sondern um die tatsächliche Eingliederung in einen Lebensbereich, mit dem Ziel, am eigenen Leib zu erfahren, was dort geschieht. Manche Schüler waren für mehrere Wochen im ›Hôtel de Dieu‹, einem Krankenhaus in Paris, und haben dort die Patienten gefüttert und den Ärzten geholfen. Andere haben sich in den Alltag einer Feuerwehrkaserne integriert … Anhand dieser Erlebnisse stellen sie eine kleine Vorstellung zusammen. Dabei sollen sie die Theaterformen verwenden, die ihnen am geeignetsten erscheinen, um das, was sie erfahren haben, zu vermitteln. Die Ergebnisse dieser Arbeiten werden in öffentlichen Abendveranstaltungen dem Publikum gezeigt.

Im Unterschied zur Improvisation, wo das Spiel im Mittelpunkt steht, liegt im *auto-cours* der Akzent auf der Regie, der schriftlichen Erarbeitung einer Szene, aber auch auf der unumgänglichen gemeinsamen Theaterarbeit. Zu Beginn des ersten Jahres kennen die Schüler sich nicht, sie sind sehr nett und sehr höflich zueinander. Im Laufe der Zeit, wenn das Engagement stärker wird, verändern sich die Beziehungen, und alle möglichen Konflikte treten auf. Im Unterschied zu »Kursen«, wo sich am Schluß alle weinend in den Armen liegen und hoffen, sich eines Tages wiederzusehen, ist die Schule ein Ort des Kampfes, der Spannungen und hervorbrechenden Krisen, die manchmal die Kreativität in Gang bringen. Immer wieder kommen Schüler zu mir und sagen: »Die andern wollen nicht mit mir spielen!« Darauf kann ich ihnen nur eine einzige Antwort geben:

»Spiel du mit ihnen!« Indem sie sich in den Dienst der anderen stellen, entdecken sie eine wichtige Dimension der Theaterarbeit: Sie sammeln durch Spannungen und Krisen hindurch Ensemble-Erfahrung. Die dritte Etappe ist ruhiger. Nach einer gewissen Zeit kennen die Schüler einander, suchen sich ihre Partner aus, und die Spannungen lassen nach. Ich empfehle ihnen allerdings, nicht immer mit denselben Partnern zu arbeiten, sondern auch die Herausforderung anderer Persönlichkeiten anzunehmen.

Schließlich wird in den *auto-cours* sehr bald die Funktion des einzelnen deutlich: Es kristallisiert sich heraus, wer Regisseur, Autor oder Schauspieler ist. Wer unbedingt Macht haben will, wird sie nicht zwangsläufig erhalten. Eine diskrete Persönlichkeit kann sich als sehr präsent erweisen und von den Mitschülern die Machtposition zugewiesen bekommen. Alle diese Entwicklungen, die innerhalb der Gruppe stattfinden, treten in dieser selbständigen Arbeit klar zutage. Es ist klug, daß zukünftige Schauspieler während ihrer gesamten Ausbildungszeit Gelegenheit haben, sich damit auseinanderzusetzen.

III.

WEGE DES SCHAFFENS

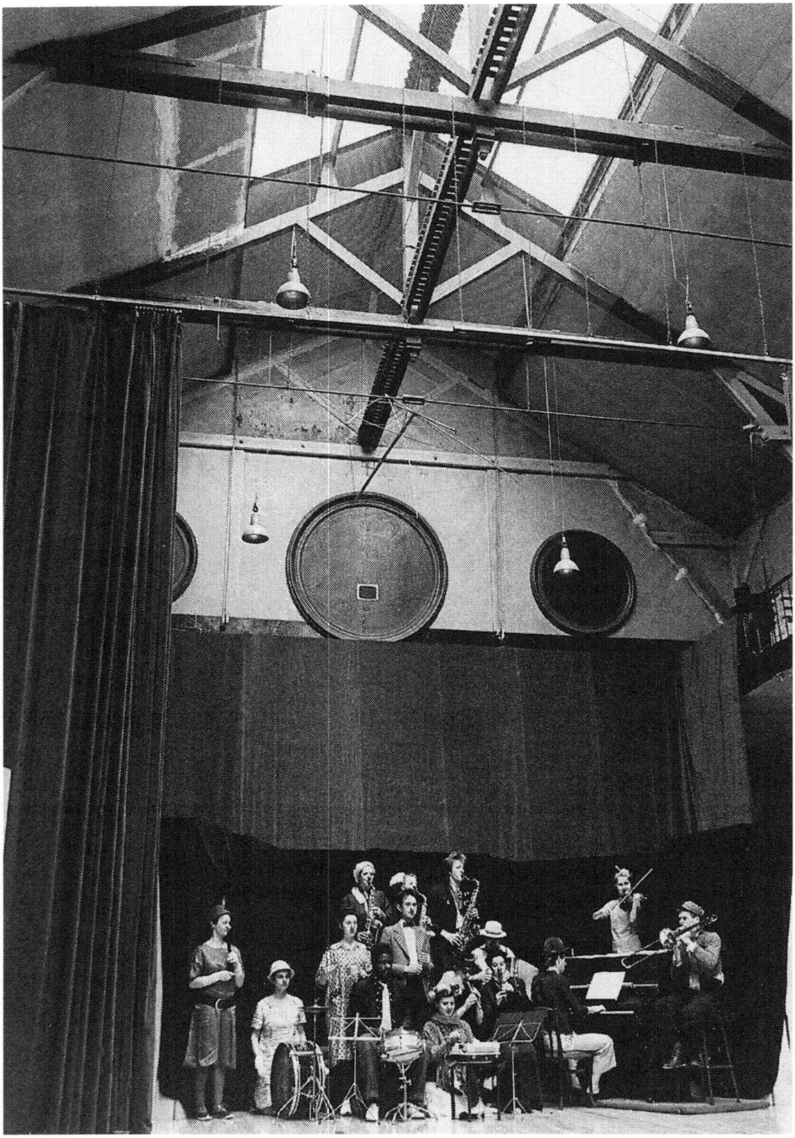

Aufführung der Schüler

Am Ende des ersten Jahres wird etwa ein Drittel der Schüler für das zweite Jahr ausgewählt. Diese Auswahl kann sehr schwierig, manchmal sogar schmerzhaft sein, und ein Irrtum ist nie ausgeschlossen. Natürlich versuchen wir, so gerecht wie irgend möglich zu sein, den Schauspieler zu beurteilen, ohne die Person zu verletzen, und unsere Wahl ist kein Urteil über das, was die Schüler woanders oder später werden können. Das Hauptkriterium für die Auswahl ist das Spielvermögen des Schauspielers, was nicht heißt, daß sie alle den Beruf des Schauspielers ergreifen werden. Manch einer wird als Autor oder Regisseur andere Wege gehen. Aber die Bereiche des Dramatischen, um die es im zweiten Jahr geht, können nur durch ein Spiel, das höchstes Niveau erreicht, wirklich ausgelotet werden. In dieser Hinsicht müssen die Schüler also hohe Qualitäten unter Beweis stellen, denn wirkliche Kenntnis des Theaters erreicht man nur durch intensive Spielerfahrung.

Wir haben im Verlauf des ersten Jahres die Wurzeln gepflanzt, den Boden gedüngt und die Erde umgegraben. Drei Reisen liegen hinter uns: die Beobachtung und Wiederentdeckung des tatsächlichen Lebens anhand des *Nachspielens* und der neutralen Maske; die Entwicklung der Spielebenen mit den expressiven Masken; schließlich die Erkundung der Tiefen der Poesie, der Worte, Farben und Klänge. Die extrem präzise Arbeit des ersten Jahres wird als Bezug bestehen bleiben: ein Baum, ganz gleich, wie er beschaffen ist, wird »der Baum« bleiben. Und wir werden ihn weiterhin unablässig betrachten müssen.

Das zweite Jahr ist vollkommen andersartig. Es ist nicht die logische Fortsetzung des ersten, sondern ein qualitativer Sprung in eine andere Dimension, jene der *geodramatischen* Erforschung weiträumiger Gebiete, mit einem einzigen Ziel: die dramatische Kreation. Zuerst befassen wir uns mit der Sprache des Körpers und der Gesten. Dann dringen wir weiter vor zu den großen Gefühlen des Melodramas und zur menschlichen Komödie in der Commedia dell'arte. Das zweite Trimester ist erst den Bouffons, dann der Tragödie und dem Chor und schließlich dem Mysterium und seinem Wahnsinn gewidmet. Die Clowns und komischen Varietés (burlesk, exzentrisch, absurd ...) beschäftigen uns während des dritten Trimesters. Das Jahr beginnt mit dem Weinen, durchläuft die Gemeinschaft des Chors und endet in der Einsamkeit, wo gelacht wird.

Ein solcher Weg geht den verschiedenen Facetten der menschlichen Natur auf den Grund: Das Melodrama führt uns zu großen Gefühlen und dem Sinn für Gerechtigkeit. In der Commedia dell'arte entdecken wir die menschliche Komödie, die kleinen Arrangements und Betrügereien, den Hunger, das Verlangen, die Lebensnot. Die Bouffons karikieren die Welt, sie zeigen die groteske Dimension von Macht und Hierarchien. Die Tragödie beschwört den großen Gesang des Volkes, das Schicksal des Helden. Das Mysterium behandelt die Fragen um all das, was uns unverständlich bleibt: von der Geburt bis zum Tod, das Vorher und das Nachher, der Teufel als Herausforderer Gottes und des Imaginären. Der Clown schließlich hat die Freiheit, uns zum Lachen zu bringen, indem er sich in seiner Einsamkeit zeigt, wie er ist.

Die kulturellen Hintergründe, die im Zusammenhang mit diesen Bereichen des Dramatischen auftauchen, sind allerdings eine große Gefahr. Jeder hat seine Vorstellung von der Vergangenheit, seine Bilder, seine Lektüre, auch seine Klischees. Alle Welt behauptet zu wissen, was das Melodrama, die Commedia dell'arte oder die Tragödie waren. Wer vermag aber zu sagen, wie die Tragödie in Griechenland oder die italienische Komödie in Italien tatsächlich gespielt wurden? Alle Originaltreue kann die tagtäglich in der Schule neu erfundene, wirkliche kreative Arbeit nicht ersetzen. Jenseits von Stil oder Genre versuchen wir, die *Motoren des Spiels* zu erkennen, die in dem jeweiligen Bereich am Werk sind. Sie sollen die künstlerische Arbeit antreiben, die in jedem Fall unserer Zeit entsprechen muß.

Mit diesem Vorgehen möchte ich die Entstehung eines Theaters fördern, in dem es um den Schauspieler geht, ein Theater der Bewegung, vor allem aber ein Theater der Phantasie. Im Laufe des zweiten Jahres geht es nicht mehr nur darum, die Wirklichkeit zu betrachten und (wieder) zu erkennen, sondern sie zu erfinden und ihr eine Gestalt zu geben. Wir begeben uns auf dieses Terrain, als gelte es, das Theater neu zu erfinden.

Der Akzent liegt auf der poetischen Vision, um die kreative Phantasie der Schüler zu entwickeln. Eine große Schwierigkeit besteht darin, das Wesentliche, das heißt das Wissen um die Dynamiken der Natur und der menschlichen Beziehungen, eben die *Motoren des Spiels,* die das Publikum wiedererkennt, nicht aus den Augen zu verlieren. Diese Dynamiken sind allgemeine Referenzen und als solche für Schauspieler wie Zuschauer gleichermaßen unverzichtbar. Sie gelten in allen, selbst den abstraktesten Formen von Theater. Denn auch in der Abstraktion ist Wirklichkeit! Wir müssen diese dynamischen Gesetze des Theaters permanent überprüfen. Deswegen ist, im Sinne einer Strukturierung des Spiels, das zweite Jahr hauptsächlich der szenischen Rekonstruktion zugewandt. Ein Schauspieler kann nur dann wirklich spielen, wenn die Grundstruktur des Spiels stimmig ist.

Mit der symbolischen Dimension des Theaters, wie sie sich in einigen großen orientalischen Theatern manifestiert, befassen wir uns nicht. Symbolisches Theater ist vollendetes Theater, es ist wie ein Kristall. Wenn Materie gesättigt ist, kristallisiert sie in exakter, unveränderlicher Geometrie. Diese Dauerhaftigkeit charakterisiert das japanische Noh-Theater oder das Kathakali. Gemessen an ihren Maßstäben haben sie vollendete Formen erreicht. Wohlgemerkt müssen auch Schauspieler dieser Theater in die Form eindringen und sie ausfüllen, es ist jedoch nicht ihre Aufgabe, sie neu zu erfinden. Ich ziehe es vor, an einem Theater zu arbeiten, dessen Formen erst entstehen.

Unsere *geodramatische* Forschung geht drei Fragenkomplexen nach.

Der erste betrifft den *Gegenstand des Einsatzes*. Was geschieht in bezug auf die menschliche Natur im Melodrama, in der Commedia dell'arte? Welche Elemente des menschlichen Verhaltens und welcher Körper werden in Bewegung gesetzt? Was ist in diesen Bereichen der jeweilige dramatische Antrieb?

Der zweite bezieht sich auf die *Ausdrucksweisen*. Welche Ausdrucksweisen eignen sich am besten, um diesen Gegenstand des Spiels auszudrücken? Halbmaske, Objekte oder der Chor? Wie funktionieren diese Ausdrucksweisen, und wie kann man sie mischen?

Der dritte Fragenkomplex schließlich betrifft die *Texte*. Welche dramatischen Texte können die Erforschung eines jeden Bereichs voranbringen?

Auf diese Fragestellungen ist das zweite Jahr aufgebaut. Ihre Grundlage ist eine einfache Aufforderung an die Schüler: »Erzählt uns eine Geschichte!«

1
SPRACHEN DER GESTIK

Von der Pantomime zur bande mimée

Als Auftakt zur Erforschung der Bereiche des Dramatischen beginnen wir das zweite Jahr mit einer Arbeit über die Sprachen der Geste, über die verschiedenen Richtungen des Körperausdrucks. Dieser Ansatz soll alle Forschungen, die den Schülern später angeboten werden, bereichern und ihnen eine gemeinsame Sprachgrundlage eröffnen.

Bei der *Pantomime* – einer beschränkten Technik – ersetzen die Gesten die Worte. Wo wir in der Sprache ein Wort verwenden, müssen wir in der Pantomime eine Geste vollführen, um es darzustellen. Der Ursprung dieser Sprache ist zum einen das Jahrmarktstheater, wo man sich in einer lärmenden Umgebung verständlich machen mußte. Der Hauptgrund liegt aber im Sprechverbot, das italienischen Schauspielern auferlegt wurde, damit sie nicht zur Konkurrenz für die Comédie-Française würden. Die Pantomime ist also aus einem Zwang heraus entstanden, wie es ihn in Gefängnissen gibt, wenn die Gefangenen sich durch Gesten verständigen, oder wie auch heute noch an der Börse. Diese zum Teil traditionelle Technik – man denke an Debureau – ist eine ›Sackgasse‹ des Theaters in dem Sinne, daß man sich nur durch Perfektionismus zu retten vermag. Man muß Dinge und Bilder in den Raum zeichnen können, symbolische Haltungen finden (manche finden sich im orientalischen Theater wieder) …

Als *Weiße Pantomime* – ein Begriff aus der Zeit der Pantomime, da es den Pierrot gab – habe ich die Pantomime bezeichnet, die sich auf die Übersetzung von Worten in Gesten beschränkt.

Diese Technik besteht vor allem aus Gesten der Hände, die durch Körperhaltungen unterstützt sind. Sie erfordert zwangsläufig eine andere Syntax als die gesprochene Sprache. »Du bist hübsch, komm mit mir mit, wir gehen zusammen schwimmen« wird zu: »Du hübsch ... du und ich ... zusammen gehen ... schwimmen ... dort.« Wir haben es mit einer anderen Logik der Satzkonstruktion zu tun, die uns zu Klärung, Ökonomie und Genauigkeit dessen, was wir sagen wollen, zwingt.

Oftmals neigen die Schüler dazu, alltägliche Gesten nachzuahmen – auf Kosten der Sprache der Pantomime. Dabei verlangt Pantomime extreme Gesten, die über das Alltägliche hinausgehen und auf einer ganz anderen zeitlichen Ebene als die gesprochene Sprache angesiedelt sind. Eine andere Klippe stellen die als Ersatz für jedes Wort verwendeten Grimassen dar. Wir müssen arbeiten, um wieder zum Maskengesicht zurückzufinden, das seinen Ausdruck zwar im Laufe eines Satzes entsprechend den geäußerten Gefühlen verändern kann, jedoch nicht bei jedem Wort.

Als zweite Sprache studieren wir die *mimische Darstellung*, bei der es nicht mehr um die körperliche Darstellung von Worten, sondern von Gegenständen, Architektur und Elementen der Bühnenausstattung geht. Es gibt zwei grundsätzliche Möglichkeiten: Entweder spielt ein Schauspieler mit seinem Körper eine Tür, die ein anderer Schauspieler auf- und zumachen wird (der Körper des einen wird also zur Kulisse des anderen), oder der Schauspieler zeichnet ein virtuelles Haus in den Raum: das Dach, Mauern, Fenster, die Tür, damit es für die Zuschauer Gestalt annimmt und die Figur eintreten oder herauskommen kann. Wenn sie auch ihre Grenzen hat, so erleichtert diese Sprache doch eine technische Annäherung an die Verbindung der Gesten, die sich für das Folgende als besonders nützlich erweisen wird.

Die *bande mimée,* eine dem Film sehr verwandte Sprache, gibt durch Gesten die im Innern der Bilder enthaltene Dynamik wieder. Es geht nicht mehr nur darum, Worte oder Dinge darzustellen, sondern gemeinschaftlich Bilder zu verkörpern. Stellen wir uns eine Figur vor, die bei Kerzenlicht eine Treppe hinuntergeht. Die Schauspieler werden gleichzeitig die Flamme, den Rauch, die Schatten an den Wänden, die Treppenstufen darstellen können ... Alle Bilder werden in stummem Spiel durch sich bewegende Schauspieler entstehen. Eine der ersten Übungen besteht darin, Bilder aneinanderzufügen, wie zum Beispiel jene, die wir einmal über den Mont-Saint-Michel entwickelten.

Die Schüler begannen damit, den Berg von weitem gesehen darzustellen, mit den Händen, dann mit dem Körper, einzeln oder zu mehreren. Dann ließen sie uns schrittweise in das Bild eintreten. Der Ort wuchs unter unseren Augen, wir gingen über den Deich, ließen das Meer zu beiden Seiten liegen. Wir traten durch das Tor der befestigten Stadt und folgten dem Gäßchen. Beim Restaurant La Mère Poulard ließ uns ihre Bildersprache in das Restaurant eintreten, wir landeten im Teller, im Omelett, um verschluckt mit ihm im Bauch des Essenden zu enden.

Eine derartig kontinuierliche Kamerafahrt erfordert die Verwendung eines Repertoires besonders vielfältiger Gesten. Es sei an dieser Stelle darauf hingewiesen, daß manche per Computer realisierten, virtuellen Bilder nach dem gleichen Verfahren entstehen.

Ich fordere eine Gruppe von Schülern auf, im *auto-cours* einen ganzen Film ohne Worte, ausschließlich mit Gesten nachzubilden. Die *bande mimée* kann sich aller Filmtechniken bedienen: Nahaufnahmen, Totalen, Illusionen, Rückblenden ... kurz gesagt all dessen, was die moderne Bildersprache mit ihren Rhythmen, Beschleunigungen und Ellipsen ausmacht. Sie wird hier in eine theatrale Dimension übertragen.

Die Vertiefung dieser Suche brachte uns darauf, die versteckten Gesten, die Emotionen, die grundlegenden Zustände der Figuren zu erforschen, die wir mit den *mimages* ausgedrückt haben. In gewisser Weise sind das Großaufnahmen des inneren dramatischen Zustands der Figur. Ohne die Gefühle jemals zu spielen oder zu erklären, drückt der Schauspieler den Zustand der Figur in einem bestimmten Moment durch unvermittelte Gesten aus, die einer anderen Logik folgen (eine Art von körperlichem Selbstgespräch innerhalb einer Spielphase).

> *Einer muß zu seinem Vorgesetzten, um ihn etwas zu fragen. Vor der Tür überfällt ihn ein Gefühl der Unruhe: »Was soll ich ihm sagen?« In genau diesem Moment bebildern Gesten das Gefühl. Nicht erklärende, den Zustand beschreibende Gesten, sondern abstraktere Bewegungen, durch welche die normalerweise versteckten Elemente des täglichen Verhaltens nach außen gekehrt werden können. Er klopft an die Tür, geht hinein, er hat Angst. Auch hier spielt der Schauspieler nicht die Angst, indem er zittert oder stammelt; die ihn beherrschende Angst wird von ihm selbst oder von einem anderen Schauspieler (oder mehreren) in Gesten umgesetzt. Unvermittelte Gesten, durch die für das Publikum ein »Echo« der Angst der Figur sichtbar wird, das die anderen Protagonisten natürlich nicht sehen.*

Die *Erzähler-Mimen* wenden diese verschiedenen Sprachen auf gesprochene Texte an. Ihre Aufgabe ist es, eine Geschichte zu erzählen und dabei die verschiedenen Sprachen mit dem Text abzuwechseln (oder manchmal auch zu verbinden). Das kann solistisch geschehen, dann ist ein Schauspieler zugleich Erzähler und Mime, oder aber zu mehreren, wenn ein Erzähler mehrere Mimen begleitet. Wir erforschen dieses Verhältnis in allen seinen Dimensionen, vom intimsten (dem Erzähler-Mimen am Tisch, der mit seinen Händen spielt) bis zum größten Raum (die Erzähler-Mimen der Bühne, begleitet von Musikern, einem Chor, einem Helden ...). Diese Arbeit folgt der großen Tradition der Erzähler, die in vielen Ländern, wie in China oder in Afrika, lebendig ist, wo eine Erzählung durch die Suggestion von Bildern begleitet wird.

Durch all diese Angebote hindurch entdecken die Schüler verschiedene Formen der mimischen Sprache: die *Sprache der Situation* (Ich sitze und lese ein Buch, es kratzt an der Tür, ich drehe mich um. Das Kratzen wird stärker, ich habe Angst. Die Tür geht auf ... eine Katze kommt herein!); die *Sprache der Handlung* (Ich trage einen Sack Kartoffeln, ich lade ihn mir auf den Rücken. Ich lege ihn in mein Auto, ich fahre los ...); die *Sprache der Suggestion* (Ich schaue vom Montmartre herab auf Paris und skizziere alles, was ich sehe: einen leichten Wind, die Dächer der Hochhäuser, den Eiffelturm. Außerhalb meiner selbst lasse ich die Bilder in impressionistischer Weise entstehen); die *innere mimage* (Gesten finden, um das auszudrücken, wofür es im Inneren kein Bild gibt). Diese Sprachen werden das ganze Jahr hindurch den in der Schule erarbeiteten »Kurzszenen-Theatern« dienen. Und manch einer wird diese Sprachtypen in seinen zukünftigen Theatererfahrungen beibehalten.

Pädagogisch gesehen führt diese Arbeit am Beginn des Jahres die ganze Gruppe schrittweise und technisch ans Spiel heran, sozusagen als eine Art Lockerungsübung, bevor wir in die Bereiche des Dramatischen eintauchen. Entscheidend ist, sich nicht mit den technischen Dimensionen der Sprachen zu begnügen, sondern sie ständig durch dramatische Zustände lebendig zu erhalten. Es nützt nichts, eine Sonne spielen zu können, wenn der Geste die sonnige Dynamik fehlt! Es hat keinen Sinn, einen Mond darzustellen, wenn im Rhythmus der Bewegung keine Blässe auftaucht!

2
DIE GROSSEN BEREICHE DES DRAMATISCHEN

DAS MELODRAMA

Die großen Gefühle

Das Melodrama tauchte um 1974 in der Schule auf, als Antwort auf eine Frage, die mich in jener Zeit stark beschäftigte: »Wenn jemand etwas sagt, woran er glaubt, warum akzeptieren es die einen, während andere darüber spotten?« Angesichts dieser Frage beschloß ich, die beiden möglichen Wege zu ergründen. Einerseits »an alles zu glauben«, an die Liebe, an die Familie, an die Ehre. Ich forderte die Schauspieler auf, sich alle Mühe zu geben, um das Publikum zu überzeugen. So entstand das Melodrama. Andererseits galt es, »über alles zu spotten«, über Gott, den Vietnamkrieg und AIDS. Das brachte die Bouffons hervor.

Im Melodrama geht es um alle großen Gefühle: Gut und Böse, Moral und Unschuld, Opfer, Verrat ... Das Ziel ist ein so hinreichend starkes Spiel, daß der Ausdruck dieser großen Gefühle die Zuschauer zu Tränen rührt. Wir versuchen, die Menschen wirklich zum Weinen zu bringen. Diese Stufe können wir aber nur erreichen, wenn die Figuren mit größter Kraft, bis zur Selbstaufgabe tatsächlich an alles glauben. Da ist das Gute gegen das Böse, der Mut gegen die Feigheit, die Moral gegen die Korruption. Mit der Zeit gehen die Schüler im Melodrama, in den Themen um Moral und Gerechtigkeit, immer stärker auf.

Im Melodrama geht es um Reue, Schuldgefühle, Rachsucht, Scham und Rache. Es besteht immer ein Bezug zur Zeit, deswegen bieten sich im Bereich des Melodramas zwei Hauptthemen an: *Rückkehr* und *Aufbruch*. Wir beginnen mit der *Rückkehr des Soldaten*, einem sehr alten Thema des Volkstheaters.

Nach mehreren Kriegsjahren kehrt ein Soldat in einer Winternacht wieder zurück in sein Haus, das einsam in der Ebene steht, es schneit ... Er klopft an die Tür. Man öffnet ihm. Am Feuer findet er seine Frau, zwei Kinder ... und einen anderen Mann. Sie glaubte ihn tot, sie erkennt ihn wieder. Er sie auch, aber sie sagen nichts. Er bittet um ihre Gastfreundschaft für die Nacht. Man nimmt ihn auf, er wird versorgt, er wärmt sich auf ... In den Szenen, wo der Soldat mit den verschiedenen Personen allein ist, wird man im Laufe der Improvisation entdecken, daß eines der Kinder von ihm ist, das andere aber nicht ... Schließlich geht der Soldat, da die Frau glücklich zu sein scheint, wieder fort.

In dieser Arbeit fordern zwei Elemente die Aufmerksamkeit des Pädagogen. Da ist zum einen die Subtilität des taktischen Spiels, die es gestattet, Überraschung, Rhythmus und Reaktionen zu beleuchten. Hier spielt sich alles auf sehr bewegende Weise in den Blicken und im Schweigen ab. Wer wird öffnen? Wie wird das Erkennen zwischen dem Soldaten und der Frau aussehen? Wie findet man den richtigen Zeitpunkt für die Entdeckung, für die Überraschung? Die Schüler müssen eine Situation herstellen und ein sehr spezielles »Timing« beherrschen. Zum anderen interessiert mich das Spiel der Schauspieler. Ich verlange von ihnen, daß sie sehr stark an das glauben, was sie spielen, damit das Publikum sich darauf einläßt und es ebenfalls glaubt. Es geht darum, niemals weder in die Emphase noch ins melodramatische Klischee zu verfallen, sondern eine zeitlose Situation zu spielen, wie wir sie im Theater übrigens auch bei Ruzzante oder Brecht finden.

Um diese Arbeit zu vertiefen, wird das Thema unterteilt. Es klopft an der Tür, man reagiert! Der Soldat kommt herein, die Frau erkennt ihn! ... Jede Sequenz wird genau analysiert, wobei die Schüler in den verschiedenen Spielphasen einander zuspielen.

Der *Aufbruch nach Amerika*, mein nächster Vorschlag, behandelt das große Thema des Exils. Ein Sizilianer verließ seine Insel mit einem alten, von Schnüren zusammengehaltenen Koffer, und nach einem herzzerreißenden Abschied im Hafen von Palermo ging er nach Amerika, um dort sein Glück zu machen. (Es gibt in Amerika Städte wie Fortuna oder Heureka, die ihren Namen dem Aufschrei der Auswanderer bei ihrer Ankunft verdanken!) Wir begegnen diesem Thema in aktuelleren Situationen, wie zum Beispiel der des afrikanischen Arbeiters, der sein Dorf verläßt, um in Frankreich etwas zu verdienen, damit er seine daheim gebliebene Familie ernähren kann. Ich überlasse den Schülern die Wahl einer Situation, die sie in diesem »vielgestaltigen« Thema erforschen möchten. Sie können ebensogut den *Aufbruch* selbst, die *Ankunft am neuen Ort* oder die *auftretenden Schwierigkeiten* wie auch *die daheim gebliebene Familie* oder *den eintreffenden Brief* behandeln. Sie können kontrapunktisch oder parallel vom einen ins andere übergehen, ganz nach ihrem Belieben. Mit diesen Themen des Melodramas berühren wir die Tragödie des Volkes, der Menschen in ihren Lebensnöten, die sich von der großen Tragödie, in der die Menschen den Göttern gegenübertreten werden, stark unterscheidet.

Eine der Hauptschwierigkeiten für den Schüler ist die Angst, sich vor einem Publikum, das hier und da womöglich lacht, wirklich auf die großen Gefühle einzulassen. Die Arbeit am

Melodrama zwingt den Schauspieler, dem Publikum seine Überzeugungen zu diktieren. Er darf an dem, was er sagen wird, nicht zweifeln. Was für ihn wahr ist, wird auch für das Publikum wahr sein. Es ist sehr wichtig, daß die Schüler Übung darin bekommen, diese Inbrunst auf sich zu nehmen. Wenn sie eine Parodie spielen sollen, weil es der Autor so will (wie zum Beispiel Alfred Jarry), dürfen sie auf gar keinen Fall in ein Spiel verfallen, das an sich parodistisch ist.

Schließlich muß man die in den Klischees verborgenen Fallen vermeiden. Wenn hier vom Melodrama die Rede ist, dann ist dies nicht als Verweis auf eine Spielart gemeint, denn es geht um die Entdeckung und Betonung sehr spezifischer Aspekte der menschlichen Natur. Das Melodrama ist keine alte Form, es spielt sich heute um uns herum ab: bei dem, der darauf wartet, daß das Telefon klingelt und jemand ihm Arbeit anbietet; in einer vom Krieg betroffenen Familie; bei einem, der sein Land verläßt … Um diesen Bereich zu vertiefen, nehmen wir entsprechende dramatische Texte zu Hilfe. Das kann eine Szene aus dem *Kirschgarten* von Tschechow sein.

LJUBOW ANDREJEWNA: In zehn Minuten setzen wir uns in die Wagen ... (Läßt den Blick durchs Zimmer wandern). Leb wohl, liebes Haus, liebes altes Haus. Der Winter vergeht, der Frühling kommt, aber dann wird es dich schon nicht mehr geben, du wirst abgerissen. Was haben diese Wände nicht alles gesehen! (Küßt leidenschaftlich ihre Tochter.) Mein Schatz, du strahlst, deine Äuglein glitzern wie zwei Diamanten. Bist du zufrieden? Sehr?
ANJA: Ja, sehr! Jetzt beginnt das neue Leben, Mama!

Anton Tschechow: »Der Kirschgarten«, IV. Akt.
Übersetzung von Peter Urban, Diogenes Verlag Zürich, 1973.

In dieser Passage finden wir die Dynamik des Abschieds, wie wir sie mit der neutralen Maske studiert hatten. Diese Personen verlassen das Haus, in dem sie gelebt haben, sei es mit Bedauern, oder sei es voller Hoffnung. Wir probieren alle Möglichkeiten durch: lachend, ohne sich umzuwenden, mit der Vergangenheit brechend, mit einem wehmütigen Blick auf den Ort ... um die Bandbreite möglicher Ansätze zu entdecken.

Die zum Bereich des Melodramatischen am besten passende Art der Sprache ist von der *bande mimée* inspiriert. Sie betont die unvermeidlichen Verkürzungen und bedient sich einer an Blitzlichter erinnernden, aus unvermittelten Bildern zusammengesetzten, Raum und Zeit raffenden Sprache, die das Publikum heute sofort zu erkennen gewöhnt ist. Sie verbindet also die melodramatische Bildwelt – verlassene Kinder auf den Stufen einer Kirche – mit den modernen Formen des Kinos. Ich nenne das: *mélomime*.

DIE COMMEDIA DELL'ARTE

Menschliche Komödie

Die Commedia dell'arte und ihre Masken sind seit den Anfängen der Schule Bestandteil meiner Pädagogik. Mit der Zeit nahmen leider die Klischees einer sogenannten »italienischen« Spielweise überhand. Junge Schauspieler nahmen hier und dort an Commedia-dell'arte-Kursen teil, und das Spiel verarmte. Der Begriff selbst begann mich zu stören. Ich fühlte mich also genötigt, das Phänomen umzukehren, um das Darunterliegende, nämlich die *menschliche Komödie*, wiederzuentdecken. Von diesem Moment an beschritten wir einen sehr viel breiteren Weg und haben eine große Erfindungsfreiheit zurückgewonnen.

In diesem Bereich geht es um die großen Betrügereien der menschlichen Natur: Anschein erwecken, ködern, aus allem Profit schlagen. Jedes Verlangen ist existentiell, die Figuren befinden sich im Zustand von »Überlebenden«. In der Commedia dell'arte sind alle naiv und schlau. Hunger, Liebe und Geld treiben die Figuren an. Das Grundthema: *eine Falle stellen* ... um an das Mädchen, an das Geld oder das Essen zu kommen. Von ihrer eigenen Dummheit mitgerissen, verfangen sich die Figuren sofort in ihren eigenen Intrigen. Dieses Phänomen ist, auf die Spitze getrieben, charakteristisch für die menschliche Komödie und legt ihren tragischen Hintergrund frei.

Weit entfernt vom sprunghaften Klischee versucht Arlecchino wirklich zu verstehen, was ihm passiert, allerdings vergeblich. Hier zeigt sich nun die Grenze der menschlichen Natur: Warum sind wir nicht intelligenter, um besser verstehen zu können? Alle Figuren haben Angst vor allem: gefangen zu werden, etwas falsch zu machen, zu sterben ... Und dieser tiefen Angst

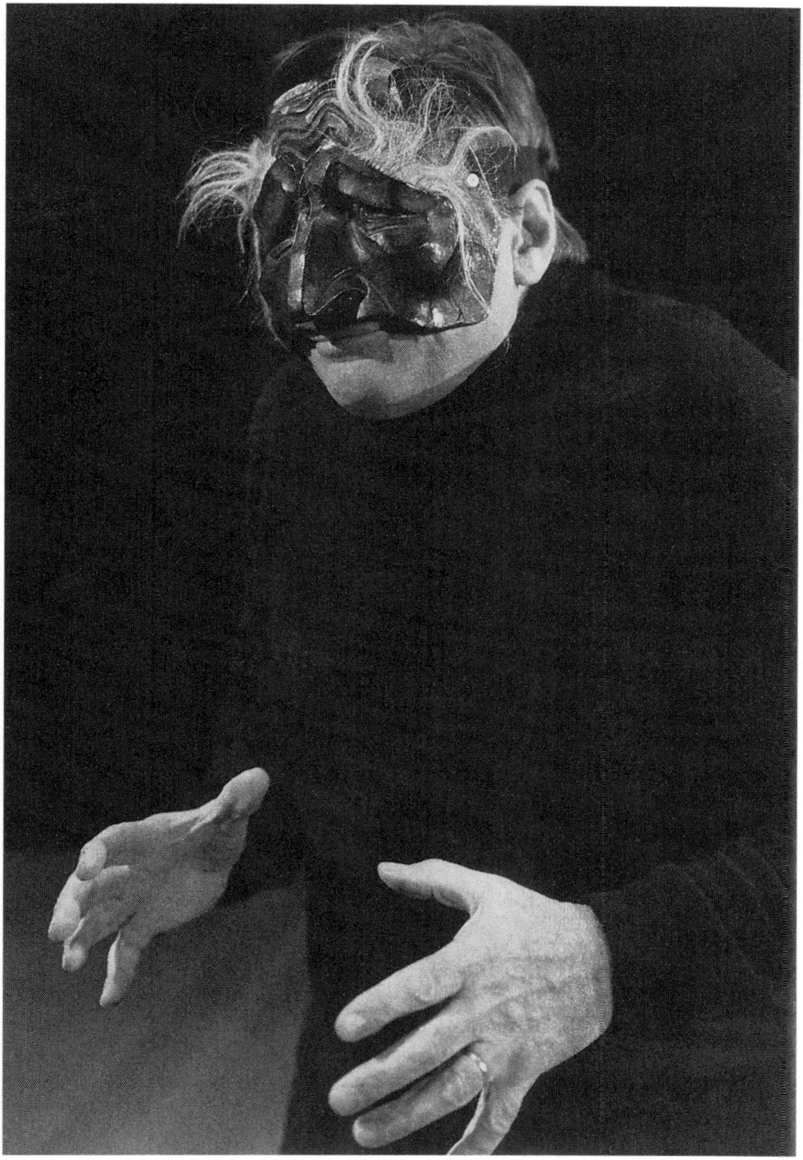

Jacques Lecoq mit der Maske des Pantalone

entspringt der Geiz des Pantalone: Er hält fest! Dieser tragische Hintergrund ist ein wesentliches Element, das Molière in seinen Stücken verwandt hat.

Zuerst müssen die Schüler eigene Halbmasken herstellen. Die erste Anweisung lautet, ohne jeden Bezug auf die Commedia dell'arte eine Halbmaske derjenigen Figur herzustellen, die sie gern spielen würden. Schlichte Masken werden also mit einer Nase, mit Farbe, mit einem Schnurrbart verändert ... Wir erkunden gemeinsam das mögliche Spiel dieser Masken, ihre Eigenschaften oder die Verhältnisse, die sie miteinander eingehen können. Erst in einer zweiten Phase überlasse ich ihnen die traditionellen Masken der Commedia dell'arte: Arlecchino, Pantalone, aber auch Brighella, Capitano, Dottore, Tartaglia ...

Zwei Hauptfiguren haben sich in der Tradition erhalten: Arlecchino, der Diener, und Pantalone, sein Herr. Im Lauf der Zeit wurde aus dem primitiven, *Zanni* genannten, naiven, schlauen Arlecchino aus der Gegend um Bergamo ein schelmischer, intelligenter und intriganter Arlecchino. Nach einer über zwei Jahrhunderte andauernden Entwicklung heißt er bei Molière Scapino. Pantalone, ein venezianischer Kaufmann und Generaldirektor, der mit Waren aus dem mittleren Orient handelt, ist sehr intelligent. Im naiven Glauben, daß alle schönen Mädchen ihn lieben, läßt er sich ausnehmen – »aus Liebe«. Darum kann man Mitleid mit ihm haben. Diese tragische Dimension des Komischen bringt das Publikum zum Lachen, niemals aber die Figuren.

Dieses Gerüst ist richtungweisend, ein festgelegter Weg, der sich im Wechselspiel mit dem Publikum ergab und verfestigte, solange die Tradition vom Vater an den Sohn überging. Aber gerade deshalb gilt es, sich vor seinen Mechanismen zu hüten und immer aufs neue zu Situationen zurückzukehren, in denen sich die komplexe Menschlichkeit der Figuren entfalten kann.

Die Commedia dell'arte ist eine Kunst des Kindseins. Man wechselt sehr rasch von einer Situation in eine andere, von einem Zustand in den anderen. Arlecchino kann den Tod des Pantalone beweinen und sich im nächsten Augenblick darüber freuen, daß die Suppe fertig ist! Was das betrifft, stellt die Commedia einen äußerst grausamen Bereich dar, aber vor allem ist sie ein phantastisches Spielgebiet. Die Themen sind ausgesprochen schlicht: *Arlecchino kratzt sich, Arlecchino ißt Spaghetti, Pantalone zählt sein Geld.* ›*Einer ruft nach jemandem*‹ kann zu einem großen Thema werden, natürlich nur unter der Bedingung, daß der Gerufene nicht erscheint! Das gesamte Theater kann sich zwischen dem Ruf des einen und dem Kommen des anderen abspielen.

Nicht alle Themen können als Improvisation bearbeitet werden. Manchmal erfordern sie Vorbereitungen, die die Schüler im *auto-cours* leisten. Die Aufmerksamkeit des Pädagogen richtet sich auf zwei einander ergänzende Elemente: Das eine ist das Gerüst, die Geschichte, die notwendigen Anhaltspunkte der Spieler, wenn sie zusammen improvisieren; das andere und wichtigere ist, daß er auf dem Motor des Spiels beharren muß. Die Frage ist nicht *was,* sondern *wie* man spielt. Welche Kräfte sind am Werk? Wer zieht? Wer stößt? Wer verzieht sich, wer stößt sich? Wer wird gezogen, wer wird gestoßen? Diese einfachen Fragen zu beantworten bedeutet, dem Vorgang Dynamik zu verleihen. Handelt es sich um ein lineares Gerüst von einem Punkt zum anderen, so ist der Motor dynamisch und besorgt die für das Spiel unentbehrliche Anschaulichkeit. Diese Dynamik steigt oder fällt, sie bleibt nie horizontal. Sie übertreibt in der Commedia dell'arte die alltäglichen Verhaltensweisen und erreicht eine bildhafte Dimension. Man lächelt nicht, man stirbt vor Lachen!

In der Commedia dell'arte/menschlichen Komödie ist die Spielweise auf die Spitze getrieben, die Situationen sind extrem. Der Spieler erreicht ein sehr hohes Spielniveau, und das Publikum kann die Folgen eines Verhaltens betrachten … bis zum Tod, der in diesem Fall vorgetäuscht ist!

Pantalone ist zu Hause, er zählt sein Geld. Man kündigt ihm jemanden an, der kommt und ihn sprechen will. Er fragt, wer das sei? Man weiß es nicht! »Ist er groß?« Ja! »Ist er alt?« Ja! »Geht er so?« Ja! Er hat verstanden: Es ist sein Freund Brigante, der kommt, um das geliehene Geld von ihm zurückzuverlangen. »Ich will ihn nicht sehen«, sagt er. Zu spät, Brigante ist schon hereingekommen. Umarmungen … »Lieber Freund, was für eine Freude …« Man heuchelt Freundschaft. Dann folgen die Lazzi. Man bringt einen Stuhl: »Ist der schön!« wird Brigante sagen und schon über den Preis des Objekts nachdenken. »Das ist ein sehr alter Stuhl«, wird Pantalone antworten …

Der Hauptmotor des Spiels ist hier das »Schätzen/Abwerten«. Der eine wird beharrlich alles abwerten, was er besitzt, der andere wird versuchen, alles abzuschätzen, was ihm gehören könnte. Brigante wird sich dann bemühen, auf das zu sprechen zu kommen, was ihn herführt: die Begleichung der Schulden. Pantalone hingegen wird das Thema zu vermeiden suchen, wird von anderen Dingen reden und die Unterhaltung in andere Bahnen lenken. Der große Motor der *Umwege* läuft bis zu dem schicksalhaften Moment, in dem es Brigante gelingt zu sagen: *»Gib mir mein Geld.«* Da stirbt Pantalone an einem Herzinfarkt! Um prompt aufzuerstehen, sobald Brigante weggegangen ist, den Doktor zu holen, denn der Tod ist auch hier nur eine List.

Die Schüler können Themen dieser Art ebensogut mit traditionellen Masken wie mit selbst gebauten Masken spielen, aber ich habe festgestellt, daß sie unter ihren eigenen Masken freier mit den Regeln eines derartigen Spiels umgehen. Sobald man von Arlecchino oder Pantalone spricht, kommt die sogenannte Tradition und steht ihnen im Weg.

Gerüst und Taktik des Spiels

Mein Blick richtet sich vorrangig auf die Fähigkeit der Schüler, taktisches Gefühl für das Spiel zu entfalten. Wie schaffen sie es, eine Situation *auf-* oder *ab*zubauen? Wie steuern sie eine Umkehrung der Situation (*der bestohlene Dieb* ...)? Wie bewältigen sie einen rhythmischen Wortwechsel? Die italienische Sprache ist dafür besser geeignet als die französische, weil sie holpriger, weniger flüssig ist.

Eine Schwierigkeit, auf die wir mit der Halbmaske stoßen, steht in Zusammenhang mit der Stimme. Im ersten Jahr haben die Schüler sehr wenig gesprochen, jetzt plötzlich stehen sie vor der großen Freiheit der Worte. Sie neigen nun dazu, mit ihrer privaten Stimme zu sprechen, aber mit der Maske ist das unmöglich. Die Arbeit zielt also darauf ab, die Stimme der Figur als eine öffentliche Stimme zu finden, die mit der Dimension des Maskenspiels korrespondiert. Es ist ebensowenig möglich, sich mit einer Maske wie im normalen Leben zu bewegen, wie einen Text unter der Halbmaske zu sprechen, ohne daß er *verwesentlicht* wird. Unter einer Halbmaske ist auch der Text maskiert. Psychologisches Spiel ist nicht möglich. Der Dialog neigt zum *botte e riposte*, wie es das Liebespaar ohne Maske spielt.

Die Figuren der italienischen Komödie bewegen sich ständig zwischen zwei gegensätzlichen Polen. Arlecchino ist naiv und zugleich schlau, Capitano ist stark und ängstlich, der Doktor weiß alles und versteht nichts, Pantalone ist Chef eines Unternehmens, selbstbeherrscht und gleichzeitig völlig verrückt vor Liebe. Diese auf die Spitze getriebene Widersprüchlichkeit birgt größten Reichtum.

In der Commedia dell'arte stirbt man an allem: am Verlangen, am Hunger, an der Liebe, an Eifersucht. So gesehen ist dieser Bereich des Dramatischen eine Verlängerung des Lebens selbst. Die Ebene des Spiels wird also ins Extrem, bis zur Akrobatik hochgeschraubt sein. Weil es aber unmöglich ist, immer im extremen Gefühlszustand zu verharren – man kann nicht ununterbrochen sterben oder Hunger haben –, wird die Figur immer wieder brutal von einer Befindlichkeit in die andere geworfen. Der, welcher am lautesten lacht, weint am Ende: Und so werden wir gewahr, daß bei Lachen und Weinen die Gesten die gleichen sind. Arlecchino wälzt sich, ob er nun lacht oder weint, auf die gleiche Art am Boden!

Die Frau. Die Vernunft ...
Der Mann. Die Pflicht ...
Die Frau. Rettete sie.
Der Mann. Befreite ihn.
Die Frau. Barbar!
Der Mann. Elende!
Die Frau. Was hast du gesagt?
Der Mann. Was hast du gemurmelt?
Die Frau. Ich sagte, ich hasse dich.
Der Mann. Ich sagte, ich verachte dich.
Die Frau. Ich kann dich nicht mehr sehen.
Der Mann. Ich kann dich nicht mehr ertragen.
Die Frau. Du wirfst diese Bande ab ...

Der Mann. Du wirfst diese Ketten ab ...
Die Frau. Von denen du sagtest, sie seien aus Gold.
Der Mann. Von denen du sagtest, es seien Diamanten.
Die Frau. Sie sind falsch.
Der Mann. Sie sind aus Glas.
Die Frau. Vergoldetes Eisen!
Der Mann. Falsche Diamanten!
Die Frau. Darum habe ich sie zerrissen.
Der Mann. Darum habe ich sie zerbrochen.
Die Frau. Jetzt freue ich mich.
Der Mann. Jetzt bin ich frei.
Die Frau. Geh, wirf die Bande weg!
Der Mann. Geh, zerstöre die Ketten!
Die Frau. Ich bin frei!
Der Mann. Ich bin unabhängig!
Die Frau. Der Sklaverei entkommen!
Der Mann. Über alle Hindernisse weg!
Die Frau. Der Knoten ist geplatzt.
Der Mann. Die Verbindung ist zerstört.

Constant Mi: »Le mépris contre le mépris«,
in: »La Commedia dell'arte«, Editions de la Pléiade, Paris, 1927.
Deutsch von Katja Douvier.

Die *Lazzi* sind das wesentliche Spielfeld der Commedia dell'arte. In einem Commedia-dell'arte-Text ist die interessanteste Stelle die, wo nichts weiter steht als ein Hinweis auf die *Lazzi*. Nur der Schauspieler kann durch sein Spiel und seine komische Präsenz diesen Teil des Textes existent machen. Die scheinbare Dürftigkeit der Szenarien erklärt sich durch die Schwierigkeit, das, was man tun muß, um komisch, rührend oder überzeugend zu sein, schriftlich festzuhalten. Es fehlt der spielende Schauspieler. Der große Unterschied zwischen *Gags* und *Lazzi* ist, daß letztere immer in Zusammenhang mit dem Menschen stehen. Der Gag kann rein mechanisch oder absurd sein, aus einer Logik austreten und eine andere anbieten, der *Lazzo* hebt immer einen menschlichen Wesenszug der Figur hervor.

Arlecchino und Brighella sind beauftragt, das Essen für die Gäste vorzubereiten. Sie decken den Tisch und beginnen, für jeden Gast einen Platz zu bestimmen, und stellen sich dann das ganze Essen vor. Vom kleinen Vergnügen der Vorspeise zur extremsten Schlemmerei, bis zur restlosen Überfüllung ... denken sie sich ein riesiges Festessen aus, an dem sie natürlich nie teilhaben werden.

Die Commedia dell'arte ist vor allem realistisch, und die Gegenstände werden höchst erfinderisch ins Spiel eingebaut. Die Klatsche kann dem Arlecchino als Schwanz dienen, sie kann seine Hand ersetzen, wenn er guten Tag sagen will ... ohne den anderen zu berühren. Der Geldsack kann zwischen Pantalones Beinen baumeln. Das Objekt ist niemals nur einfaches Requisit, es trägt zur Entwicklung einer starken Vorstellungskraft bei. Das ist der Grund, warum wir die Objekte nicht mimen, sondern wirklich benutzen.

Von der Commedia dell'arte sind bis auf die Szenarien und die *botte e riposte* kaum Originaltexte überliefert. Daher befassen wir uns parallel mit Texten von Autoren, die sich diesem Gebiet gewidmet haben: Molière, Ruzzante, Gozzi, Goldoni, aber auch Shakespeare oder Goethe. Es ist beeindruckend, wie viele Dichter in ihrem poetischen Schaffen von den durch Europa reisenden italienischen Schauspielern beeinflußt worden sind. Meine pädagogische Vorliebe gilt Ruzzante, also den Anfängen der Commedia dell'arte. Sie gilt außerdem dem frühen Molière, also eher demjenigen der Farcen als dem verstärkt psychologischen Molière im *Don Juan* oder *Menschenfeind*.

Allzuoft wird Commedia dell'arte mit Improvisation in Verbindung gebracht, dabei war nichts an ihr improvisiert. Selbst wenn sich hin und wieder Varianten entwickelten, so wurde die Spielpraxis in sehr strukturierter Form von Generation zu Generation weitergegeben. Die italienischen Schauspieler verfügten über ein Repertoire von Spielarten, die sie im jeweils passenden Moment einsetzten. Als das Piccolo Teatro in Paris *Arlecchino, Diener zweier Herren* von Goldoni aufführte, war Giorgio Strehler in seiner Regie außerordentlich streng und darauf bedacht, alles Geschriebene zu berücksichtigen. Eines Tages, er war nicht im Saale, dehnten die Schauspieler die Vorstellung um zwanzig Minuten. Wie zornig war der Regisseur, als er diese Schlamperei entdeckte!

Wir arbeiten mit der gleichen Körpertechnik wie alle Maskentheater der Welt. Der Körper muß bei dieser Theaterform, wie wir bereits sagten, vollkommen gelenkig sein, damit er zum Publikum spricht. Ich habe also eine Arlecchino-Gymnastik entwickelt. Auch hier ist die akrobatische Dimension gegenwärtig, und sie ist wie immer durch das Drama begründet. Wenn Pantalone vor Wut einen Salto rückwärts schlägt, soll das Publikum nicht sagen: »Was für ein schöner Salto!«, sondern: »Was für eine Wut!« Um dieses Niveau körperlichen Einsatzes zu erreichen und eine solche Geste begründen zu können, sind eine außerordentlich affektive Kraft und zugleich der technisch perfekt beherrschte Salto erforderlich.

Die gängigsten Ausrutscher sind Schreie, Gestikulieren und unnötiges Überspielen. Schüler, die nicht stark genug sind, um das erforderliche Niveau des Spiels zu erreichen, versuchen, dies durch Schreien zu kompensieren – vergeblich. Zu junge Schauspieler sind der Commedia dell'arte aus diesem Grund nicht gewachsen. Mit zwanzig Jahren verfügen die Schüler oftmals nicht über die nötige Lebenserfahrung, ihnen fehlt insbesondere die tragische Dimension, die ja ein wichtiges konstituierendes Element auf diesem Gebiet darstellt. Wenn wir nun trotz allem in der Schule damit arbeiten, so geschieht das nicht zum unmittelbaren Gebrauch, sondern damit die Schüler im Körper und im Kopf eine Erinnerung an dieses Niveau des Spiels behalten und später darauf zurückkommen können.

Ein immer wiederkehrender Traum der Theaterleute ist die Entwicklung einer zeitgenössischen Commedia dell'arte. Manche wünschten, sie könnten die Archetypen erneuern, um sie der sozialen oder politischen Aktualität anzupassen. Dieser Ansatz schien mir jedoch immer fragwürdig, denn historisch sind die sozialen Verhältnisse in der Commedia dell'arte unveränderlich. Es gibt Herren und Knechte, aber das Anliegen ist nicht, die Gesellschaft zu verändern. Es geht darum, die menschliche Natur zu beleuchten, diese Komödie unverbesserlicher Betrügereien und Kompromisse, deren einziges Ziel es ist, das Überleben der Personen zu sichern. Arlecchino streikt nicht: Er arrangiert sich! Pantalone macht, selbst wenn er es behauptet, niemals Bankrott. Die Commedia dell'arte ist überall und paßt in jede Zeit, solange es die für ihr Spiel unvermeidlichen Herren und Diener gibt. Diese beständigen Elemente der *menschlichen Komödie* interessieren mich, damit die Schüler, die natürlich »zeitgenössisch« sind, das Theater ihrer Zeit erfinden können.

DIE BOUFFONS

Mysterium, Groteske und das Phantastische

Das Ergebnis meiner Fragestellung zum Verhalten derer, »die an nichts glauben und über alles spotten«, war eine im Laufe der Jahre sehr starke Fortentwicklung der Bouffons. Der Ansatz verzweigte sich und eröffnete den Zugang zu einem sehr weiten Gebiet, das wir nun entdecken sollten.

Die erste Etappe war die *Parodie*. Sie bestand darin, sich einfach über den anderen lustig zu machen, indem man ihn imitiert. Wenn jemand die Straße entlanggeht, genügt es, seinen Gang nachzuahmen, und schon haben wir Spott und Parodie. Das gleiche gilt für die Stimme und das Verhalten. Die Imitation ist eine erste, recht harmlose Ebene des bouffonesken Spotts.

Die zweite Etappe bestand darin, nicht mehr nur das, was der andere tut, sondern vor allem seine tiefsten Überzeugungen zu verspotten. Zum Beispiel bat ich jemanden, dem Publikum eine ernsthafte Rede oder ein wissenschaftliches oder mathematisches Referat zu halten. Währenddessen hatte ein anderer die Aufgabe, das Publikum zum Lachen zu bringen, indem er den Redner imitierte. Bei dieser Gelegenheit konnte ich beobachten, wie unerträglich es ist, wenn einer im korrekten Anzug sich über einen anderen lustig macht, der genauso angezogen ist. Diese Herangehensweise erwies sich bald als unerträglich boshaft, und es schien mir unerläßlich, daß derjenige, der sich lustig macht, sich von dem anderen, dem sein Spott gilt, unterscheidet. Er mußte ein anderer sein.

Ich habe also versucht, einen anderen Körper zu entwickeln, einen Bouffonkörper ... aufgedunsen[17] ... dick! Ich forderte die Schüler auf, sich unter Zuhilfenahme dicker Hintern und Bäuche zu verwandeln. So entstanden sehr interessante Formen: Manche sehr dünne Mädchen, die sich in ihrer Haut nicht wohl fühlten, begannen enorme Figuren mit großen Brüsten und dicken Hintern zu spielen. Umgekehrt überspitzten wir die spindeldürren, länglichen Körper anderer Schüler. Durch diese körperliche Verwandlung, in diesem neu erfundenen, künstlichen Körper, fühlten sie sich plötzlich viel freier. Sie trauten sich Dinge zu tun, die sie mit ihrem eigenen Körper niemals getan hätten. So gesehen wurde der ganze Körper zur Maske. Angesichts dieser bouffonesken Körper nahmen die parodierten Personen es eher hin, daß »Verrückte« sich über sie lustig machten; es hatte weniger Konsequenzen. Es gab keinerlei Konflikt zwischen dem Bouffon und dem, über den er spottete. So stießen wir auf den traditionellen »Hofnarren«, der jede Wahrheit auszusprechen vermag, weil er alles andere als wirklich verrückt ist. Im Körper eines Bouffons kann der Spötter das Wort ergreifen und Unerhörtes von sich geben, bis hin zum Spott über das, worüber zu spotten sich verbietet: Krieg, Hunger in der Welt, Gott. Die Bouffons haben uns mit AIDS vertraut gemacht, lange bevor alle Welt sich dieser Krankheit bewußt wurde. Sie waren imstande, die Prozession vom »Tod der Liebe« zu spielen und brachten uns dazu, das Inakzeptable in der bouffonesken Überhöhung zu akzeptieren.

Ich habe beobachtet, daß diejenigen, die derart über alles, einschließlich der höchsten Werte, spotteten, dem Mysterium der Dinge Raum verschafften. Sie reichten an das große Gebiet der Tragödie. Ihr Spott verwandelte sich in Tragik, ein wenig so, wie sich letzten Endes in der Brutalität der Texte von Steven Berkoff eine Schönheit entfaltet. Dieses Phänomen war für mich eine große Entdeckung. Nun fragte ich mich, woher diese Bouffons kamen? Sie konnten unmöglich aus einem realisti-

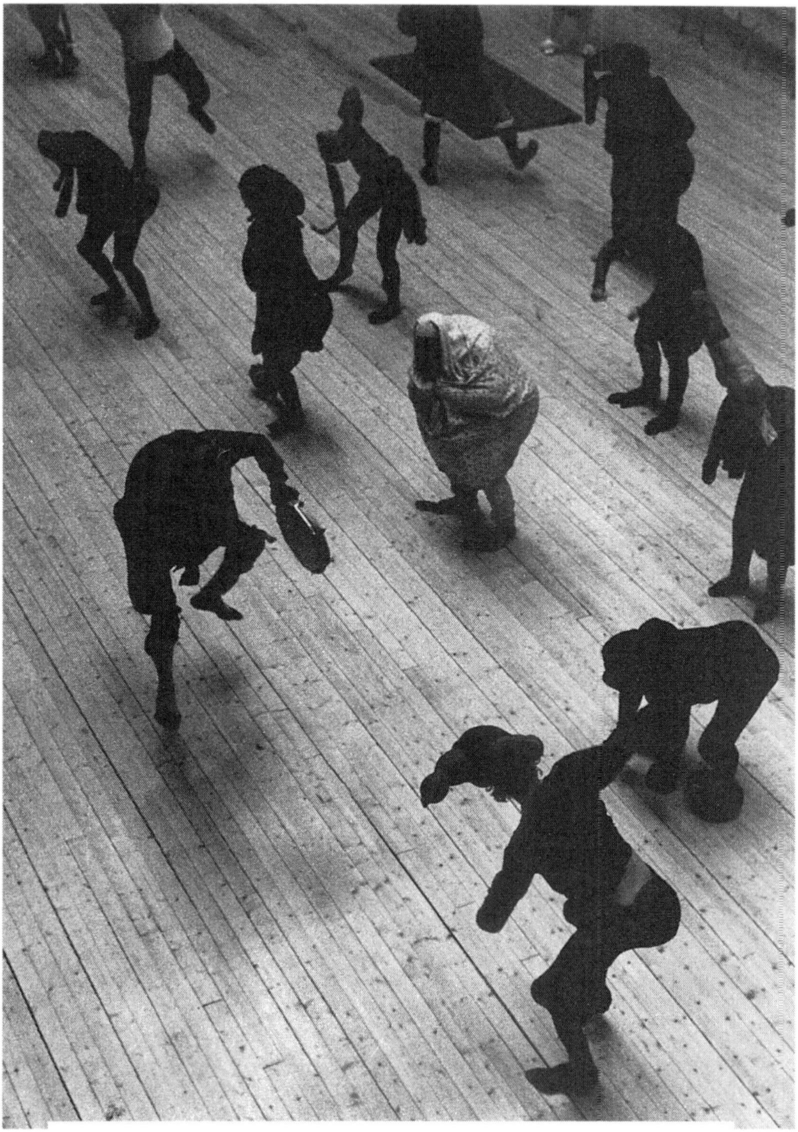

Die Bouffons des Mysteriums

schen Raum, von der Straße oder aus der Metro kommen. Sie mußten von woanders herkommen, aus dem Geheimnisvollen, der Nacht, dem Himmel und der Erde! Ihre Funktion war nicht, einzelne Personen zu verspotten, sondern der Spott sollte ganz allgemein uns alle, die gesamte Gesellschaft treffen. Die Bouffons haben ihren Spaß, weil sie sich die ganze Zeit damit vergnügen, das Leben der Menschen zu imitieren. Es bereitet ihnen Vergnügen, Krieg zu führen, sich gegenseitig zu verprügeln oder einander zu massakrieren. Allerdings spielen sie den Krieg nie als eine mit logischer Chronologie ablaufende Geschichte. Sie diktieren ihren eigenwilligen Stil: Derjenige, der den anderen tötet, hat dabei so viel Spaß, daß er noch einmal von vorne anfangen will. Und so tötet man sich gegenseitig immer wieder um des reinen Vergnügens, um des Spiels willen!

Dann ergaben sich die Kürzungen, die dem Spiel der Bouffons eigenen Ellipsen: Der Verletzte wurde ganz schnell verarztet und ins Krankenhaus gebracht. Damit das Krankenhaus funktioniert, mußte es Tote geben. Damit es Tote gibt, mußte man einander töten. Um einander zu töten, mußte man Krieg führen ... Diese Art von Situation stellt den absurden Charakter der Organisation des menschlichen Lebens zur Schau. Die Bouffons zerreißen sich das Maul über die sozialen Dimensionen der menschlichen Beziehungen, vor allem, um deren Absurdität anzuprangern. Sie ziehen über Macht und Hierarchien her und kehren die Werte um. Jeder Bouffon hat jemanden über sich und jemanden unter sich. Er bewundert den einen und wird vom anderen bewundert. Nur derjenige, der in dieser Hierarchie an unterster Stelle steht, wird von niemandem bewundert. »Nieder mit der Armee« wird er in Toilettenwände einritzen, denn das ist seine einzige lächerliche Möglichkeit, sich auszudrücken. Wer über Macht verfügt, der Prinz, der Direktor, der Präsident, der König, entscheidet, wann er will und aus purer Laune, daß der Krieg hier nun wohl lange genug gedauert hätte und man ihn jetzt dort weiterführen müsse. Und alle gehorchen ihm! In Wahrheit funktionieren die Bouffons über die Umkehrung der Gewalten: Der Schwachsinnigste regiert.

Wir haben versucht herauszufinden, wie alle diese einzelnen Bouffons zusammenfinden könnten, und entdeckten dabei, daß sie in *Banden* leben. Eine Bouffonbande ist im Idealfall eine Gruppe von fünf oder sechs Personen, die im wahrsten Sinne des Wortes unter einer Decke stecken. Über diese Anzahl hinaus wird es ein Chor, wir kommen später darauf zu sprechen. Eine Bouffonbande wird von einem Chef angeführt. Die ganze Bande ist dazu da, ihm bei der Formulierung dessen, was er sagen will, zu helfen. Wir haben Banden kleiner Bouffons erlebt, die trugen einen riesigen Prophetenkopf ohne Körper herbei, der das Mysterium verkündete und dann in sich zusammenfiel ... Innerhalb der Banden haben wir auch die Figur des Unschuldigen entdeckt, der zwischen den anderen umhergeht, ohne jemals die Ordnung der Dinge zu stören. Eine seltsame Gestalt, ein eingebauter Fehler!

Im Laufe der Zeit bildeten sich einige große Bouffonfamilien heraus. Es gab die Bouffons des Mysteriums, die Bouffons der Macht, und schließlich tauchte eine noch verrücktere Art auf, die Bouffons der Wissenschaft. Anhand dieser drei Familien lassen sich heute drei differenzierte, fast eigenständige Bereiche bestimmen: das *Mysterium*, die *Groteske* und das *Phantastische.*

Das Mysterium kreist um den mehr oder weniger religiösen Glauben. Die Bouffons des Mysteriums sind Seher. Sie kennen die Zukunft. Sie wissen um das Ende der Welt und können es verkünden. Sie kennen das Mysterium vor der Geburt und nach dem Tod. Sie sind Propheten.

Die Bouffons des Mysteriums kommen nachts in einer Prozession, sie heizen den Raum auf, indem sie zum Klang der Trommeln tanzen. Sie bringen die schlafende Sprache mit. Die Unterteufel wecken ihre Prophetin, die sich wie erleuchtet aufrichtet, um den Weltuntergang zu verkünden. Die Bouffons mimen dazu Bilder aus der Apokalypse und vergnügen sich mit Parodien. Nachdem sie die Zukunft verkündet hat, bricht die Sprache zusammen. Sie wird, vom Klang der Trommeln begleitet, in die Nacht zurückgetragen. Bei dieser Gelegenheit werden großartige Texte über das Mysterium und seine Schönheit von den Bouffons des Teufels gesprochen.

Sie reden wie Hiob, der den Himmel befragt, wie Dante in der *Göttlichen Komödie*. Die englischen Narren sind aus dem Umkreis Shakespeares. Wir ließen Bouffons die größten Texte der größten Dichter sprechen. Denn wer vermag einen Text von Antonin Artaud besser zu sprechen als ein Bouffon? Paradoxerweise wird er in dieser Form besser verstanden als bei jeder anderen sogenannten »poetischen« Abendveranstaltung. Die größten Verrückten sind die Dichter!

Die *Grotesken* sind nah an der Karikatur. Sie ähneln der Darstellung von Personen unseres täglichen Lebens in gewissen humoristischen Zeichnungen. Sie stellen nie Gefühle oder Psychologie in Frage, sondern immer nur die soziale Rolle. Daumiers Serien von Zeichnungen über die Berufe haben etwas von dieser Dimension. Im theatralischen Repertoire gehört eine Figur wie Jarrys Ubu in diese Welt.

Das *Phantastische* kommt heute stark zum Zuge. Es gründet sich insbesondere auf Elektronik und Wissenschaft, aber auch auf blühende Phantasien. Wir stießen auf Figuren mit mehreren Köpfen, Tiermenschen oder Bouffons, die ihren Kopf im Bauch

Gebet

Glutschädel gib uns, Schädel
versengt von Himmelsstrahl,
klaräugig, wirklich und wahr,
durchwest von dir.

Laß uns die Leibesfrucht sein
Der Innenhimmel,
reiß Abgrund um Abgrund durch uns,
fahr mit dem Nagel drein,
laß ihn Wirbel und Weißglut sein.

Wir hungern
nach schütterndem Sternraum:
still unsern Hunger.
gieß uns die Blutbahn voll
mit Sternenlaven.
Mach uns los.
zerteil uns
mit schneidender Gluthand.
schließ uns auf
das Brandgewölbe, darin
man über den Tod hinausstirbt.

Laß unser Hirn erbeben
tief im Gewußten.
raub uns unsre Vernunft
mit den Fängen der neuen
Taifune.

Antonin Artaud, aus: »Le tric-trac du ciel«.
Übersetzung von Paul Celan; erschienen in: »Französische Dichtung«,

tragen. Hier sind alle Verrücktheiten möglich: Sie machen die Freiheit des Schauspielers und seine Schönheit aus.

Der Begriff des Bouffon umfaßt also ein extrem weites Gebiet, dessen Umrisse wir nicht endgültig festlegen können. Deshalb verlange ich von den Schülern eine möglichst umfassende Erkundung dieses Gebietes, damit sie sich der Reihe nach in jede der drei großen Richtungen begeben. Sie sind somit gezwungen, weiter als nur bis zum ersten Bild zu gehen und sich wirklich dem kreativen Arbeiten zu widmen. Um es noch einmal deutlich zu sagen: Ein Bouffon kann nicht allen drei Sparten gleichzeitig angehören, gewisse Mischungen zwischen den Banden sind allerdings möglich. Das Phantastische kann das Mysterium berühren, ein Bouffon des Mysteriums kann sich in einen Grotesken verwandeln und von einem zum anderen überwechseln, ohne daß man recht wüßte, wer von beiden nun den anderen spielt. Eine Bande phantastischer Bouffons kommt auf die Bühne ... plötzlich verwandeln sie sich in kleine Groteske. Eine verwirrende Situation, in der das Publikum die Sicherheit seiner Logik verliert und eine andere Ebene erreicht!

Der andere Körper

Auf der Suche nach Gesten und Handlungen dieser anderen Körper entwickelten sich die spezifischen Sprachen der Bouffons. Manche näherten sich dem menschlichen Körper etwa in der Art eines Michelin-Männchens, dieser maßlosen menschlichen Kugel, während andere sich erstaunlich weit davon entfernten. Eine meiner großen Entdeckungen war die Feststellung, daß die Internationalität der Schule durch den ›bouffonesken Hintergrund‹, den jede Kultur in sie hineinträgt, sehr deutlich sichtbar wurde. Südamerikas phantastischer Charakter drückt sich in seinen fliegenden Tieren und Tiermenschen aus. Die Franzosen finden ihre rabelaisschen Wurzeln als lebensfrohe Köche wieder. Die englischen Bouffons sind mit den hogarthschen Figuren verwandt. Die Spanier leben die Tragödie des Festes. Die Italiener schwelgen in Gesang, Tanz und Musik. Mysteriöser, zwischen Tag und Nacht, im Wahnsinn der Dämmerung sind jene aus dem Norden. Deutschland trägt seine großen phantastischen Mythen bei. Die Asiaten lassen Drachen und Teufel wieder auferstehen. Deutlicher als alle anderen bringt dieser Bereich des Dramatischen die großen kulturellen Unterschiede der Schüler zum Vorschein.

Pädagogisch gesehen ist das Gebiet der Bouffons außerordentlich schwierig zu fassen, um so mehr, als wir ständig nach Ansatzpunkten für die kreative Arbeit suchen. Man muß also die Schüler in Bewegung bringen, damit sie die genannten Elemente selbst entdecken und gegebenenfalls andere hinzufügen.

Wie immer fange ich beim Körper an. Der erste Schritt ist sehr einfach: Ich bitte jeden, einen Bouffon auf ein Blatt Papier zu zeichnen. Zu diesem Zeitpunkt der Arbeit wissen die Schüler absolut nicht, was sie erwartet, und nichts von der Bedeutung dieses Bereiches. Seinen Vorstellungen entsprechend zeichnet jeder seinen Bouffon, daraufhin halte ich eine kommentierte Lesung der Zeichnungen ab. An den kleinen Glöckchen auf der Kappe oder den karnevalistischen Anklängen erkenne ich gleich, wer eine »kulturelle« Sicht der Sache hat oder wer, mit struppigen Haaren, eher zum Wahnsinn tendiert ... Diese Zeichnungen werden aufgehoben, aber nicht verwendet. Ich gebe sie den Schülern zur persönlichen Reflexion am Ende des Arbeitsabschnitts kommentarlos zurück.

Daraufhin müssen sie ihren Bouffon körperlich erfinden. Wir stellen Stoffe, Schaumstoff, Kleider, Gegenstände, Schals,

Schnur zur Verfügung, und jeder bastelt sich nun ganz nach eigenem Belieben seinen Narrenkörper. Gemeinsam suchen wir nach Bewegungen, die sie beleben. Die einen amüsieren sich, mit ihrem dicken Hintern zu wackeln, andere spielen mit ihren langen Schwänzen oder kratzen sich mit ellenlangen Fingernägeln. In dieser Arbeitsphase lege ich Wert darauf, daß die Kostüme nicht allzu endgültig oder ausgearbeitet sind. Entscheidend ist vor allem, daß sie provisorisch, verhältnismäßig einfach und leicht abzuwerfen sind und sie sich im Laufe der Suche weiterentwickeln können, bevor sie am Schluß vielleicht endgültige Formen annehmen.

Niemand ist mehr Kind als der Bouffon, und niemand ist mehr Bouffon als ein Kind. Parallel zur Körperarbeit beginnt deshalb in der Improvisation eine auf die Dimension der Bouffons vorbereitende Phase zum Thema *Kindheit*. Mittels verschiedener Ansätze versuchen wir, die Kindheit wiederzufinden.

Ein erstes Thema ist der Spielplatz, wo die Kinder im Sandkasten buddeln, Räuber und Gendarm und Fangen spielen ... Wir sammeln alle in dieser Situation möglichen Verhaltensweisen: Spiel, Bosheit, Zärtlichkeit, Streit, Besitz, Gelächter. Es geht nicht darum, äußerlich kindliche Figuren zu spielen oder in Kindereien zu verfallen, sondern sich so genau wie möglich in den Zustand des Kindseins hineinzuversetzen, in seine Einsamkeit, seine Ansprüche, seine Antriebe, die Suche nach Regeln, denn alle diese Elemente werden auf der Ebene der Bouffons zum Tragen kommen.

Dann schlage ich vor, daß die *Kinder Erwachsene spielen: Vater Mutter Kind*, *Flugzeug* oder auch *Krieg*, mit Maschinengewehren aus Holz wie die Kinder im Libanon. Schließlich drehe ich die Aufgabe um: *Die Erwachsenen spielen wie Kinder*. Grenzsoldaten, zu beiden Seiten einer am Boden liegenden Schnur, spielen, wer zuerst den Fuß darauf setzt, verschieben die Schnur, legen sie wieder an ihren Platz zurück und so weiter. Sehr bald wird deutlich, in welchem Maß dieses Spiel den Geschmack an Besitz und Macht über den anderen verrät.

Die Bouffons rufen bei ihren Ritualen nicht den Himmel an – den lassen sie links liegen. Sie rufen die Kräfte der Erde. Sie sind auf der Seite des Teufels, im Nadir. Aus der Erde kommend, nehmen sie menschliche Gestalt an. Sie erfinden ihre für uns Profane vollkommen unverständlichen eigenen Rituale. Sie vollführen seltsame Prozessionen, eigenartige Zeremonien, Aufmärsche mit Trommeln. Eine Bouffonbande kann plötzlich anfangen, zu stampfen, zu tanzen, zu singen, Verrücktheiten zu verkünden, das alles aber immer auf sehr organisierte rituelle Art und Weise. In so einem Fall wissen die Schauspieler selbst nicht, was sie tun, sie tun es einfach! Diese Rituale geben keinerlei Anlaß zu Konflikten, denn zwischen den Bouffons gibt es keine Rivalitäten. Niemals wird einer von ihnen über einen anderen in Wut geraten. Sie leben in streng organisierter, anerkannter Hierarchie. Es gibt die, die schlagen, und die, die geschlagen werden. Und alles ist gut so. Die geschlagen werden müssen, verlangen nach mehr, denn sie lieben das. In der Gesellschaft der Bouffons, die sie für die ideale Gesellschaft halten, hat jeder einen anerkannten Platz. Selbstverständlich ist diese Gesellschaft die unsere!

Die Bouffons treten immer vor das Publikum, um die Gesellschaft darzustellen. Insofern kommen alle Themen – Krieg, Fernsehen, der Ministerrat oder jedes andere aktuelle Ereignis – als Quelle der Inspiration und des unerschöpflichen Spiels in Frage. Manchmal verkleiden sie sich als Personen unserer Gesellschaft: Sie setzen ein Käppi auf, ziehen ein Mönchsgewand an und beginnen, diese Personen zu spielen. Aber sie tun es auf ihre Weise, fallen immer wieder in den ursprünglichen Bouffon zurück, der die Figur, die er spielt, immer verspottet. Wenn sie beschließen, Gewerkschaft zu spielen, werden sie sich nie mit der Psychologie dieser oder jener bekannten Persönlichkeit befassen, sondern sie werden ›Politisch-aktiv-Sein‹ spielen. Sie werden eine Demonstration veranstalten und sich dabei immer abwechselnd auf die Seite der Demonstranten oder der Polizisten schlagen – aus Spaß.

Die Arbeit mit den Bouffons beruht auf dem Sinn fürs Spiel und dessen Anwendbarkeit auf die verschiedensten Situationen. Alles liegt hier in der Art des Tuns, in der angebotenen Schrift, im Niveau des Spiels. Die Schüler schreiben ihre Texte nach einer anderen Logik. Wenn sie in eine Situation hineingehen, werden die Bouffons sie verdrehen und auf ungewöhnliche Weise in Spiel umsetzen. Sie können in einem Text dasselbe Wort zehnmal wiederholen oder weiter vorn wieder anfangen, einfach nur aus Spaß. Sie werden die Situation *narren*. Wir befinden uns im wahren Königreich organisierter Verrücktheit!

Wie insgesamt im zweiten Jahr, wird auch bei dieser Arbeit ein vollkommen unbekannter Bereich erforscht. Wenn es Bezüge gibt, so entstehen sie später. Manchmal konnten wir sagen: »Dieses Spiel erinnert an Hieronymus Bosch, an die Mysterien des Mittelalters, an den Karneval ...«, ich habe jedoch zu Beginn dieses Abenteuers nie an solche Bezüge gedacht. Was ich heute über die Bouffons weiß, das habe ich in der Praxis des bewegten Körpers und durch die Improvisation entdeckt, weder in Büchern und noch in der Tradition, die uns irgendwelche Kunstfertigkeiten aufzwingen. Die Natur der Bouffons erfordert eine Pädagogik des freien Schaffens.

Am Ende dieser Studien bleiben heute jedoch noch einige Fragen offen. Können die Bouffons sich selbst genügen? Können sie eine Vorstellung allein bestreiten? Sind sie eine Parallele zur Tragödie? Können sie in die Tragödie eingreifen, und bis zu welchem Grad kann umgekehrt die Tragödie in den Bereich der Bouffons eingreifen? Um Antworten auf diese Fragen zu finden, empfehle ich, sich zuerst mit den Bouffons und dann mit der Tragödie zu befassen, bevor man mögliche Mischungen ausprobiert. Ich behalte eine wunderbare Erinnerung an eine Bouffonbande, die in der Rolle der Diener einen tragischen Chor auf ihren Schultern trug, ihn vor dem Publikum absetzte und wieder verschwand. Dann trug der Chor einen Text aus einer griechischen Tragödie vor – ein sublimes Bild!

DIE TRAGÖDIE

Chor und Held

Die Tragödie stellt den größten Bereich des Dramatischen dar, und sie ist das größte, was uns im Theater zu tun bleibt. Unsere Arbeit gründet sich auf meine Chorerfahrungen aus Syrakus und setzt diese vor allem nach pädagogischen Gesichtspunkten um. Weit entfernt von einer historischen Aufführungspraxis der antiken Tragödie und ihrer vermeintlichen Kodizes, suchen wir von neuem herauszufinden, was eine Tragödie heute sein kann.

Der Bereich des Tragischen umfaßt die großen Fragen über das Verhältnis zu den Göttern, zum Schicksal, zur Transzendenz. Ganz andere Fragen allerdings als die einer Sekte oder Religion! Heutzutage sind gerade die Wissenschaftler diesen Fragen in dem Moment am nächsten, wenn der Kosmos sie in Erstaunen versetzt. Sie stehen vor einem Geheimnis, das den Menschen über sich selbst erhebt. Ebendiese Suche definiert auf wesentliche Weise den Bereich der Tragödie und rückt diesen so in die Nähe des Bereichs der Bouffons. Die Götter sind verschwunden; heute nehmen die Bouffons den Platz der Götter ein und vertreten sie. Und wir warten nun darauf, daß es ihnen eines Tages belieben möge fortzugehen, um den Platz zu räumen für anderes: daß der Mensch, ohne sich zu zerreißen, sich gleichermaßen der Gesellschaft und dem Kosmos einschreibt ... Es ist Aufgabe der Künstler und Wissenschaftler, diese Suche voranzutreiben!

Die zentrale Erfahrung in der Tragödie ist für die Schüler die Entdeckung des Verbundenseins. Sie entdecken, was es wirklich bedeutet, »verbunden zu sein«, sowohl miteinander als auch mit einem Raum. Durch den Mund eines anderen, mit einer ge-

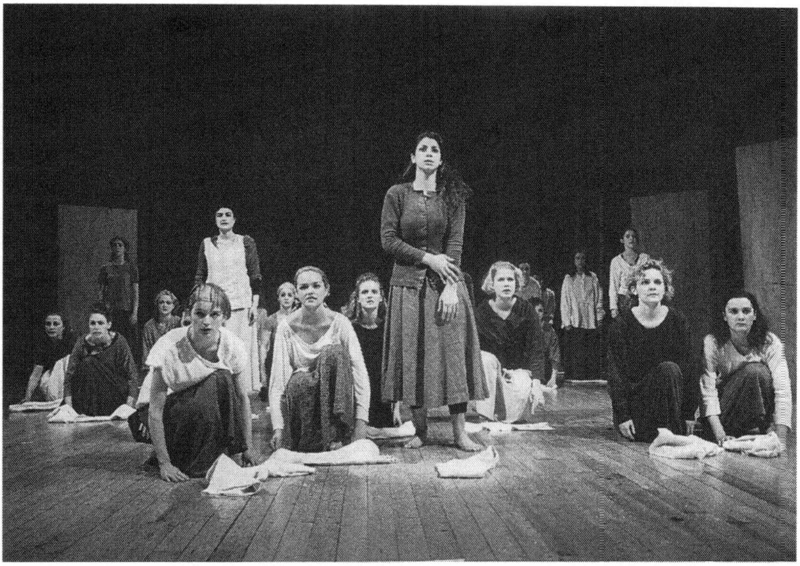

Der tragische Chor

meinsamen Stimme als Chor zu sprechen bedeutet, in der Wirklichkeit einer lebendigen Figur vollkommen verankert zu sein und zugleich eine Dimension zu erkunden, die das menschliche Wesen transzendiert. Die ganze Arbeit des Schauspielers besteht darin, eine Verbindung dieser beiden scheinbar widersprüchlichen Pole herzustellen, zwischen denen er hin- und hergerissen sein kann.

Zwei Hauptelemente strukturieren den Bereich der Tragödie: der Chor und der Held.

Ein Chor tritt auf die Bühne, begleitet von Trommelklängen, die der Gruppe einen Rhythmus geben. Der Chor nimmt zunächst den gesamten Raum ein, um sich dann auf einen Teil der Bühne zurückzuziehen. Dadurch gibt er einen neuen Raum frei, und es entsteht etwas wie ein Ruf nach dem Helden. Aber wer könnte kommen und diesen Raum füllen? Welche Art von Gleichgewicht kann man heute zwischen einem Chor und einem Helden finden?

Die Vorbereitung auf die Erfahrung von Chor und Held besteht in einer Arbeit über Menschenmengen und Anführer. Die Menge erarbeiten wir in Improvisationen. Die erste Aufgabe ist, Szenen aus dem Hyde Park in London nachzuspielen, wo sich jeden Sonntag Leute auf Podeste stellen und versuchen, die Aufmerksamkeit der Passanten zu erregen, zu denen sie sprechen wollen.

Wir stellen uns einen großen Platz vor, wo alle umherschlendern, und ein Schüler bekommt die Aufgabe, die Aufmerksamkeit der anderen mit allen ihm zur Verfügung stehenden Mitteln auf sich zu lenken. Sobald ihm dies gelungen ist, soll er sie von seiner Ansicht über ein wichtiges und heikles Thema überzeugen, von der er selbst zutiefst überzeugt ist: für oder gegen die Abtreibung, die Einwanderung, die Atomenergie! Die Art der Rede ist weniger wichtig als die Fähigkeit des Schauspielers, seine Zuhörer zu bannen.

Damit die Schüler wirklich spielen, bestehe ich darauf, daß sie eine Ansicht vertreten, die nicht unbedingt ihrer persönlichen Meinung entspricht. Diese Distanz erscheint mir wesentlich: Es ist besser, im Spiel für die Todesstrafe zu sein, wenn man persönlich dagegen ist, und umgekehrt! Man beachte, daß diese Improvisation für den Schauspieler manchmal auch zu einem Augenblick der Wahrheit werden kann: Das Publikum geht weg, sobald es sich langweilt.

In einer zweiten Phase wird diese Übung durch den Auftritt einer zweiten Figur erweitert, die, als Gegenspieler der ersten, die Gegenargumente vertritt. Nun bilden sich um die beiden Redner zwei Gruppen von Zuhörern, und damit sind die ersten Voraussetzungen für den Chor geschaffen. Ich bestimme schließlich einen Dirigenten, einen Stegreif-Regisseur außerhalb des Spiels, der die gesamte Improvisation arrangiert und Ordnung in die elementare Unordnung bringt. Er erteilt abwechselnd dem einen oder dem anderen Redner oder der Menge das Wort und stellt auf diese Weise die rhythmische Organisation des Spiels sicher.

Tragischer Text wird nicht improvisiert. Er verlangt nach einer dramatischen Schrift. Um uns mit den Anführern zu befassen, verlassen wir also die Improvisation, und wenden uns den großen Texten des öffentlichen Lebens zu: die Rede der Angela Davis, Texte von André Malraux anläßlich der Überführung von Jean Moulins Asche ins Pantheon oder der Hochruf von Charles de Gaulle in Montreal: »Hoch lebe das freie Quebec!« oder Reden von Martin Luther King … kurz, alle großen Reden, die die Mengen begeistert haben. Der Schauspieler, der die Rede halten muß, stellt den Ort und die Atmosphäre, in der sie gehalten wurde, mit den anderen Schülern nach. In einem Raum der Schule organisiert er die Regie und spielt dann die Situation. Wir haben mit dieser Aufgabenstellung einige bemerkenswerte Augenblicke erlebt: Die von einem deutschen Schüler gespielte Rede Hitlers an die SS zum Weihnachtsabend, vor einer strammstehenden Menge mit Hakenkreuzbinden am Arm, war ein besonders schwer zu ertragendes Nachspielen. Eine andere Erinnerung: »Cataluna libre!«, eine Rede zur Unabhängigkeit von Katalonien, vom Balkon der Schule aus, unter dem die sich versammelnden Passanten zum zuhörenden Volk wurden …

Durch diese Erfahrungen erleben die Schüler die emotionale Ebene, auf der Menge, Anführer und Text zusammentreffen. Der Anführer ist der Vorbote des Helden, die Menge geht dem Chor der Menschheit voraus. Der Übergang von der Menge zum Chor bedeutet die gleiche Erhöhung der Spielebene, wie sie der Wechsel vom psychologischen Spiel zum Maskenspiel mit sich bringt. Der tragische Chor ist eine auf die Ebene der Masken übertragene Menge.

Weil der Chor immer in Reaktion zu einem Ereignis oder zur Sprache steht, befaßt sich eine vorbereitende Arbeit mit *chorischer Reaktion.* Eine Gruppe von Schülern bekommt die Aufgabe, ausschließlich durch ihre Reaktion auf ein Ereignis dem Publikum zu vermitteln, was sie gerade sehen: ein Fußballspiel, einen Film, einen Stierkampf …

Eine Gruppe von Zuschauern in der Loge eines italienischen Theaters schaut sich eine Vorstellung an. Der Vorhang geht auf, die Bühne wird erleuchtet, die Vorstellung beginnt. Es naht die große Liebesszene zwischen Romeo und Julia. Die Reaktionen der Zuschauer genügen, um sich vorzustellen, was auf der Bühne passiert: ein aufmerksamerer Blick auf den aufgehenden Vorhang, die empfindsame Annäherung zweier Schauspieler, wenn die Liebenden sich treffen, eine leise Regung in den Gesichtern …

Es sind sehr viele Figuren und Situationen, die uns durch die *chorische Reaktion* erreichen sollen. Eine schwierige und delikate Aufgabe, denn es genügt nicht, die Sache zu sehen, und auch nicht, sie zu ›pantomimen‹. Hier muß wieder eine Sprache gefunden werden, damit das Publikum wahrnimmt, welche Dynamik und Emotion sich abspielt. Um dies zu erreichen, sind alle Mittel recht, insbesondere die analoge Sprache, die wir das *doppelte Bild* nennen. In diesem Falle erscheint ein Bild parallel zu einem anderen: Auf der Bühne fällt ein Taschentuch herunter … das Programmheft eines Zuschauers ebenfalls! Es ergibt sich eine sehr subtile Analogie zwischen dem Geschehen in der Loge und dem auf der Bühne.

Der Chor ist das wesentliche Element, das als einziges einen wirklich tragischen Raum freizulegen vermag. Ein Chor ist nicht geometrisch, sondern organisch. Als kollektiver Körper hat er einen Schwerpunkt, Glieder, einen Atem. Er ist eine Art Zelle, die verschiedene Formen annehmen kann, je nachdem, in welcher Situation er sich befindet. Er kann Träger von Widersprüchen sein, seine Glieder können sich manchmal gegeneinander stellen und Untergruppen bilden oder, im Gegenteil dazu, sich vereinen, um sich gemeinsam an das Publikum zu wenden. Ich kann mir eine Tragödie nicht ohne einen Chor vorstellen. Aber wie soll man diese Personen vereinen? Wie bringt man diesen kollektiven Körper zum Leben? Wie bringt man ihn zum Atmen, wie bringt man ihn dazu, sich wie ein lebendiger Organismus zu bewegen, und vermeidet gleichzeitig eine ästhetisierende Choreographie oder militärische Geometrie? Als eines der wichtigsten Elemente meiner Pädagogik stellt der Chor, für diejenigen, die daran teilgenommen haben, die schönste und bewegendste Theatererfahrung dar.

Der Chor besteht aus einer Gruppe von sieben oder fünfzehn Personen. Diese Zahlen sind präzise, denn jeder Zahl wohnt eine eigene Dynamik inne. Eine Person, das ist die Einsamkeit. Zwei, das ist einer und sein Doppelgänger. Drei ist eine Einheit. Vier ist ein statischer Block. Bei fünf wird es allmählich beweglich, aber jeder bleibt eine Einzelperson. Bei sechs sollte man sich nicht aufhalten, das läßt sich durch zwei teilen und ergibt zweimal drei. Sieben ist eine interessante Zahl, aus der sich ein Chorführer herauskristallisieren kann, umgeben von zwei Halbchören zu je drei Personen. Acht ist doppelt massiv. Bei neun beginnt die Menge: Eine Truppe von neun Personen zerstreut sich in alle Richtungen. Von zehn bis zwölf bleibt es immer bei einem ungefähren Dutzend. Bei dreizehn entsteht langsam der Chor. Vierzehn ist »unverrückbar«, es fehlt immer einer. Fünfzehn ist wie beim Rugby die ideale Zahl: ein Chorführer, zwei Halbchöre mit je sieben Personen, die zwei Unterchorführer bestimmen, und wunderbare Bewegungen werden möglich. Danach haben wir die unvermeidlich militärische Invasion. Um diese Selbstverständlichkeiten zu entdecken und festzustellen, biete ich eine einfache Übung an.

Eine Gruppe von Schülern verteilt sich gehend im gesamten Saal. Auf ein Zeichen gruppieren sie sich zu zweit, zu dritt, zu fünft, zu siebt und so weiter.

Wir beobachten gemeinsam, wie sie es schaffen, sich zu organisieren, und ob und auf welche Weise die Gruppen sich dann bewegen lassen. Eine andere Art von Übung: *Ein Chor bewegt sich, ohne daß man wüßte, wer ihn dirigiert.* Die Schüler entdecken eine interne Regel, von der das Publikum nicht weiß: derjenige, den alle anderen sehen, ist zwangsläufig der dirigierende. Oder auch: *Den Chor zum Atmen bringen, dabei den Abstand zwischen seinen Mitgliedern maximal vergrößernd.* Ab einer bestimmten Entfernung ist es kein Chor mehr, er bricht auseinander. Hier haben wir wieder die für den Architekten so bedeutende Zerreißgrenze.

In der tragischen Aufführung warnt der Chor, rät, fühlt mit, er ist präsent, greift aber nie in die Handlung ein. Erinnern wir uns, daß der ursprüngliche griechische Chor sich nie auf derselben Ebene befand wie die Schauspieler. Er spielte an einer anderen Stelle und schuf reagierend die Verbindung zwischen dem Publikum und den Helden. Des weiteren werden Kämpfe in der griechischen Tragödie nie gezeigt, der Chor reagiert lediglich auf Berichte. Das Hauptgesetz des tragischen Chors ist, niemals zu handeln, sondern immer zu reagieren. Schließlich zeichnet sich der Chor durch Weisheit aus. Man spricht oft vom Chor der Alten. Dabei handelt es sich nicht unbedingt um alte, über ihre Stöcke gekrümmte Figuren, die *Weisen* sind vielmehr symbolische Zeugen uralter Weisheit. Am Anfang ist der Chor nicht gemischt, wir arbeiten Frauenchor und Männerchor getrennt. Die Frauenchöre sind oft die schöneren, weil sie einen tiefen Sinn für Zusammenhalt und Solidarität haben. Sie sind Garantinnen des Wesentlichen.

Die dramatischen Bewegungen des Chors können durch die Gefühle genau festgelegt werden, sie können sich aber ebensogut auf die tragischen Bewegungen der Natur stützen. Die Materie bietet uns eine ausgesprochen tragische Sprache, die wir hier benutzen können. Ein Stück Zucker, das sich auflöst, ein Stück Papier, das sich entknittert, ein gefalteter Karton, ein berstendes Stück Holz, ein zerreißendes Stück Stoff, das alles sind zutiefst tragische Bewegungen. In diesem Sinne ist es interessant, einen tragischen Chor *aufzulösen*, ihn zu knüllen oder zu zerreißen. Mittels der Analogie reinvestieren wir hier die gesamte Arbeit des ersten Jahres über die Identifikation mit den Materien.

Das Hauptrisiko ist, daß der Chor militaristisch wird, zu stark organisiert, zu sauber, zu klar, wo alle zwar zusammengehen, aber das Ganze ohne Leben ist. Gewöhnlich lieben Regisseure diese Arbeit sehr, nicht nur, um in ihren Inszenierungen einen Chor einzubinden, sondern als elementarer Bezugspunkt für die Arbeit mit einer Gruppe im Raumverhältnis. Der Chor ist die Ordnung der Bewegung.

Das Gleichgewicht der Bühne

Die Geburt des Chors beginnt mit einer der schönsten von allen in der Schule entwickelten Übungen: *Das Gleichgewicht der Bühne.*

Es handelt sich dabei um ein Spiel mit dem Gleichgewicht und Ungleichgewicht einer Bühne, die durch Standortwechsel der Schauspieler in Bewegung gerät. Eine rechteckige Bühne wird durch Bänke von je zwei Metern Länge begrenzt. Zehn Bänke (zwei für jede Breitseite, drei für jede Längsseite) umgeben diesen Raum, in den sich die Beteiligten nun hineinsetzen. Die Spielfläche muß notwendigerweise ein Rechteck und kein Kreis sein, denn der Kreis erlaubt nur eine wirkliche Bewegung: die Drehung! (Die Architektur des Pariser Funkhauses beweist das!) Oder aber es drängt sich ein Ritual auf, nämlich das Feuer in der Mitte, an dem alle teilhaben, die darum herumsitzen. Deshalb ist es in einem Rund so schwer, Theater zu spielen. Die Manege im Zirkus ist für Pferde und nicht für Menschen gemacht, in ihr ist keine Dynamik möglich. Umgekehrt erlaubt das Rechteck alle großen dynamischen Wege, die Geraden, die Parallelen, die Diagonalen, die eine Vielzahl von dramatischen Möglichkeiten freisetzen und strukturieren.

Wir denken uns diese rechteckige Bühne im Gleichgewicht auf einer zentralen Achse. Nimmt ein einzelner Schauspieler Platz im mittleren Bereich, bleibt das Gleichgewicht der Bühne erhalten. Wenn er diesen Bereich verläßt, bringt er sie ins Ungleichgewicht und zum Schaukeln. Um das Gleichgewicht wieder herzustellen, muß nun ein zweiter Schauspieler eingreifen, indem er im Verhältnis zum ersten einen günstigen Platz wählt. Die Spieler sind am Anfang um die Bühne herum verteilt, und wir nehmen an, daß sie, ungeachtet ihrer Verschiedenheit, alle das gleiche Gewicht und den gleichen Wert haben. Es wird also nicht darum gehen, die Anekdote von der sich bewegenden wirklichen Bühne zu spielen, sondern die Empfindung von voll und leer zu erleben, eine Empfindung, die sowohl von denen auf der Bühne als auch von den auf den Bänken Gebliebenen wahrgenommen wird.

1 = 1

Eine erste Regel dient als Basis. Die Bühne ist leer. »A« steht auf und stellt sich in die Mitte (die nicht der exakte Schnittpunkt der Diagonalen ist, sondern ein kleiner lebendiger Bereich, innerhalb dessen er sich bewegen kann, ohne ein Schaukeln auszulösen). »A« »heizt« diesen Bereich auf, damit er existiert, dann, wenn ihm der Zeitpunkt gekommen scheint, entschließt er sich, seinen Standort zu wechseln und das Ungleichgewicht der Bühne zu provozieren. »B« steht nun auf und sucht sich auf der Bühne einen Platz, um sie wieder auszubalancieren. Von diesem Moment an beginnt das Spiel, und »B« ist derjenige, der es führen wird: Er begibt sich an verschiedene Orte, dabei persönlichen Rhythmen folgend, und jedesmal muß »A« das Gleichgewicht wieder herstellen, indem auch er die Position wechselt.

Wenn es ihm notwendig erscheint, beschließt »A«, nicht mehr auf das von »B« provozierte Ungleichgewicht zu reagieren, was ein neues Ungleichgewicht der Bühne bewirkt und den Auftritt von »C« erfordert. Dieser dritte Spieler wird nun der neue Spielführer. »A« und »B« antworten auf seine Bewegungen, um das Gleichgewicht aufrechtzuerhalten, bis sie ihrerseits gemeinsam, jedoch ohne sich abzusprechen, beschließen, es nicht mehr zu tun. Sie rufen also ein neuerliches Ungleichgewicht hervor, das zum Auftritt eines vierten Spielers führt, und so weiter. Das Spiel geht immer so weiter, mit einer immer größeren Zahl von Mitspielern, die ständig das Ungleichgewicht wieder ausgleichen, das derjenige, der das Spiel führt, geschaffen hat, sobald die anderen nicht mehr reagieren.

Ist diese Regel einmal verstanden, wozu es einer langen Zeit des Ausprobierens bedarf, können wir den Raum verändern, indem wir die Bühne vergrößern (zusätzlich vierzig Zentimeter zwischen den Bänken). Vor allem aber können wir uns mit der Spielqualität beschäftigen und den Akzent auf die Begriffe *Zeit* und *Raum* legen. Zwischen Publikum und Spielern entsteht eine geheime Verbindung, die auf keiner direkten Beziehung, sondern auf der gemeinsamen Präsenz im Raum beruht. Von ihren Bänken aus empfinden die Teilnehmer sehr genau, ob die gespielte Zeit und der gespielte Raum stimmen, sie »wissen«, ob es zu lang oder zu kurz ist, ob die eingenommenen Plätze die richtigen sind. Das Publikum ist Mitwisser, und durch seine bloße Gegenwart hilft es den Spielern, die richtigen Zeiten einzuhalten. Es sieht die Fehler dessen, der glaubt, auf die Bühne gehen zu können, obwohl dort kein Platz für ihn ist. Solche Fehler sind allerdings notwendig und müssen akzeptiert werden, damit das Spiel weitergeht, denn Entfernungen und Zeiten sind nichts Geometrisches.

Wir stellen fest, daß die Schauspieler sich instinktiv so plazieren, daß sie sich in einer von ihrer Anzahl abhängigen elementaren Geometrie befinden. Zu dritt neigen sie dazu, ein gleichschenkliges Dreieck zu bilden, zu viert ein Quadrat, zu fünft einen Kreis. Diese Positionen, die wir bereits in den stillen psychologischen Improvisationen beobachten konnten, lassen keine spielbare dramatische Situation zu. Sie lassen sich nur als ins Monumentale gehendes Ritual rechtfertigen. Daher die Suche nach einer anderen, rhythmischen Platzverteilung, in der dramatische Situationen aufleben können. Da ein Schauspieler am Bühnenrand mehr wiegt als in der Mitte, ergibt sich eine Vielfalt möglicher Platzverteilungen, um die Bühne auszubalancieren. Mit Zeit, Raum und den anderen nach und nach in Einklang zu kommen, das ist der Gegenstand dieses Spiels.

In Ableitung der von den Schauspielern eingenommenen Plätze bringen wir dann verschiedene dramatische Handlungen zur Entfaltung. Das Raumverhältnis zwischen ihnen entscheidet über die Situation. In gewissen Momenten der Reglosigkeit der Schauspieler kann die Sprache eingreifen. Das Spiel zwischen den Schauspielern kann direkt sein, wenn sie durch den Blick verbunden bleiben, oder indirekt, wenn ihre Blicke woandershin gerichtet sind. Indem wir das alles tun, inszenieren wir ein nicht geschriebenes Stück. *Das Gleichgewicht der Bühne* ist die Übung der Inszenierung.

> *1 = 1 + 1 ...*
> *Eine zweite Spielregel, die sich aus der ersten ergibt, führt zur Entstehung des Chors und, als Gegenüber des Helden, eines Chorführers. Nach der ersten Regel hat jeder Spieler das gleiche Gewicht (1 = 1); nach der zweiten besteht zwischen dem Gewicht des dazukommenden Schauspielers und dem aller anderen ein Gleichgewicht (1 = 1 + 1 + ...). Der Anfang des Spiels ist derselbe: »A« kommt auf die Bühne, läßt »B« folgen, der das Spiel führt. »A« beschließt dann, »C« auftreten zu lassen, und in diesem Moment ändert sich die Spielregel. Hat er einmal seinen Gleichgewichtsplatz gefunden, wartet »C«, daß »A« und »B« sich an einem Gleichgewichtspunkt zusammenfinden. Von diesem Augenblick an haben »A« und »B« zusammen das gleiche Gewicht wie »C«. Jeder danach auftretende Schauspieler wird eine Neugruppierung derer, die sich bereits auf der Bühne befinden, provozieren bis zu dem Moment, wo der als achter Auftretende eine Siebenergruppe führen wird. Damit steht der erste Held dem ersten Chor gegenüber.*

Der Held wird sich zu einem von ihm gewählten Zeitpunkt zu Boden fallen lassen und damit das Signal für die Auflösung des Chors geben. Sechs Spieler werden sich nun aus dem Raum zurückziehen und nur einen einzelnen reglos vor dem Helden zurücklassen: Nachdem der Chorführer vom Chor ausgesondert wurde, hat er allein das Recht, im Namen aller zu sprechen. Ich bestehe auf dem Umstand, daß der Chorführer von den anderen in dem Moment gewählt wird, wo sie sich zurückziehen. Er entscheidet nicht selbst über seine Funktion, indem er aus der

Reihe heraustritt. Genau dieser Moment ist besonders schwierig zu realisieren und verlangt von jedem einzelnen große Sensibilität für die anderen. Oft sehen wir mit an, wie zwei angebliche Chorführer vor dem Helden übrigbleiben: Einer von ihnen ist zuviel!

Die Dauer dieser Übung darf eine Stunde pro Sitzung nicht überschreiten, da das *Gleichgewicht der Bühne* extreme Konzentration fordert. Man kann sich viele Varianten unterschiedlichster Spielarten, vom alltäglichsten Realismus bis zur maskierten Überhöhung vornehmen. Manche Abläufe fesseln regelmäßig meine Aufmerksamkeit: »Einer, der an Stelle des anderen führt«, »Einer, der dem anderen den Auftritt stiehlt«, »Einer, der sich fälschlicherweise am richtigen Platz wähnt«, »Einer, der es nicht hinnimmt, seinen Platz abzugeben«, »Einer, der nicht spürt, daß die Zeit vergeht«, »Einer, der zögert und sich seinen Platz abnehmen läßt«, »Einer, der wiederum auf die Bühne geht, obwohl dort kein Platz für ihn ist« ... Jede dieser Abweichungen bedeutet eine minimale Gleichgewichtsstörung und macht das Spiel kaputt.

Ich hatte Gelegenheit, diese Chorarbeit in verschiedenen Zusammenhängen anzuwenden, namentlich mit Jean Vilar, im Théâtre National Populaire, als er den Chorführer in *Antigone* spielte. Da ich in der Regie mitarbeitete, fragte mich Vilar, wo er sich hinstellen solle, und ich empfahl ihm, im Hintergrund der Bühne, im Chor versteckt zu bleiben, um erst, wenn dieser verschwindet, machtvoll hervorzutreten. Etwas Ähnliches habe ich in Italien bei der Revue *Wer steht auf der Bühne?* gemacht, als die gesamte, etwa sechzig Personen starke Truppe im ersten Bild ein großes Volksfest in Rom mit Gesang und Tanz darstellte. Plötzlich ertönte die Alarmsirene aus Rossellinis *Rom, offene Stadt,* und die Menge stob auseinander, um der großen Anna

Magnani die Bühne zu überlassen, die unbeweglich in ihrem kleinen schwarzen Kleid ein Lied aus Trastevere, dem Kleineleuteviertel in Rom, sang. Schöne Erinnerungen!

In der Tragödie, vor dem göttlichen Gesetz und dem Schicksal, sind die Menschen nicht für ihr Tun verantwortlich, sie sind in den Händen der lenkenden Götter. Menschliche Leidenschaften, Gier nach Macht, Haß, Liebe, Eifersucht ... sind wider den göttlichen Willen und bringen dem Helden den Tod. Das allgegenwärtige Volk sieht zu und kommentiert das Geschehen. Während eine Wiederbelebung des Chors möglich war, erwies sich die Frage nach dem Helden als um einiges delikater. Sobald man den herkömmlichen Mustern entkommen möchte und den monumentalen Helden ablehnt, wie ihn eine bestimmte Vorstellung der Tragödie festlegt, muß man sich fragen: Welche ausreichend starke Figur kann heute einem bewegten Chor gegenübergestellt werden? Wie soll der Held unserer Tage aussehen? Auf der Suche nach der Menschlichkeit dieser Figur vergingen zwanzig Jahre vielfältiger Nachforschungen.

Paradoxerweise hat das Melodrama den modernen Helden hervorgebracht. Der alltägliche Mensch, der für sich allein den allerschlichtesten Alltag lebt, wurde zum Helden (Antihelden!) eines tragischen Chors. Die Schüler verspürten das Bedürfnis, dieser gewöhnlichen Figur einen Chor beizugeben, in den sich auch einige Bouffons mischten. Der Held sah die nicht, die ihn umgaben, wurde aber von diesem Chor unterstützt und beraten, der ihm half, mit ihm sprach und seine inneren Stimmen ausdrückte. Mit diesem melodramatischen Antihelden kam das große Thema der Einsamkeit auf, das Melodrama und Tragödie im Innersten verbindet. Auf eine sehr menschliche Art füllte der Chor das in der Einsamkeit entstandene Vakuum. Wir hatten eine Tür geöffnet.

Die Notwendigkeit der Texte

Den Zugang zur tragischen Dimension eröffnen uns alte oder moderne Texte, die nicht ausschließlich für Chöre geschrieben wurden, sondern auch solche, die uns helfen, eine außergewöhnliche Ausdrucksebene zu erreichen. Ich verwende natürlich die großen griechischen Dichtungen von Aischylos, Euripides und Sophokles, aber auch die von Racine oder zeitgenössischen Autoren wie Antonin Artaud, Botho Strauss, Michel Azama, Steven Berkoff und auch diesen wunderbaren Text von Leonardo da Vinci über eine Naturtragödie, in dem er die Dynamik der Sintflut beschreibt, bevor er sie malt.

> Welch grauenvolles Getöse vernahm man in der finsteren Luft, die von der Wut der Donner und den von diesen verjagten Blitzen erschüttert wurde! – die durch die Luft herunterstürzten, auf alles einschlagend, was ihnen in den Weg kam. Wie viele hättest du sehen können, die sich da mit ihren eigenen Händen die Ohren zustopften, um das ungeheure Getöse zu verscheuchen, mit dem die Wut der Winde samt Regen, der Donner am Himmel und die rasenden Blitze die finstere Luft erfüllten! Andere, denen es nicht reichte, die Augen zu schließen, deckten sie sich noch mit ihren eigenen Händen zu, die eine über die andere legend, um die grausame Qual nicht ansehen zu müssen, die der Zorn Gottes über das Menschengeschlecht verhängte. Welches Wehklagen! Wie viele stürzten sich in ihrem Schrecken von den Felsen hinunter! Man sah das weite Geäst der großen Eichen mit Menschen beladen und von der Wut der wilden Winde durch die Luft getragen. Wie viele Boote waren gekentert, hatten das unterste zuoberst gekehrt, die einen noch ganz, die anderen zerstückelt, dar-

auf Menschen, die sich abmühten, um sich in Sicherheit zu bringen, aber sich mit schmerzerfüllten Bewegungen und Gebärden einen schrecklichen Tod voraussagten. Andere nahmen sich mit verzweifelter Gebärde das Leben, da sie glaubten, den Schmerz nicht ertragen zu können. Einige stürzten sich von hohen Felsklippen hinunter, andere drückten sich mit eigenen Händen die Gurgel zu, andere nahmen ihre Kinder und schlugen sie mit Wildheit auf den Boden; manch einer verwundete sich mit seiner eigenen Waffe und tötete sich selbst; andere warfen sich auf die Knie und empfahlen sich Gott. Wie viele Mütter beweinten ihre Kinder, die sie ertrunken auf ihren Knien liegen hatten, und erhoben die ausgebreiteten Arme zum Himmel; und Stimmen, die aus mannigfachem Gebrüll bestanden, haderten mit den zornigen Göttern. Andere hatten die Hände gefaltet und die Finger ineinander verschränkt, schlugen ihre Zähne hinein und verzehrten sie mit blutigen Bissen, wobei sie vor unermeßlichem und unerträglichem Schmerz ihre Brust an die Knie drückten.

»Von den Sintfluten«, in: Leonardo da Vinci: »Das Wasserbuch. Schriften und Zeichnungen«. Ausgewählt und übersetzt von Marianne Schneider. Abdruck mit freundlicher Genehmigung durch den Verlag Schirmer/Mosel, München 1996.

Es geht hier nicht um eine komplette Inszenierung, sondern um die Konzentration auf das Wesen des Chors und den Einsatz von Körper und Stimme. Wir dringen mit dem Körper in die Texte ein. Ohne jemals am Tisch zu arbeiten, gehen wir die Wege der *Mimodynamik*. So wie wir es bei der Musik oder Malerei getan haben, erkunden wir nun die Herangehensweisen an den Text. Wir fordern die Schüler auf, von der Bewegung aus eine körperliche Berührung mit dem Text, seinen Bildern, seinen Worten, seinen Dynamiken zu suchen. Berührung ist nicht Interpretation. Interpretation bedeutet, den Text unter verschiedenen Aspekten zu beleuchten: Je nach Epoche und Kontext kann man den Schwerpunkt auf den sozialen, den psychologischen oder den moralischen Aspekt legen. Diese Entscheidung wird in der Verantwortung des Regisseurs liegen. Mein pädagogisches Vorgehen enthält sich jeder Interpretation und beharrt auf den inneren Dynamiken des Textes, ohne *von vornherein* eine Haltung einzunehmen.

In einem ersten Anlauf gestikulieren wir den Text beim Sprechen, ohne uns um die Konstruktion zu kümmern. Die aufkommenden Gesten sind bunt zusammengewürfelt. Diese Basisarbeit dient dazu, den Text im Körper frei beweglich zu machen, damit der Körper kein Hindernis mehr darstellt. Ist der Text einmal gelernt, festigen wir den dynamischen *Gestus*, indem er für sich, schweigend, ausgeführt wird. Nach und nach zeichnet sich in dem nebulösen Anfang eine Textstruktur ab. Wir korrigieren nun die Qualität der Gesten, dann suchen wir, innerhalb kleiner »Kuppeln« von fünf bis sieben Schülern im Kreis, durch gemeinsames Sprechen die stimmigsten Gesten. Einer der Schüler, als bester Mime von der Gruppe gewählt, stellt sich in die Mitte und dirigiert den Chor, der reglos seinen Text von sich gibt. Vom Gestikulieren bis zur Reglosigkeit wird der Text gelernt. Der zweite Teil der Arbeit ist die Wahl und Verteilung der Stimmen, um den Sinn des Textes herauszuarbeiten, ohne sich dabei um bedeutsame Interpretationen zu kümmern. In einem dritten Teil ist es Aufgabe der Schüler, den ausgewählten Text im *auto-cours* zu inszenieren, und ihn reglos, gehend oder mit expressiven Gesten dem Publikum zu präsentieren.

HEKABE
Unselige, auf! Von der Erde das Haupt
Und den Nacken empor! Nicht Ilion ist
Hier mehr, ich bin nicht Königin mehr.
In die Wechsel des Schicksals füge dich still;
Fahr hin, wie der Gott, wie die Welle dich treibt,
Und kehre den Bug nicht wider den Strom,
Denn du fährst mit dem Steuer des Schicksals.
Weh, weh!
Was ist, das nicht zu beklagen mir ziemt,
Der Heimat, Kind und Gemahl hinschwand?
O stolzes Geschick meiner Ahnen, in Staub
Hinstürzend, wie warst du so nichtig!
Was verschweig ich zuerst, was nenn ich zuerst?
Was soll ich beweinen? Ich Arme! Wie ruhn
Mir Elenden gramvoll niedergestreckt
Auf steinernem Lager die Glieder!
Wie schmerzt mir das Haupt und die Schläfe, wie schmerzt
Mir die Seite! Wie wünsch ich zu wenden den Leib,
Und den Rücken hierhin und dorthin zu drehn
Zu der Klage, die ewige Tränen verströmt.

Euripides: »Die Troerinnen«.
Übersetzung von J. J. Donner,
Alfred Kröner Verlag Stuttgart, 1958.

Irre durchs Leben, Hekuba … und der gesamte Chor wird auf der Suche nach Rhythmus, Bewegung, Satzmelodie in eine irrende, von diesem Schrei getragene Bewegung geworfen. Hier geht es nicht darum, wer weiß welche Choreographie für den sich bewegenden Chor zu finden, sondern letzten Endes die Reglosigkeit des Schauspielers zu erreichen, der in seinem Körper die Dynamik und die Emotion dieses Weges empfunden haben wird. Wenn ein Schauspieler, nachdem er diese Übungen absolviert hat, den Text spricht, ohne sich zu rühren, muß der Zuschauer mit geschlossenen Augen ihn sich bewegen sehen können.

Wenn die Schüler einige kurze Texte erforscht haben und sie genügend kennen, arbeiten wir mit der Stimme.

Die Woge rollt heran und speit vor unsern Augen,
Als sie zu Gischt zerbirst, ein wildes Ungeheuer aus.
Drohend gereckte Hörner zeigt die breite Stirn,
Gelbliche Schuppen decken seinen ganzen Leib;
Es ist ein unzähmbarer Stier, ein wutentbrannter Drachen,
Und schlangengleich krümmt sich sein glatter Rücken.
Sein langgezognes Brüllen läßt den Strand erzittern;
Den Himmel schaudert vor dem wilden Ungeheuer.

Jean Racine: »Phädra«, V. Akt, 6. Szene, Theramenes.
In Zusammenarbeit mit der Schaubühne
revidierte Übersetzung von Simon Werle.

Die wilden Ungeheuer ... im Bericht des Theramenes lassen sich mit einer kleinen Kopfstimme nicht darstellen. Um die tragische Raserei zu fassen, ist der Einsatz des gesamten Körpers unerläßlich. Der Schauspieler kann von anderen, die ihn ziehen, stoßen oder festhalten, unterstützt werden, damit er die Dynamiken des Textes körperlich spürt. Dank dieser an jeden Text anzupassenden Art von Übung stellen wir fest, daß die Stimme sich verändert und wahrhaftig zur *Stimme des Körpers* wird. Sie allein vermag die wahre tragische Dimension zu tragen. Dieses körperliche Verhältnis zum Text wird im Schauspieler Spuren hinterlassen. Er wird ihn verinnerlicht haben, bevor er an eine Interpretation auch nur gedacht hat.

Wir arbeiten ebenfalls an der gemeinsamen Stimme des Chors. Der tragische Chor spricht mit einer einzigen Stimme, diese gemeinschaftliche Dimension muß eine Schauspielergruppe erreichen können. Um dieses gemeinsame Sprechen zu entwickeln, stehen uns verschiedene Techniken zur Verfügung: Während ein Schüler einen von allen gelernten Text spricht, versucht ein anderer, denselben Text durch den Mund des anderen zu sprechen; dann kommt einer nach dem anderen dazu, bis sich eine der Gruppe gemeinsame Stimme einstellt. Jeder hat nun das Gefühl, von den anderen *gesprochen zu werden*. Diese gemeinsame Stimme ist meistens sehr berührend und schön. Ich bedaure, daß sie heutzutage in vielen Inszenierungen von Tragödien, die sich vermutlich aus ökonomischen Gründen mit Chören von drei oder vier Schauspielern zufriedengeben, nicht genügend präsent ist.

Die Internationalität der Schule führt zur Konfrontation ausländischer Schauspieler mit französischen Texten. Es ist interessant zu beobachten, wie stark eine aufmerksame Artikulation das Geschriebene zur Geltung bringt. Jeder vollbringt eine Anstrengung, um zum Gewicht der Worte vorzudringen, und diese Anstrengung wird für uns sichtbar. Mehrere jüngere, in Frankreich realisierte Theaterexperimente mit ausländischen Schauspielern haben den Reiz dieses Ansatzes bestätigt: Antoine Vitez, Peter Brook, Ariane Mnouchkine ... Damit diese Arbeit gelingt, müssen die Texte einen *Körper* zur Verfügung stellen, der es den Schauspielern ermöglicht, sie woanders als nur im Kopf zu empfinden. Solche Präsenz zeigt sich vor allem in Verben, die einen körperlichen Einsatz erlauben oder eben nicht. Nicht alle Texte eignen sich für diese Übung. Ionesco oder Pinter beziehen nicht den gesamten Körper mit ein, sie beschränken sich in erster Linie auf den Kopf. Beckett bildet da eine Ausnahme: Er hat einen Atem, eine Atmung. Ganz großes Theater verpflichtet den Körpers als Ganzes: Becken und Plexus und Kopf zugleich.

In dem folgenden Prolog zu *Croisades* [18] stellt Michel Azama das *botte e riposte* der Commedia dell'arte in den Dienst der Tragödie. Durch Straffung der Dialoge wird die Situation zu ihrer Auflösung in unmittelbarer Handlung getrieben. Viele meiner Schüler sind nach Abschluß der Schule Schriftsteller geworden. Ich würde nicht wagen zu behaupten, daß sie wegen der Schule schreiben, aber vielleicht haben sie durch die Schule anders geschrieben. Manche sagen es. Was mich betrifft, so erkenne ich mich in ihrem Stil wieder, in dem Sinne, als er den Unterschied zwischen »Rede« und »Sprache« thematisiert. Dort, wo die Rede bloßes Wort bleibt, setzt die Sprache den Körper ein. Der Bereich der Tragödie beweist dies mit größter Eindrücklichkeit.

Das kleine Mädchen und der kleine Junge sind in einem leeren Raum, Dunkelheit herrscht.

DAS KLEINE MÄDCHEN. Ratsch! *(Sie reißt ihrer Puppe einen Arm ab.)* Meine Puppe hat bei einem Bombenangriff einen Arm verloren.

DER KLEINE JUNGE. Schnell! Wir müssen die Wunde ausbrennen, damit es nicht blutet!

DAS KLEINE MÄDCHEN. Bist du blöd. Das ist eine Puppe, die blutet nicht.

DER KLEINE JUNGE. Trotzdem muß man sie ausbrennen. Das geht so. *(Er kokelt die Schulter der Puppe mit einem Streichholz an.)* Sie stinkt. Plastik brennt genauso wie die Leute, wenn man sie anzündet.

DAS KLEINE MÄDCHEN. Das ist eine gute Puppe. Achtung! Sie hat einen Granatsplitter abgekriegt. Ratsch! Ratsch! Ein Bein und der andere Arm!

DER KLEINE JUNGE. Du übertreibst. Du wirst sie noch umbringen.
DAS KLEINE MÄDCHEN. Kokel! Kokel! Ah! Das stinkt, das ist herrlich! Man kann alles abmachen, solange man den Kopf nicht abmacht, ist sie auch nicht tot.
DER KLEINE JUNGE. Doch.
DAS KLEINE MÄDCHEN. Nein.
DER KLEINE JUNGE. Doch. Gut. Warum heulst du dann, wenn du nicht neidisch bist? Soll ich das Paket aufmachen?
DAS KLEINE MÄDCHEN. Mir doch egal. Ich versorge meine Puppe, sonst wird sie so schwarz wie mein Cousin, als er seinen Arm verloren hat.
DER KLEINE JUNGE. Guck mal! Ein Laster! Ein Tanklaster! Oh! Der ist ferngesteuert!
DAS KLEINE MÄDCHEN. Mir doch egal. Das ist doof. Das ist Jungsspielzeug.
DER KLEINE JUNGE. Komm. Sei nicht böse. Guck mal. Ich stell den Laster hierhin. Ganz nah bei mir. Und ich geb dir das. Das ist zum Steuern. Du drückst auf den Knopf, und der Laster fährt zu dir. Einverstanden?
DAS KLEINE MÄDCHEN. Na gut. Ja. Gib her.
Der Junge ist mehrere Meter von dem Mädchen entfernt. Sie drückt auf die Fernsteuerung. Der Laster explodiert. Der kleine Junge fliegt in hohem Bogen durch die Luft und fällt leblos zu Boden.
DAS KLEINE MÄDCHEN. Was machst du? Sag, ist das kein gutes Spielzeug? Sag, was ist das für ein Spielzeug? Sag mal, du bist doch nicht tot?
Sie nähert sich dem kleinen Jungen

Michel Azama, Auszug aus: »Croisades« (Kreuzzüge). Deutsch von Katja Douvier.

DIE CLOWNS

Auf der Suche nach dem eigenen Clown

Mit den Clowns und den komischen Varietés – Burleske, Absurde und Exzentriker – endet die Schule beim Gelächter. Dieser Bereich erschloß sich im Laufe der Zeit Stück für Stück und gewann ebenso große Bedeutung wie die neutrale Maske. Beide umrahmen die Pädagogik der Schule. Die Arbeit nahm am Anfang nur zwei oder drei Tage in Anspruch, inzwischen erstreckt sie sich über mehrere Wochen, so sehr hat das Interesse der Schüler mich nach und nach dazu gebracht, das Feld zu vertiefen.

Die Clowns tauchten in den sechziger Jahren auf, als ich mir über den Zusammenhang zwischen Commedia dell'arte und Zirkusclowns Gedanken machte. Die wichtigste Entdeckung ergab sich als Antwort auf eine einfache Frage: Der Clown bringt uns zum Lachen, aber wie? Ich forderte die Schüler eines Tages auf, sich im Kreis aufzustellen – Erinnerung an die Manege – und uns zum Lachen zu bringen. Einer nach dem anderen versuchte sich mit dummen Späßen, Purzelbäumen, Wortspielereien, einer phantasievoller als der andere, vergebens! Das Ergebnis war katastrophal. Uns saß der Kloß im Hals und die Angst im Plexus, es begann tragisch zu werden. Als sie sich ihres Scheiterns bewußt wurden, brachen die Schüler die Improvisation ab und setzten sich wieder, enttäuscht, verwirrt, betreten. Wie wir sie da in ihrer ganzen Schwachheit sitzen sahen, fingen alle an zu lachen, nicht über eine Figur, die sie darstellten, sondern über die so bloßgestellte Person selbst. Wir hatten es gefunden! Der Clown existiert nicht außerhalb des Schauspielers, der ihn spielt. Wir alle sind Clowns, wir alle halten uns für schön, intelligent und stark, während doch jeder von uns seine Schwächen und Lächerlichkeit hat, die, wenn sie zum Ausdruck kommen, zum Lachen sind. Im Laufe der ersten Erfahrungen stellte ich fest, daß zum Beispiel Schüler mit derartig dünnen Beinen, daß sie sie nicht zeigen mochten, als Clown die Möglichkeit entdeckten, ihre Magerkeit zu zeigen und, zum allergrößten Vergnügen des Publikums, damit zu spielen. Sie konnten endlich in aller Freiheit so sein, wie sie waren, und Gelächter auslösen. Die Entdeckung der Verwandlung einer persönlichen Schwäche in theatralische Kraft war von größter Bedeutung für die Entwicklung eines individuellen Zugangs zu den Clowns und für die Suche nach dem »eigenen Clown«, die zum Grundprinzip wurde.

Die unvermeidliche Assoziation mit dem Zirkus, sobald von Clowns die Rede ist, liegt mir sehr fern. Natürlich habe ich als Kind in Montmartre im Zirkus Médrano die Fratellini, Grock und das Trio »Carioli, Portos und Carletos« gesehen, aber um diesen Clownstypus ging es uns in der Schule nicht. Abgesehen von der komischen Dimension hatten wir keinerlei Stil- oder Formbezüge, und die Schüler selbst kannten diese Clowns nicht. Sie gingen die Suche demnach sehr frei an. Und es war Pierre Byland, selbst Schüler an der Schule, bevor er später hier unterrichtete, der uns die berühmte *rote Nase* brachte, diese kleinste Maske der Welt, die dem Individuum seine Naivität und Verletzlichkeit entlocken würde.

Die Suche nach dem eigenen Clown ist zuerst die Suche nach der eigenen Lächerlichkeit. Im Unterschied zur Commedia dell'arte muß der Schauspieler nicht in eine vorgefertigte Figur (Arlecchino, Pantalone …) schlüpfen, sondern er muß den ihm innewohnenden clownesken Teil entdecken. Je weniger er sich verteidigt und eine Figur zu spielen versucht, je mehr er von seinen eigenen Schwächen überrascht wird, um so stärker zeigt sich sein Clown.

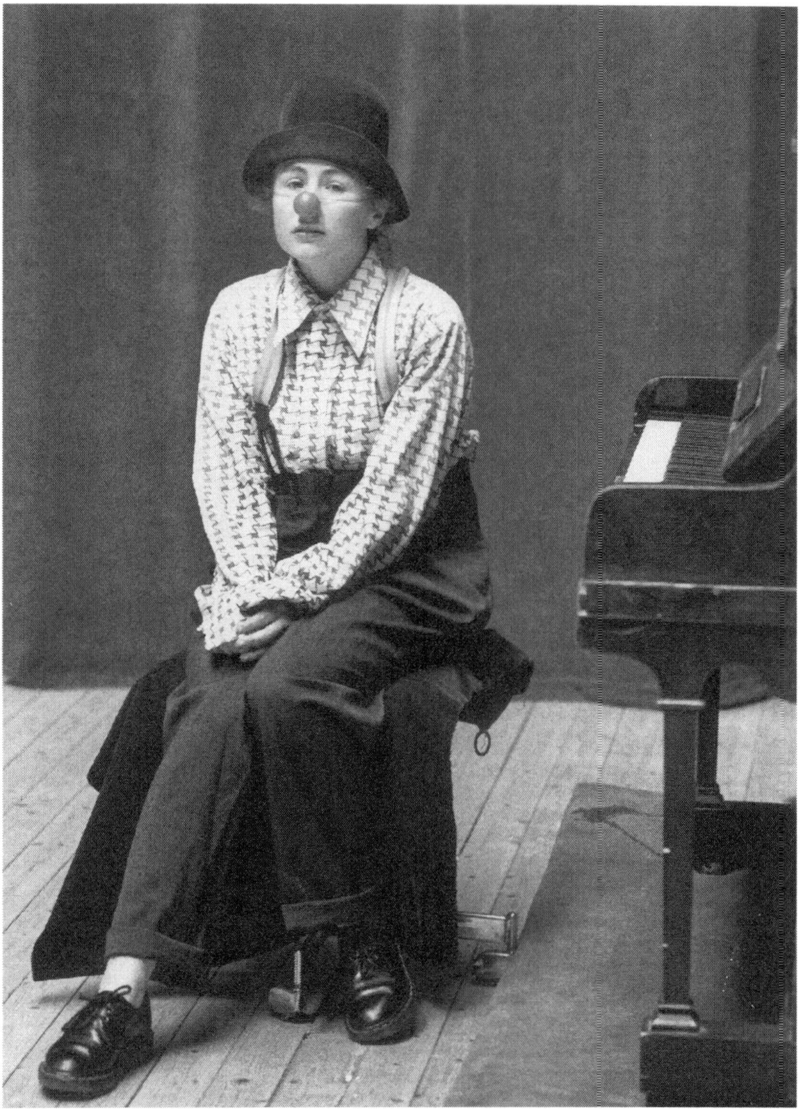

Die

Im vollen Bewußtsein Ihrer Kraft treten Sie auf. Sie sind schön und intelligent, Sie kommen als Sieger. Um uns diese Kraft und Überlegenheit zu beweisen, tun Sie etwas, was für Sie sehr wichtig ist … aber es gelingt Ihnen nicht! Der Schiedsrichter, Herr Loyal, will nun wissen, was los ist. Sind Sie sicher, daß Sie das können? Haben Sie lange daran gearbeitet? Machen Sie diese Nummer zum ersten Mal? Sind Sie ein Amateur?

Als Antwort auf diese Fragen muß der Schauspieler das Wahrheitsspiel spielen: Je mehr er, in seiner Schwäche erkannt, er selbst ist, um so komischer ist er. Er darf vor allem keine Rolle spielen, sondern muß psychologisch präzise seine Unschuld, die sich im »Fiasko«, im Scheitern seiner Vorstellung zeigt, sich entfalten lassen.

Man kann die Clownsthemen nicht alle aufzählen: Das ganze Leben ist ein clowneskes Thema … für die Clowns! Wenn der Schauspieler mit seiner kleinen roten Nase auf die Bühne kommt, spiegelt sein Gesicht wehrlose Offenheit. Er glaubt, er würde mit der ganzen Sympathie des Publikums (der Welt) empfangen, und ist, da er sich doch für eine wichtige Person hielt, nun überrascht von der Stille. Seine erbärmliche Reaktion löst im Publikum kleine Lacher aus. Mit äußerster Sensibilität für die Umgebung reagiert der Clown nun auf alles, was ihm entgegenkommt, und bewegt sich zwischen freundlichem Lächeln und trauriger Miene. In diesem ersten Kontakt ist es für den Pädagogen wichtig, darauf zu achten, daß der Schauspieler nicht seinen Absichten voraus ist, daß er sich immer im Zustand von Reaktion und Überraschung befindet, ohne daß sein Spiel »geführt« ist (wir sagen »telephoniert«), daß er also nicht reagiert, bevor er überhaupt ein Motiv dafür gehabt hätte.

Der Clown ist derjenige, der »reinfällt«, der seine Nummer vermasselt und damit den Zuschauer in die überlegene Position bringt. Durch dieses Scheitern enthüllt er seine tiefe menschliche Natur, die uns rührt und zum Lachen bringt. Es genügt aber nicht, irgend etwas zu vermasseln, man muß das vermasseln, was man beherrscht, das heißt ein *Kunststück*. Ich bitte jeden Schüler, etwas zu tun, was er als einziger in der Klasse kann: einen Spagat machen, die Finger umdrehen, auf eine bestimmte Art pfeifen. Die Virtuosität der Geste spielt keine Rolle, ein Kunststück haben wir bereits dann, wenn der Schüler es als einziger beherrscht. Die Clownsarbeit besteht nun darin, das Kunststück mit dem Fiasko in Verbindung zu bringen. Bitten Sie einen Clown um einen Salto, er wird es nicht schaffen. Geben Sie ihm einen Tritt in den Hintern, er vollführt ihn, ohne sich dessen bewußt zu sein! In beiden Fällen müssen wir lachen. Wenn er es aber nie schafft, dann geraten wir ins Tragische.

Wie immer geht auch beim clownesken Ansatz die Pädagogik schrittweise voran. Wir beginnen so hemmungslos wie irgend möglich mit dem schlechten Geschmack (wir nennen das »den großen Blödsinn«).

> *Sie verkleiden sich mit Unterröcken wie zu einem Festabend. Eine Kiste mit Requisiten und verschiedenen Kostümen wird herbeigetragen. Jeder klebt sich einen Bart an, einen Schnurrbart, setzt einen Hut auf und vergnügt sich völlig zwanglos.*

Diese Auflösung der eigenen Person befreit die Schauspieler von ihrer sozialen Maske. Sie haben die Freiheit zu tun, was ihnen gefällt, und diese Freiheit bringt persönliche, unerwartete Verhaltensweisen mit sich. Nach und nach legen wir die Verkleidung ab und nähern uns mit der kleinen roten Nase dem Clown und dem Thema von der Entdeckung des Publikums.

Jemand kommt auf die Bühne und entdeckt das Publikum.

Mit diesem Thema befindet sich der Schauspieler direkt in der clownesken Dimension. Die richtige Dimension sofort zu finden, wirklich mit seiner Person zu spielen und nicht den »Clown zu markieren« ist sehr schwierig. Der Schauspieler ist verloren, wenn er in die Präsentation seiner eigenen Lächerlichkeit verfällt. Man spielt nicht den Clown, man ist einer, wenn das innere Wesen, die Urängste der Kindheit ans Licht kommen.

Im Unterschied zu anderen Theaterfiguren hat der Clown einen direkten und unmittelbaren Kontakt zum Publikum, er kann nur mit und unter dem Blick der anderen leben. Man macht nicht *vor* einem Publikum den Clown, man spielt *mit* ihm. Wenn ein Clown auf die Bühne kommt, tritt er mit allen Personen im Publikum in Kontakt, sein Spiel wird von ihren Reaktionen beeinflußt. Für den angehenden Schauspieler ist diese Übung wichtig, er spürt hier eine sehr starke und lebendige Verbindung mit dem Publikum. Würde der Clown nicht auf die Reaktionen des Publikums achten, dann richtete er sich in seinem Fiasko ein und endete als psychologischer klinischer Fall. Eines Tages bat ich Raymond Devos, aus dem Stegreif einen Clownkurs zu geben. Er improvisierte meisterhaft, ausgehend von einem Stuhlbein, das er auf seinen Fuß gestellt hatte. Die geringste Reaktion, eine Geste, ein Lachen, ein Wort aus dem Publikum war für ihn Anlaß zu einer Wendung des Spiels. Eine beeindruckende Erinnerung an einen großen Clown!

Parallel dazu suchen wir nach den im Körper eingegrabenen Abläufen. Durch die Beobachtung der natürlichen Gangart eines jeden machen wir die charakteristischen Elemente ausfindig (ein Arm, der stärker schwingt als der andere, ein nach innen gerichteter Fuß, ein leicht nach vorne gestreckter Bauch, ein seitwärts geneigter Kopf), um sie nach und nach zu übertreiben und so zu einer persönlichen Überhöhung zu kommen. Ich suche gemeinsam mit den Schülern nach deren eigenem Clownsgang, auch Groucho Marx, Charlie Chaplin oder Jacques Tati hatten ihren eigenen charakteristischen Gang. Bei einem Clown geht es nie um äußerliche Komposition, sondern immer um die übertriebene Entwicklung einer persönlichen Gangart.

Gleichzeitig findet eine technische Arbeit über die verbotenen Gesten statt, das heißt diejenigen, die der Schauspieler in seinem sozialen Leben nie hat ausdrücken dürfen. »Geh anständig!« »Halt dich gerade!« »Hör auf, dich am Kopf zu kratzen!« Das alles sind Befehle, die bewirken, daß bestimmte Gesten im Innern des Körpers eines Kindes bleiben, ohne je zum Ausdruck zu kommen. Diese sehr psychologische Arbeit verschafft dem Schauspieler größte Spielfreiheit, und es ist notwendig, daß die Schüler diese Freiheit erfahren, daß sie ohne Hemmungen das sein können, was ich *den ersten Clown* nenne.

Der Zusammenhang mit dem Zirkus taucht wieder auf, wenn wir uns mit den Phänomenen des Trios befassen. Die Zirkusclowns sind meistens zu dritt: ein Weißclown, ein dummer August und ein zweiter August. Die Verhältnisse zwischen den Clowns sind in jeder clownesken Situation hierarchisch, was bei dem berühmten Trio der Marx Brothers, aber auch bei allen Duos wie Arlecchino und Brighella, Laurel und Hardy sehr deutlich sichtbar ist. Einer ist immer die Stütze des anderen. Für das Theater erscheint mir das Duo geeigneter, es ist auch für den pädagogischen Ablauf empfehlenswert, damit jeder Clown Gelegenheit hat, sich zu einem anderen ins Verhältnis zu setzen.

Die Hierarchie wird unter dem Thema *Der Witz* und *Das doppelte Fiasko* studiert.

> *Der Weißclown legt den ersten August rein. Er fordert ihn auf, sich mit eingeknickten Beinen zu bücken, um etwas aufzuheben. Der dumme August begibt sich in die gewünschte Stellung, der andere nutzt die Situation und verpaßt ihm einen Tritt in den Hintern. Der Weißclown fängt an zu lachen, der dumme August versucht, gute Miene zu machen. Er lacht mit … um den Anschein zu retten.*
> *Der zweite August kommt vorbei. Der erste will mit ihm den gleichen Witz machen und erklärt ihm, welche Stellung er einnehmen soll. Der zweite läßt sich nicht reinlegen, er kennt die Geschichte, tut aber, als würde er nicht verstehen. Um es ihm also zu erklären, macht der erste es ihm vor, nimmt die Stellung ein … und kriegt einen zweiten Tritt. Doppeltes Fiasko!*

Als ich mit dieser Arbeit begann, dachte ich, die Clowns wären eine zeitlich begrenzte Übergangsphase, ein an eine bestimmte Zeit gebundener Abschnitt der Suche innerhalb einer sich entwickelnden Pädagogik. Heute ist mir klar, daß die Schüler diese Arbeit eingefordert haben, daß sie sie immer noch als einen der starken Momente der pädagogischen Reise der Schule verstehen. Ohne Zweifel rühren die Clowns an eine sehr tiefe psychologische und theatralische Dimension. Sie haben die gleiche Bedeutung wie die neutrale Maske erlangt, allerdings in einer entgegengesetzten Richtung. In dem Maße, in dem die neutrale Maske ein gemeinschaftliches Element, einen gemeinsamen Nenner darstellt, auf den alle sich einigen können, bringt der Clown das Individuum in seiner Einzigartigkeit zur Geltung. Er entmysti-

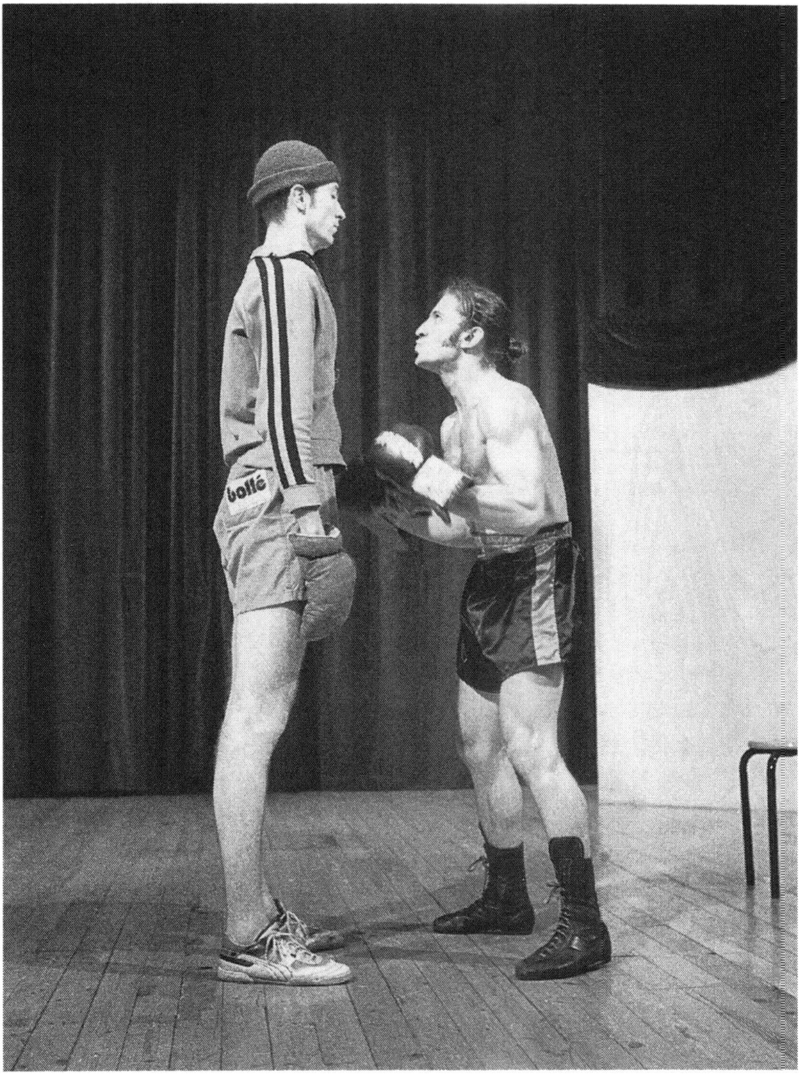

Komische Varietés im ehemaligen Box-Zentrum

fiziert die Behauptung jedes einzelnen, dem anderen überlegen zu sein. Wir berühren hier paradoxerweise die umgekehrte Grenze des während der gesamten Ausbildung verfolgten pädagogischen Ansatzes. Monatelang forderte ich die Schüler auf, die Welt zu beobachten und ihr Spiegelbild zu sein. Mit dem Clown fordere ich sie nun auf, so tief wie möglich sie selbst zu sein und ihre Wirkungen auf die Welt, genauer gesagt auf das Publikum, zu beobachten. Die Erfahrung von Freiheit und Authentizität machen sie dann vor dem Publikum.

Der Clown braucht keine Konflikte, er befindet sich ständig im Konflikt, insbesondere mit sich selbst. Dieses Phänomen erfordert in einem für die Schauspieler psychologisch schwierigen Übergang eine sehr große Aufmerksamkeit des Pädagogen, um jede pseudopsychoanalytische Interpretation zu vermeiden. Dies ist derjenige Bereich des Dramatischen, der den Schauspieler am nächsten an seine eigene Person heranführt, und man muß verhindern, daß die Schüler sich im Spiel ihres eigenen Clowns verfangen. Der Clown darf für den Schauspieler nie wirklich verletzend sein. Das Publikum lacht nicht direkt über ihn, es lacht, weil es sich überlegen fühlt, und das ist etwas ganz anderes. Außerdem ist der Schauspieler maskiert, also teilweise geschützt durch die kleine rote Nase. Vor allem aber steht diese Arbeit am Ende von zwei Schuljahren, die Schüler sind daran gewöhnt, sich im Spiel zu engagieren, sich selbst zu erkennen und sich zu zeigen. Und eben das ist bei den unzähligen hier und da angebotenen Clownkursen nicht immer der Fall. Es findet dort nur eine oberflächliche und vereinfachende Annäherung an eine Arbeit statt, die alle vorangehenden Phasen erfordert.

Ich stelle diese Arbeit absichtlich ans Ende der Strecke, denn der Clown verlangt die starke persönliche Erfahrung des Schauspielers. In der Zirkustradition werden die Clowns im allgemeinen von den ältesten Artisten gegeben. Die Jüngeren machen Akrobatik (auf dem Seil, am Trapez, beim Balanceakt ...), und da die Alten das nicht mehr können, werden sie Clowns, ein Ausdruck von Reife und Weisheit!

Im *auto-cours* bereiten die Schüler eine Nummer vor, die sie angeblich beherrschen und bereits mit großem Erfolg in einem fernen Land vorgeführt haben sollen und die, natürlich, im Fiasko enden wird. Sie suchen sich dafür ein ihnen passend erscheinendes Kostüm, zu große oder zu kleine Kleider, die schon eine Niederlage bedeuten: Der Hut paßt nicht auf den Kopf, die Schuhe sind zu groß, die Hose zu kurz ... Dann probieren sie das Fiasko, das sich auf zwei Arten ereignen kann. Es gibt das Fiasko des Angebers, wenn der Clown eine armselige Nummer macht, die er selbst aber für genial hält: Die akrobatische Sensation des Jahrhunderts wird angekündigt, und dann folgt ein einfacher Purzelbaum oder leichtes Jonglieren mit drei Bällen. Das andere Fiasko ist das des »Unfalls«, wenn der Clown das, was er vorhat, nicht zustande bringt: ein mißlungener Balanceakt auf einem Hocker, ein Sturz bei einem einfachen Sprung ...

In einer anderen Arbeitsetappe stellen wir die Clowns in eine Situation des täglichen Lebens. Wir fragen nach den Familien der Clowns, dem Vater, der Mutter, den Kindern ... *Die Clowns ziehen um ... sie verbringen ihre Ferien in einem Club ... sie suchen eine Anstellung ...* Wir bearbeiten gewisse Themen auf der Grenze zwischen Realität und Fiktion. Zum Beispiel: *Die Clowns proben ein Theaterstück.* Es geht nicht darum, das Stück in der Art der Clowns zu spielen, sondern es handelt sich dabei um Clowns, die vergeblich versuchen, ein Stück zu proben. Es passieren so viele Dinge, daß das Stück selbstverständlich niemals geprobt wird, es wird nur Desaster und unerwartete Kunststücke geben. Eindrücklich offenbart sich in all diesen Situationen die ganze Lächerlichkeit und manchmal die tragische Größe eines jeden Clowns.

Burlesken, Absurdes und komische Varietés

Zuletzt schlage ich den Schülern vor, anhand all dieser Erfahrungen ein Stück zu erarbeiten, eine clowneske Sequenz nach ihren eigenen Vorstellungen zu schreiben, zu proben und zu produzieren. In dieser Abschlußarbeit kommen alle ureigenen Phantasien, Vorstellungen und Persönlichkeiten vor. Die Werke gehen in die verschiedensten Richtungen: mit oder ohne rote Nase ins Clowneske, ins Burleske, ins Absurde, ins Exzentrische. Infolge des internationalen Charakters der Schule werden darüber hinaus die von Land zu Land verschiedenen Motivationen des Lachens deutlich. Was Engländer zum Lachen bringt, bringt nicht unbedingt einen Italiener oder einen Japaner zum Lachen, aber hier geht es darum, daß die Clowns, egal woher sie kommen, die ganze Welt zum Lachen bringen. Manche Elemente des Lachens werden technisch analysiert, wie zum Beispiel das *doppelte Bild:* Monsieur Hulot macht sein Auto startbereit. Er pumpt den Reifen auf, da rollt er ihm davon. Es ist Herbst, der Reifen rollt durchs nasse Laub bis auf einen Friedhof. Hulot läuft ihm hinterher und befindet sich nun bei einer Beerdigungsfeier, mit einem Kranz in der Hand … Pure Assoziation von Ideen und ein doppeltes Bild, das ist eine von Charlie Chaplin häufig verwendete Technik: Charlie wird verfolgt, setzt sich einen Lampenschirm auf den Kopf und spielt den Lampenfuß.

Komische Varietés sind durch besondere Eigenarten charakterisierte Fortsetzungen der clownesken Arbeit. Das Burleske beruht auf dem Phänomen des Gag, der im Theater schwerer zu verwirklichen ist als im Kino, weil er meistens die Gegebenheiten der Wirklichkeit verkehrt und uns in die Nähe humoristischer Zeichnungen führt: Der Holzfäller fällt einen Baum, der, anstatt umzufallen … davonfliegt!

Drei erschöpfte Bergsteiger finden drei Stühle, nähern sich ihnen unter Aufbietung der letzten Kräfte, und im Moment, da sie sie erreichen … laden sie sie auf den Rücken und steigen weiter!

Dieses Thema, kürzlich von Schülern gespielt, verkehrt die Wirklichkeit und löst Gelächter aus. Das Absurde entsteht aus zwei einander widersprechenden Logiken. Ich frage jemanden nach dem Weg, er schickt mich nach rechts … ich gehe nach links! In Wirklichkeit gehe ich nur meinen Koffer holen, womit meine Bewegung sich rechtfertigt, aber der andere (und ebenso das Publikum) weiß das nicht. Er kann es nicht verstehen, die Situation erscheint für ihn also absurd. Der *Exzentriker* macht die Dinge anders als die anderen. Er plaziert die Mitte woanders. Der eine kämmt sich die Haare … mit einer Harke. Ein anderer, exzentrischer Virtuose, spielt Klavier … mit den Füßen.

In diesem Bereich sind Akrobatik, Jonglieren, Musik und Gesang gefragt. Wir arbeiten die clownesken Bewegungen: Fußtritte, Spiele mit einem Hut auf dem Boden; wir spielen mit Sprache, wir nehmen sie beim Wort: Wenn die Nacht »hereinbricht«, sucht der Clown, wo das passieren könnte. Viele Schüler spielen ein Instrument, das bedeutet, wir können jedes Jahr ein Orchester nach Art des Kabarett oder der Revue zusammenstellen. Ich lege Wert darauf, daß die Schüler sich im komischen Kabarett üben, in der Produktion sehr kurzer Nummern von höchstens zehn Minuten Dauer. Orte, wie die zahlreichen Pariser Kabaretts nach dem Krieg, wo die Schüler Produktionen dieser Art zeigen könnten, gibt es leider nicht mehr. Man erwartet heute, daß sie direkt eine einstündige One-man-Show präsentieren. Das aber ist außerordentlich schwierig, da diese eigentlich das Resultat vieler Versuche über die kurze Form sein müßte.

Alle Schüler machen Erfahrungen als Clown, aber nur wenige von ihnen bleiben in diesem Fach. Manche sind von Natur aus komisch: Kaum betreten sie die Bühne, schüttet das Publikum sich aus vor Lachen. Unsere pädagogische Arbeit geht dahin, daß wir ihnen Gelegenheit geben, sich zu entdecken und sie selbst zu sein. Die neutrale Maske am Anfang und der Clown am Ende umrahmen das pädagogische Abenteuer der Schule. Die Schauspieler werden diese Masken nicht behalten. Sie werden sich in ihr eigenes kreatives Abenteuer stürzen, aber sie werden Spuren davon tragen und das Gespür dafür bewahren. Und sie werden hier die Grundlage allen Schaffens erlebt haben: die Einsamkeit!

3
DAS ›LABORATOIRE D'ÉTUDE DU MOUVEMENT‹ (LEM)[19]

Seit 1976 ist an die Schule eine Abteilung für experimentelles Bühnenbild angeschlossen, die in Zusammenarbeit mit dem Architekten Krikor Belekian entstand. Das Studium dauert ein Jahr und steht interessierten Schülern der Schule und Externen wie z. B. Architekten, Bühnenbildnern oder Malern ... offen. Das LEM bietet zwei Aktivitäten an, die in Übereinstimmung mit der allgemeinen Pädagogik der Schule einander ergänzen und überlagern: Bewegung, in deren Mittelpunkt der *mimende Körper* steht, und künstlerisches Schaffen bei der Arbeit an Bühnenbildern.

Jeder bewohnbare Raum hat ein »dramatisches Potential« und beeinflußt das Verhalten derer, die darin leben, beziehungsweise der Figuren, die darin spielen. Unsere Haltungen und Gangarten, das Tempo unserer Schritte verändern sich, wenn wir den Raum wechseln. In einer gotischen Kirche bewegen wir uns anders als in einer romanischen. Wenn man einen bewohnbaren Raum für die Spiele des Lebens oder des Theaters konstruiert, ist es wichtig, im voraus bereits zu wissen, was sich darin entfalten soll. Ich erinnere mich an einen meiner Architekten-Schüler, der mich durch ein Chalet in den Bergen führte, das er noch gar nicht gebaut hatte. Er ließ mich die Räume erleben, als würden wir uns darin befinden, er ließ Licht durch ein Fenster herein, ging durch Türen, stieg auf den Speicher, bückte sich unterm Dach ... Einige Jahre später konnte ich das fertige Haus besichtigen, ich kannte es bereits!

Wir legen nahe, den Körper vorab für die Räume zu sensibilisieren, die ihn umgeben. Die Sensibilisierung findet zunächst im neutralen Zustand statt, dann mittels dramatischen Ausdrucks.

Wir üben das *Nachspielen* gebauter Räume, um daraus körperliche Eindrücke zu gewinnen, und schließlich die *mimages*, um ihre Dynamik herauszuarbeiten (*mimage* als Beobachtung zur Erkenntnis der Realität, ›präkreative‹ *mimage* im Blick auf künftige Arbeiten). Auch hier geht es wieder darum, den »Blick des Körpers« auf die Beobachtung des Realen zu entwickeln.

In diesem Arbeitsgebiet analysieren wir schrittweise den menschlichen Gang, um die Gesetze der Bewegung und die Räume des Körpers zu begreifen. Dann studieren wir eine Reihe menschlicher Leidenschaften wie Eifersucht und Stolz im Verhältnis zum Zustand der Gelassenheit. Zum Schluß widmen wir uns den Farben und ihren Dynamiken, ihrer Ausdehnung und Kraft ... bis hin zu ihrem Kampf. Jedes dieser Themen wird mit einer Arbeit im Atelier abgeschlossen, in der die Teilnehmer experimentelle Objekte zu den erkannten Dynamiken bauen sollen (Strukturen und Formen aus einfachen Materialien wie zum Beispiel Holzstäben, Pappen, Schnüren, Erde ...). Diese Objekte entwickeln sich zu Kostümen, Masken oder Bühnenbildmodellen.

Mit der Realisierung von *Projekten* schließt das Jahr im LEM ab. Ein vorgegebenes Thema, das in direktem Zusammenhang mit dem Leben (eine Erinnerung, eine Landschaft ...) oder mit einem musikalischen, plastischen, poetischen oder literarischen Werk steht (Strawinski, Miró, Saint-John Perse, *Don Quichotte, Die göttliche Komödie, Faust* ...), soll als Bühnenraum umgesetzt werden. Zu diesen Themen bauen die Schüler tragbare Strukturen, wie kleine Theater ohne Schauspieler. Oder sie kreieren ein ganz individuelles Werk, das sie in Bewegung setzen. Es geht hierbei nicht um Illustration, sondern um die Suche nach inneren Dynamiken, die sie im Raum damit darstellen können.

Shakespeares *Hamlet* bedeutet als Thema für den angehenden Bühnenbildner natürlich nicht, zu lernen, wie man das Bühnen-

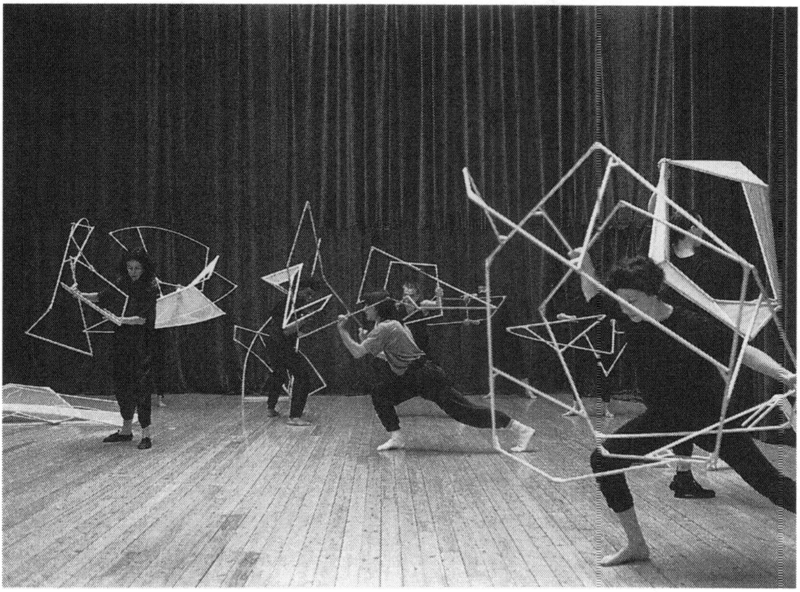

Strukturen der menschlichen Leidenschaften

bild für den ersten Akt des Stücks baut, sondern zu entdecken, daß er *in Erwartung* des zu spielenden Dramas Räume entwikkeln muß. Wenn er das Bühnenbild für *Hamlet* dem Raum sozusagen auf den »Leib« schreibt, wird es die Dichte des Dramas beinhalten. Er wird begriffen und gespürt haben, daß man nicht vor einer Dekoration spielt, sondern in einem für das Spiel des Schauspielers in der Situation gebauten Raum.

Jedes dramatische Thema bedarf eines Ortes, der zu seinem richtigen Ablauf paßt. In einem kahlen Raum erkundet der mimende Körper die Themen eines Dramas, um ihre inneren Bewegungen zu begreifen. Vor dem Hintergrund dieser Erfahrung wird es möglich sein, den Ort ihrer Darstellung treffender zu konstruieren.

Somit schult das LEM den Blick auf die mit dem Spiel des Schauspielers verbundenen bewegten Räume. Er lernt, das Unsichtbare zu konstruieren, also demjenigen einen Körper und eine Bewegung zu verleihen, das beides nicht zu haben scheint. Der Weg des LEM bleibt eine praktische Erfahrung, die durch keinerlei Art der schriftlichen Überlieferung zu ersetzen wäre. Es stellt den Schüler vor sich selbst.

Der Unterricht stützt sich auf einige Grundbegriffe: Gleichgewicht, Ruhezustand, Fixpunkt, Ökonomie der körperlichen Handlungen. Man sollte diese Begriffe nicht absolut betrachten, sondern ihnen eine Beweglichkeit erhalten, die dem »unterschwelligen Humor« Raum läßt! Die Ruhe wird durch zwei miteinander ringende Kräfte erhalten. Das Gleichgewicht wird als in Bewegung befindlich verstanden. Der Fixpunkt bewegt sich um sich selbst, ohne sich dabei zu verlieren. Die Ökonomie der körperlichen Handlungen erneuert sich im Körper eines jeden.

Es gibt keine Bewegung ohne einen Fixpunkt. Wenn er nicht zu finden ist, muß man ihn erfinden!

L.E.M.

Laboratoire d'Étude du Mouvement*

Das Spiel mit den tragbaren Strukturen

Die tragbaren Strukturen erscheinen wie abstrakte Architekturen, die den Raum durch Rhythmen organisieren und lebendig machen. Sie werden wie Masken gespielt, am Körper getragen oder mit ausgestreckten Armen, entsprechend ihrer Maßgaben und Kräfte, gehandhabt.

Dieses abstrakte Spiel ist nicht beliebig, es basiert auf sehr konkreten Themen, die als plastischer Raum außerhalb der Anekdote *»verwesentlicht«* sind. Ich erinnere mich an Emotionen, die das Spiel mit tragbaren Strukturen zum Thema »Tornado über einem Maisfeld in Iowa in den Vereinigten Staaten« auslöste: Ohne jedwede Illustrationen traten da Empfindungen von Farben, Licht und Klang im Raum auf. Der Körper des Schauspielers war Teil des Spiels der Struktur, komplementär begleitend, ihr ausweichend, oder sich vollkommen von der Struktur lösend, um sie zu bedienen.

Eine solche *Mime-Architektur* gestaltet die Bühne, indem es sie vom Dekorationsgedanken befreit und dem Objekt seinen plastischen und dynamischen Sinngehalt zurückgibt.

Jacques Lecoq

Auszug aus *Le Théâtre du Geste: Mimes et Acteurs*, Éditions Bordas, Paris 1987

* siehe Fußnote 19

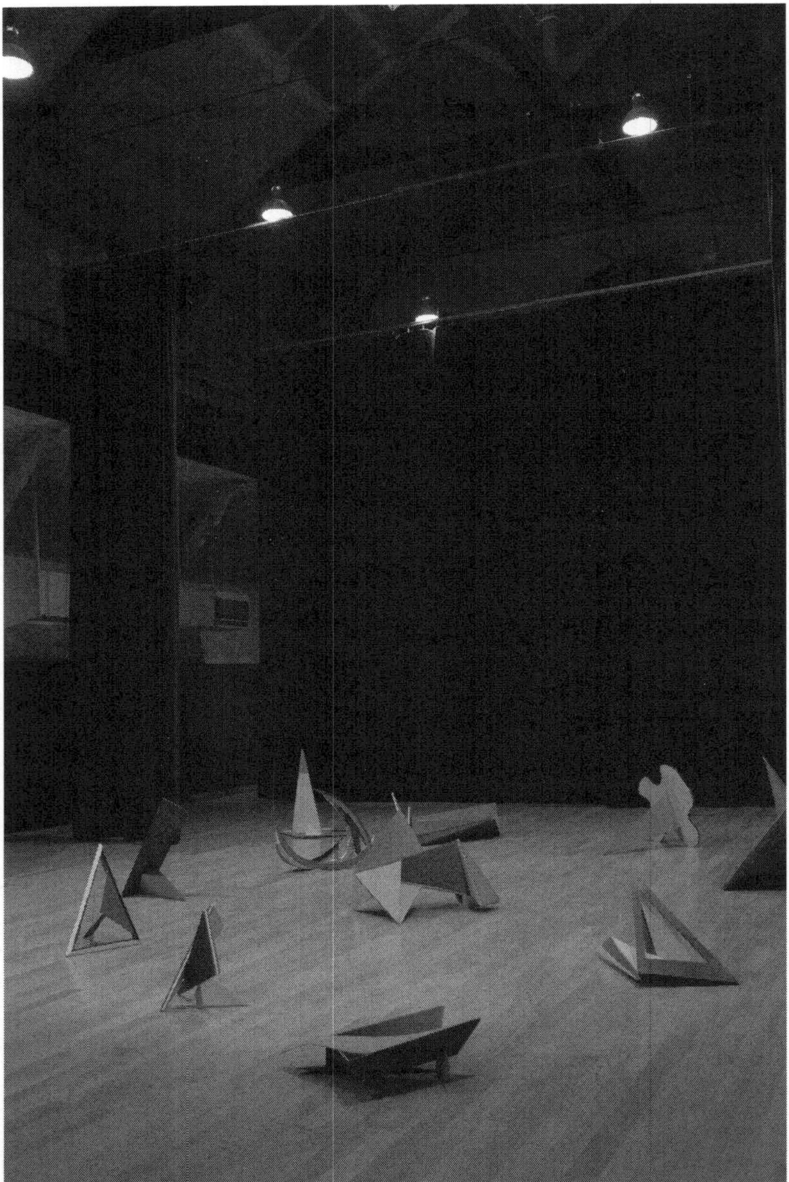

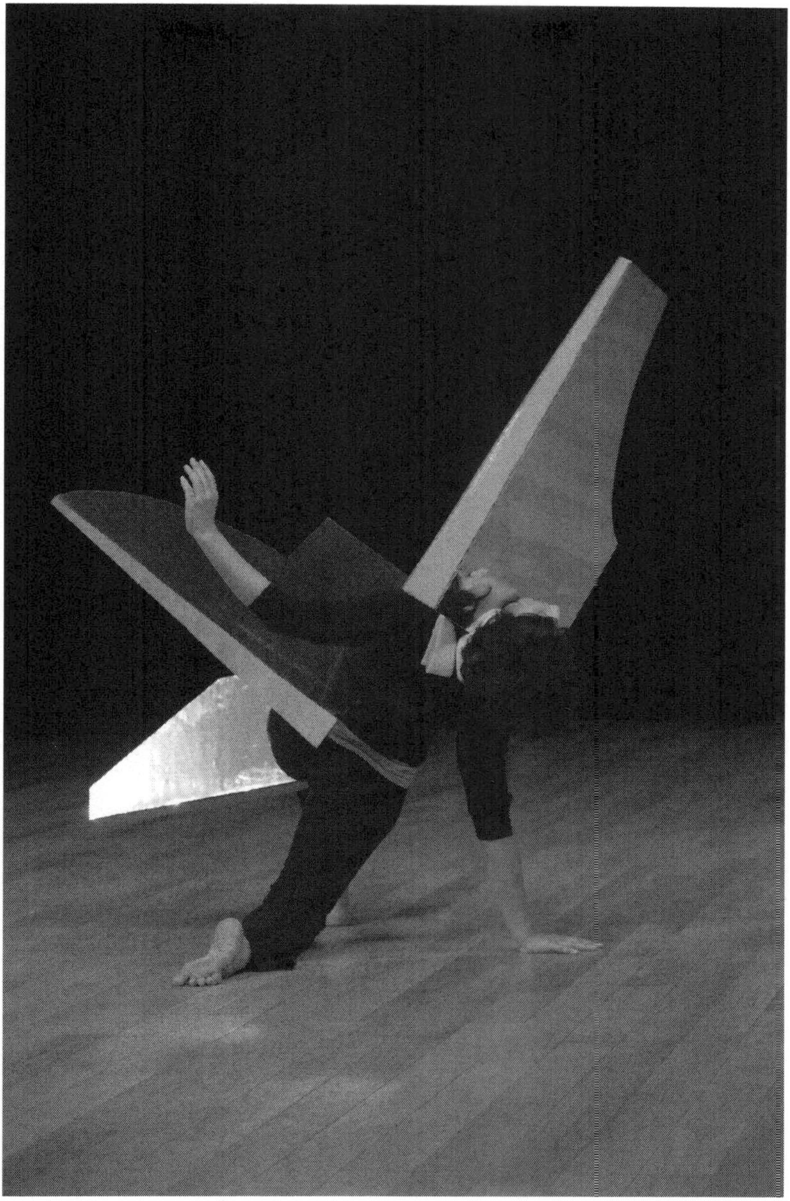

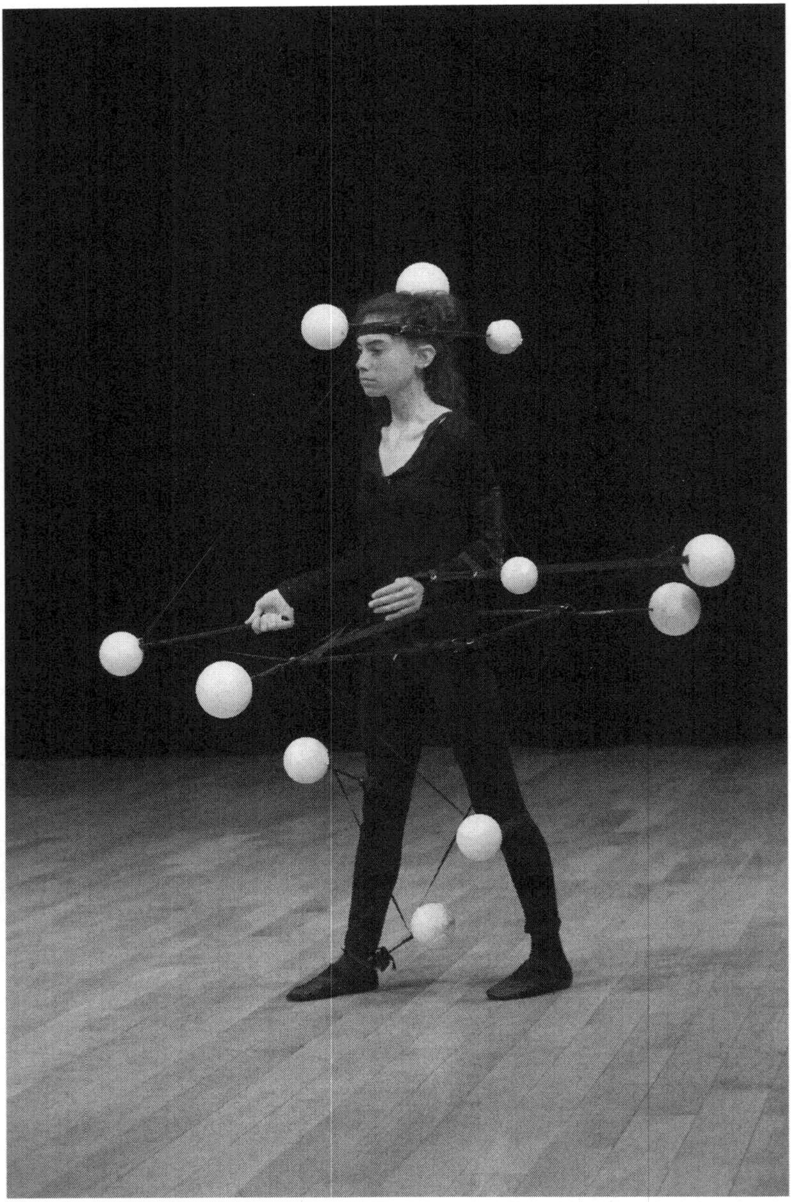

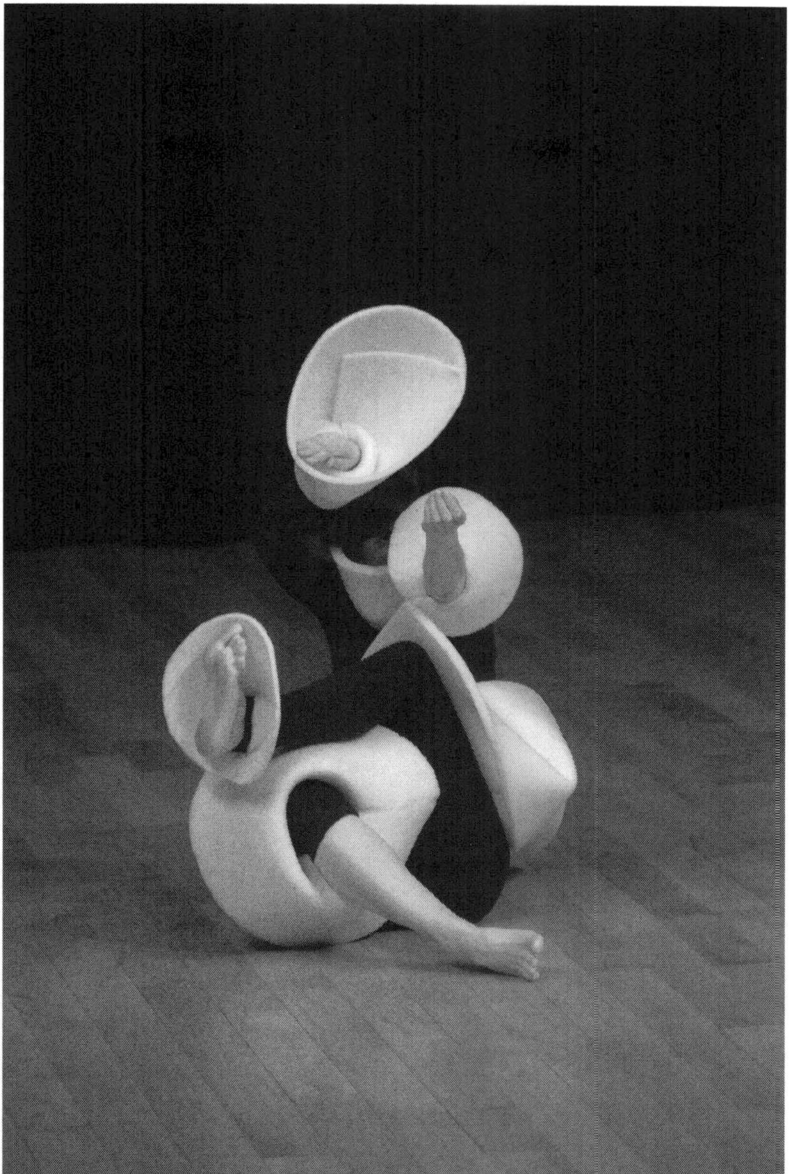

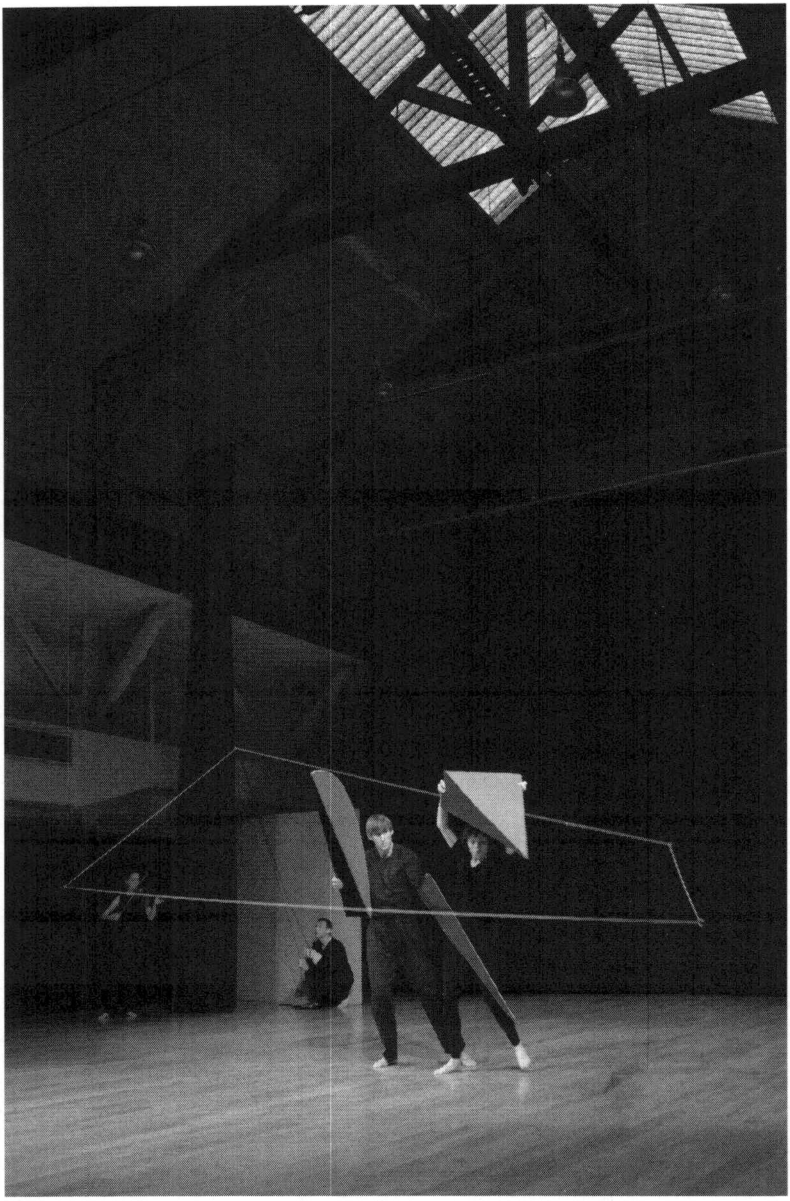

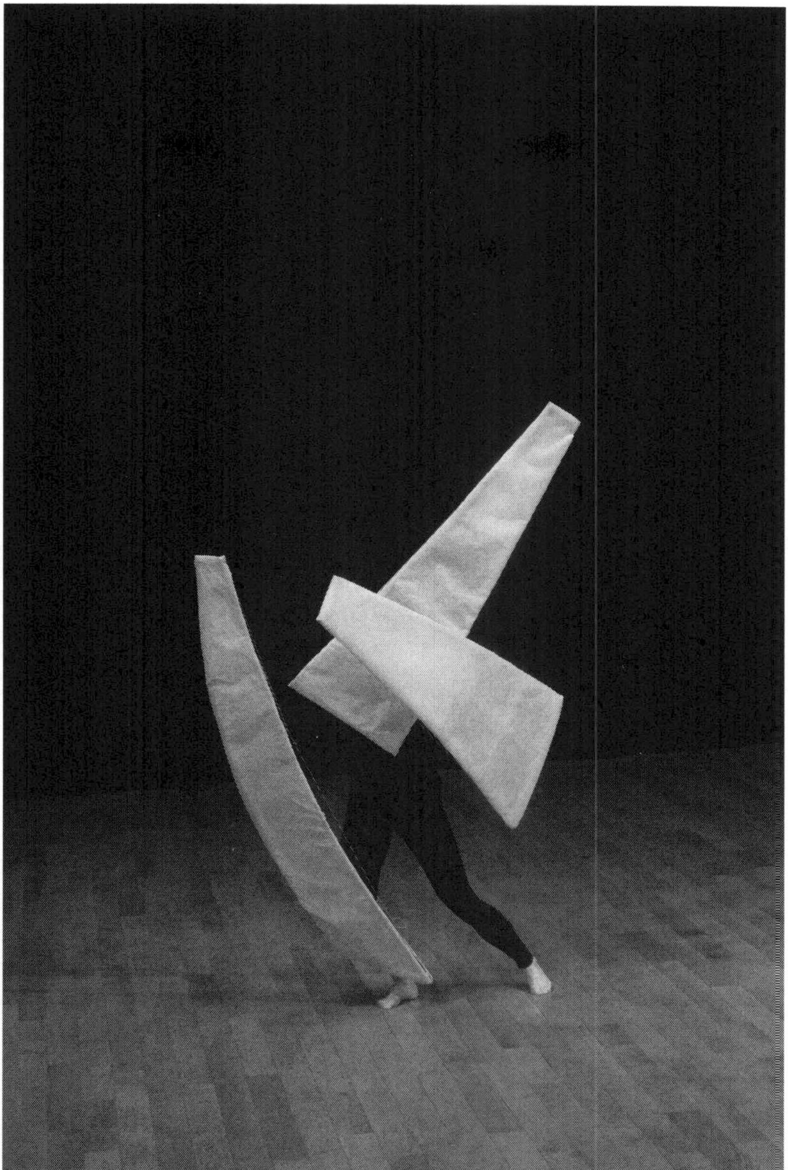

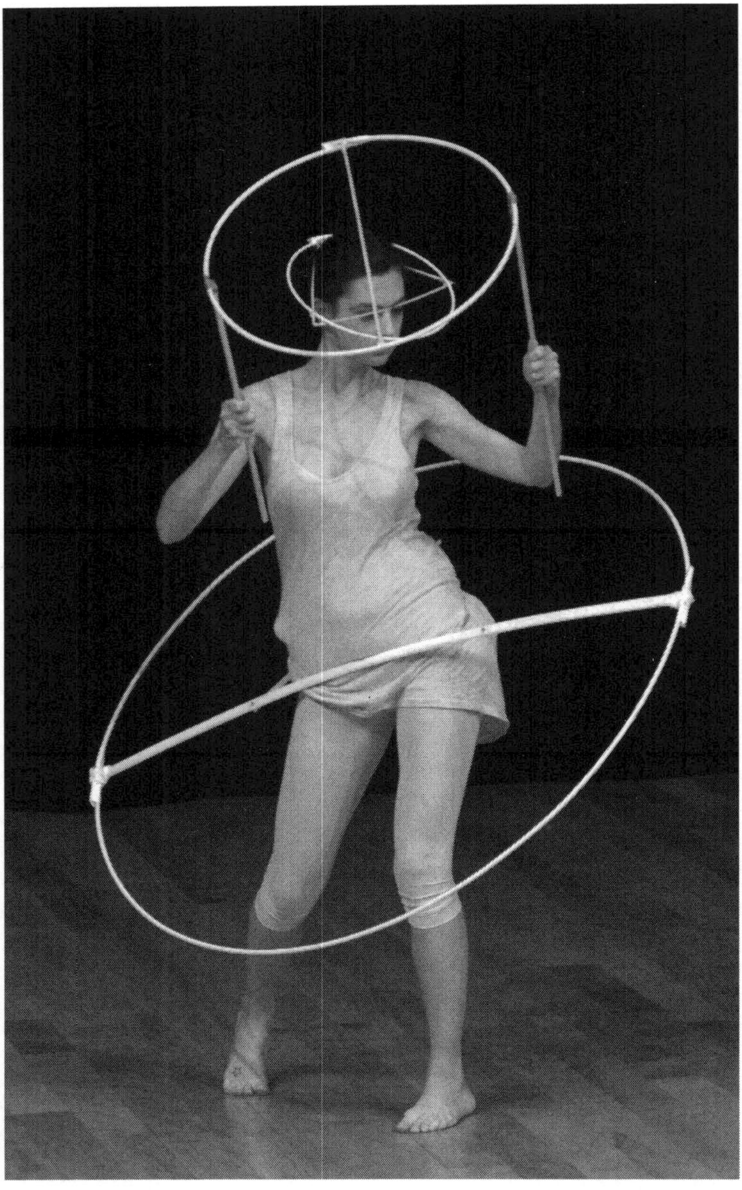

IV.

AUSBLICKE

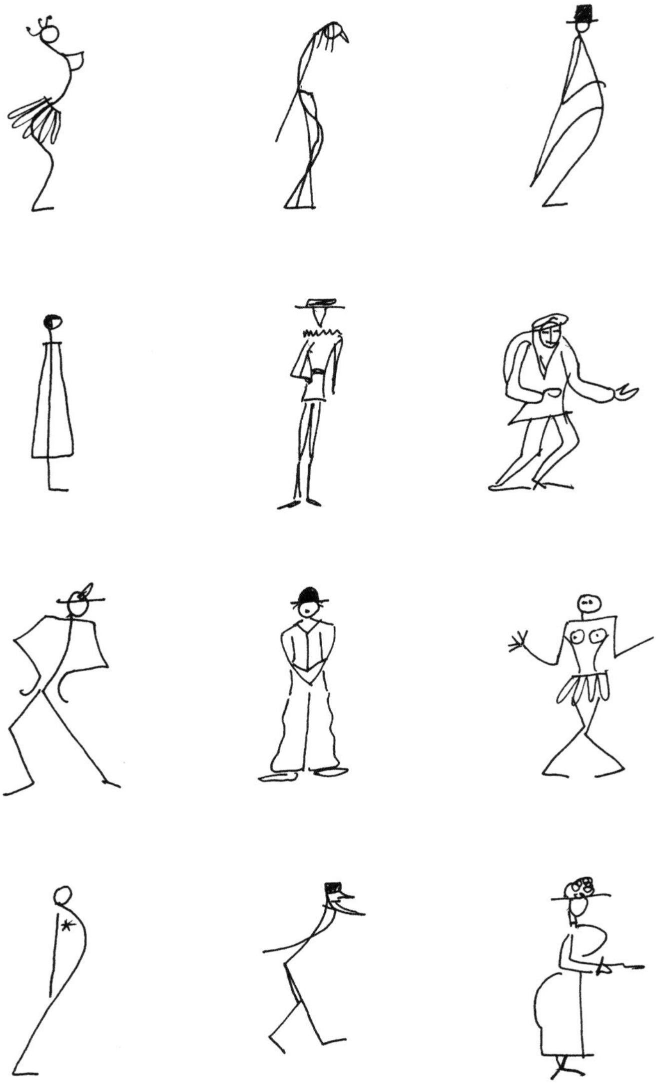

Die in der Schule über vierzig Jahre hinweg praktizierte Pädagogik hat in der ganzen Welt außerordentlich vielfältige Weiterentwicklungen erfahren. Ehemalige Schüler haben sowohl auf dem Gebiet der dramatischen Literatur (im weiteren Sinne des Wortes als Autoren, aber auch als Autoren von Stücken ohne Worte) als auch des Spiels, der Regie oder des Bühnenbildes zeitgenössische Werke realisiert. Ich werde an dieser Stelle nicht einzelne Namen nennen – man müßte sie sonst, ob berühmt oder unbekannt, alle aufzählen – und überlasse es jedem einzelnen, auf seine Ausbildung hinzuweisen.

Manche Gruppen haben sich gegen Ende des zweiten Jahres zusammengefunden und Theatertruppen gegründet, weil sie es vorzogen, die gemeinschaftliche Arbeit so fortzuführen, wie sie in der Schule entwickelt wurde, anstatt sich in existierende Theater zu integrieren. Diese Entwicklung schien mir besonders bezeichnend für das junge kreative Theater, dessen Existenz ich mir wünsche. Im Rückblick erinnere ich namentlich an die Arbeit der Gruppe ›Mummenschanz‹, die die Erforschung der Masken und Formen sehr weit vorangetrieben hat. Das ›Footsbarn Travelling Theatre‹, in Cornouailles ansässig, bevor sie später in die Auvergne übersiedelten, suchte die Authentizität der großen Texte wiederzufinden. Die ›Moving Picture Mime Show‹ hat das Publikum mit dem gemimten Film vertraut gemacht. Das ›Théâtre de la Jacquerie‹ wagte sich in die soziale Groteske vor. Das ›Nada Théâtre‹ entwickelte die poetische Arbeit mit Objekten. Das ›Théâtre de la Complicité‹ brachte eine für das heutige Theater neue Sprache auf die Bühne. Nicht zu vergessen das ›Théâtre de la Jeune Lune‹ in Minneapolis ... und viele andere, die ähnliche Wege gegangen sind.

Die Lehre der Schule hat sich wie von selbst in viele Länder verbreitet. In Bologna, Brüssel, Mailand, London, Madrid, Barcelona ... wurden Schulen gegründet. Vom Konservatorium in Quebec zur Glasgower Akademie, über Japan, Chile, Australien ... unterrichten viele ehemalige Schüler nun ihrerseits nach eigenem Empfinden. Jenseits der »Methoden« ist das, was uns verbindet, der Pioniergedanke einer Pädagogik, die im Kontakt mit den jungen Schülern die zukünftigen Theater formt. Eine Theaterschule darf nicht im Schlepptau der etablierten Theater sein. Statt dessen muß die Schule in manchem visionär sein und durch die Erfindung neuer Sprachen zur Erneuerung des Theaters beitragen. Eben das haben wir getan, indem wir Masken, Chor, Clowns und Bouffons wieder entdeckten, die viele Theaterarbeiten bereichert haben.

Da die Schule die Neuschöpfung der Interpretation vorzieht, da sie eher Autoren hervorbringt, als sich auf bereits existierende Texte zu stützen, vermag ich manchmal ein Gespür für die zukünftigen Theater zu entwickeln. Dafür muß ich weiterhin beharrlich das Dauernde einfordern und zugleich die von den jungen Schülern angebotenen Entwicklungen aufmerksam verfolgen. Immer in Bewegung bleiben!

Alles, was mit einer präzisen pädagogischen Definition umschrieben ist, angefangen bei den großen Bereichen des Dramatischen, wie ich sie angehe, ruft nach *Vermischung*. Nur im Überschreiten der Grenzen, im Fortschreiten von einem Bereich in den nächsten, durch Überlagerung können sich neue Bereiche auftun und wirkliche Neuschöpfungen entstehen. Die »reinen« Theater sind gefährlich. Was wäre das »reine« Melodrama oder die »reine« Tragödie? Die Reinheit ist der Tod! Das Chaos ist für die Schöpfung unabdingbar, allerdings ein organisiertes Chaos, in dem jeder seine eigenen Wurzeln und Antriebe zu finden vermag.

Wie dem Theater, so öffnete sich die Mime auch der Bewegung und insbesondere dem Tanz. Manche Choreographen kamen, um im Theater nach Gesten zu suchen, die dem Tanz abhanden gekommen waren, und erneuerten dank dieser Begegnung den zeitgenössischen Tanz. Diesen Pioniergeist erkenne ich heute in Arbeiten wie zum Beispiel der ›Compagnie Bouvier/Obadia‹, zweier ehemaliger Schüler.

Zum Schluß möchte ich noch einmal darauf hinweisen, wie nützlich die *mimodynamische* Pädagogik in vielen anderen Ausbildungsbereichen außerhalb des Theaters sein könnte, seien es die verschiedenen Künste oder andere Erkenntnisfelder. Was ich in der Ausbildung der Architekten realisiert habe – nicht damit sie Schauspieler werden, sondern damit sie besser konstruieren und dabei die Bewegung des menschlichen Körpers berücksichtigen –, kann ebenso für andere Künste angestrebt werden: Musik und Bildhauerei – wir haben die Arbeit in dieser Richtung in Gang gebracht –, aber auch Literatur, Tanz und so weiter. Dieser pädagogische Ansatz, den *mimenden Körper* zum Erkennen der Wirklichkeit einzusetzen, kann in jeder künstlerischen Erziehung angewandt werden, und er ermöglicht jedem, sich die ihn umgebende Welt *einzuverleiben,* bevor sie gemalt, geschrieben, gesungen, getanzt wird ... Die entstehenden Formen würden dann ohne Zweifel stärker empfunden, weniger kopflastig sein.

Derzeit haben wir mit einer Schwierigkeit zu kämpfen. Wir erleben eine Periode des »technisch raffinierten Theaters«, sehr äußerlich, ästhetisierend und voller modischer Effekte. Gewisse Aufführungen wollen heutzutage um jeden Preis ein Ereignis darstellen und das Publikum überraschen. Die jungen Schüler lehnen diese Art von Theater mit gutem Grund ab. Sie wenden sich den sehr viel einfacheren und stärkeren Formen zu, die im Leben eines jeden wurzeln und die jeder verstehen kann. Sie suchen die Wahrheit in der Illusion, nicht in der Lüge!

Aber warum kommen sie in die Schule? Warum reisen manche jungen Künstler durch die ganze Welt, um an meinem Unterricht teilzunehmen? Finden sie in ihrem Land nichts, was sie zufriedenstellen könnte? Diese Fragen stelle ich mir oft und es gibt darauf eine einfache Antwort: Sie suchen nach Wahrheit und Authentizität, nach einer die Moden überdauernden Grundlage. Auf diesen Anspruch muß ich mit der größten Aufrichtigkeit und ohne jede Demagogie antworten. Sie verlangen nach einem starken Wort, nach einem Bezugspunkt.

Alles bewegt sich
Alles entwickelt sich, schreitet fort,
Alles stößt einander ab und spiegelt einander wider.
Nie eine gerade Linie von einem Punkt zum andern.
Eine Reise von Hafen zu Hafen.
Alles bewegt sich, auch ich!
Glück und Unglück, aber auch der Zusammenprall.
Unbestimmt, verschwommen, vage zeichnet sich ein Punkt ab,
Ort des Zusammenströmens,
Verheißung eines Fixpunktes
Im Ruhen aller Leidenschaften.
Ausgangspunkt und Endpunkt,
Wo weder Anfang noch Ende ist.
Diesen benennen,
Lebendig machen,
Diesem Kraft verleihen,
Um besser zu begreifen, was sich bewegt,
Um die Bewegung besser zu verstehen.

J. L.
Belle-Ile-en-Mer, August 1997
Deutsch von Katja Douvier.

Anmerkungen

1 Kreiswendeschwung
2 Erziehung durch darstellendes Spiel
3 Arbeit und Kultur
4 mimische Darstellung
5 Hochschule der Künste
6 Laboratorium für das Studium der Bewegung
7 abgeleitet von frz.: ›bande dessinée‹ – Bildergeschichte, Comic-Strip. Etwa: Mimo-Strip, gemimte Bilder, mimischer Film
8 aus Melodrama und Mime; etwa: Melomime
9 Selbst-Unterricht
10 offene Mime
11 Mimismus
12 Mimetismus
13 Konservatorium für dramatische Kunst
14 etwa ›Mimago‹; aus frz. ›mime‹ – Mime und ›image‹ – Bild oder auch Imago
15 einschläfernde und sanfte Maas meiner Kindheit …
16 ›Gymnastik der tierischen Bewegungen‹; ›Tier-Gymnastik‹
17 frz. »bouffi«, Wortspiel mit frz. »bouffon« – Narr
18 Kreuzzüge
19 etwa: Studio für Bewegungsforschung

Nachwort

»TOUT BOUGE« – EINE SUCHBEWEGUNG

Wenn noch heute in führenden Theaterlexika Jacques Lecoq mit Pantomime (engl. *mime*) gleichgesetzt wird, ist dies nicht nur falsch, sondern verkennt gänzlich das Lebenswerk dieses bemerkenswerten Schauspielpädagogen. Derartig vorgenommene Etikettierungen erfassen nicht die Permanenz der theaterästhetischen und schauspielpädagogischen Suchbewegung, die Lecoq in besonderer Weise auszeichnet und nicht zuletzt greifbar wird in den mehrfach wechselnden Unterbezeichnungen des Schulnamens *École Jacques Lecoq*. So bezeichnete er diese zunächst als »École de Mime«, dann als Schule für »Mime, Mouvement, Théâtre« und schließlich schlicht als »École Internationale de Théâtre«. Während Lecoq den Begriff *mime* in seiner Schulbezeichnung aufgibt, führt er ihn in der Schulpraxis auf verschiedenen Ebenen weiter. Er spricht – in zugegeben nur schwer voneinander abzugrenzenden, bisweilen irreführenden Beschreibungen – von *mime ouvert*, von *mimischer Darstellung*, von der *bande mimée*, von *mimage* und *innerer mimage* und den *Erzähler-Mimen*, mit denen er seine Schauspielschüler schrittweise an das dramatische Spiel heranführen will. Gerade hierin wird deutlich, daß es Lecoq eben nicht um eine Fortführung etwa von Pantomimetraditionen des 19. Jahrhunderts oder des auf Illusionstechniken begründeten Abbildungsduktus eines Marcel Marceau oder eines Étienne Marcel Decroux geht. Er versteht sich vielmehr als Suchender und Forschender im Wandel der Zeit, dessen Paradigma »tout bouge« zugleich künstlerisches Leit- und Menschenbild ist.

Während im 19. und beginnenden 20. Jahrhundert noch leidenschaftlich um die Echtheit der Gefühle gestritten wurde und Konstantin Stanislawski seine Thesen zum »geistig-seelischen Naturalismus« entwickelte, verbunden mit einem Methodenkonvolut zur »Einfühlungskunst«, zeigt sich spätestens seit den zwanziger Jahren, verstärkt ab Mitte des 20. Jahrhunderts »ein zunehmendes Interesse am körperlichen Anteil der Darstellungskunst«, mit dem »eine Verringerung des Interesses am ›Gefühlsproblem‹« einhergeht.[1]

Diese Entwicklung ist insbesondere auch vor dem Hintergrund einer sich wandelnden Theaterlandschaft zu betrachten: Während sich bis in die erste Hälfte des 20. Jahrhunderts Theater vornehmlich als textuelle beziehungsweise literarische Kunst etabliert hatte und als solche ausgeprägt war, veränderte sich in den sechziger Jahren die Theaterlandschaft grundlegend: Der Text verliert seine dominierende Stellung – an seine Stelle treten oft losgelöst von logisch geschlossenen Inhalten und psychologisch gezeichneten Figuren Bilder, Geräusche, eine veränderte Materialität von Körpern; die Grenzen von »Kunst und Realität, Theater und anderen Künsten, Live-Agieren und technologischer Reproduktion« werden durchlässig.[2] Erika Fischer-Lichte beschreibt diese neue Theaterästhetik als »Intensivierung der Performativität von Theater unter starker Reduzierung seiner Textualität«[3]

Der Körper wird – um das breite Spektrum nur anzudeuten – zum bevorzugten Objekt zahlreicher Alltagsbereiche, durch seine mediale Präsenz avanciert er zum Kult, verschiedene Wissenschaftsbereiche befassen sich mit ihm, so auch die Theaterwissenschaft und -pädagogik. Dieser weitläufigen Zuwendung kann sich auch das Theater nicht entziehen: Es »entdeckt die zentrale Rolle des Schauspieler-Körpers wieder, der als erste

Präsenz auf der Bühne mit dem Zuschauer in einen Austausch tritt. In diesem Körper materialisiert sich die sinnliche Qualität der darstellenden Kunst. Eine Überwindung des naturalistischen Abbildungsduktus erfordert eine Spielform, die das Verhalten des Schauspielers auf der Bühne stilisiert und alltägliche Automatismen bricht, um die Dimensionen der Darstellung zu erweitern. Die Reformer orientieren sich an den Traditionen des Volkstheaters der Commedia dell'arte, asiatischen Theaterformen sowie am Tanz und der Pantomime, um eine Methodik zu entwickeln, die den Körper als Instrument des dramatischen Spiels nutzbar macht«[4].

Einer der prominentesten Reformer ist Jacques Lecoq, dessen Lebenswerk vor dem Hintergrund dieses historischen Clusters betrachtet werden muß, wenngleich biographische Erfahrungen in Frankreich und Italien ebenso nachhaltig auf sein Schaffen eingewirkt haben dürften: Jacques Lecoq wurde am 15. Dezember 1921 in Paris geboren. 1941 – Lecoq war zu diesem Zeitpunkt noch Schüler an der Sportschule von Bagatelle – begegnete er Jean-Marie Conty, einem der Mitbegründer der »Education par le jeu dramatique« (EPJD) in Frankreich. Lecoq, den insbesondere die Verbindung von Sport, Bewegung und Theater interessierte, machte seine ersten eigenen Schauspielerfahrungen im Verein »Travail et Culture« (TEC). Aus diesem Verein entstanden kleine Theatergruppen, in denen Lecoq mitwirkte. 1947 wurde er Lehrer für Körpersprache an der EPJD und arbeitete als Schauspielpädagoge bei deutsch-französischen Jugendbegegnungen im Rheinland. 1948 ging er für acht Jahre nach Italien und lernte dort den Maskenbauer Amleto Satori kennen und später Giorgio Strehler und Paolo Grassi, mit denen er die Schule am Piccolo Teatro in Mailand ins Leben rief. Die

Commedia dell'arte und die Tragödie mit ihrem Chorus sind Entdeckungen aus dieser Zeit. Zurück in Paris wurden beide zum festen Bestandteil des Curriculums seiner 1956 gegründeten Schule. Die Schule zog mehrfach um, bis sie 1976 ihren heutigen Standort in einem ehemaligen Boxzentrum fand. Zu den Lehrinhalten hinzu kamen die Clowns, das Melodrama, die Bouffons und die Erzähl-Mimen. Lecoq übernahm neben der Lehrtätigkeit an seiner eigenen Schule 1968 bis 1988 eine Dozentur an der École nationale supérieure des beaux-arts. Hier untersuchte er die Vernetzung von Raum, Körper und Bewegung und gründete 1976 daraus hervorgehend das Laboratoire d'étude du mouvement (LEM), eine Abteilung für experimentelles Bühnenbild, das bis heute an seine Schule angeschlossen ist. Lecoq hielt in vielen Ländern Vorlesungen und Seminare zu seinem körperorientierten Theateransatz und unterrichtete bis kurz vor seinem Tod am 19. Januar 1999.

Besonders prägend für Lecoqs Schauspielpädagogik waren zweifelsohne die tradierten Einflüsse des Theaterreformers Jacques Copeau (1879–1949). Lecoq kam ab 1945 mit der – wie er in diesem Buch selbst schreibt – »Geisteshaltung der ›Copianer‹« (S. 17.) über den Schauspieler und Schauspiellehrer Jean Dasté und dessen Frau Marie-Hélène Copeau in Berührung, indem er das Bewegungstraining der neu gegründeten »Compagnie des Comédiens de Grenoble« übernahm und so den Einstieg in professionelle Theaterarbeit realisierte.*

* Copeaus wegweisende Reformarbeit entwickelte sich zunächst aus seiner Kritik am Status quo des damaligen Illusionstheater, am Star-System und dem Mangel an Ensemblegeist sowie an der pompösen Bühnen- und Kostümkulisse und mündete in der Gründung des »Théâtre du Vieux Co-

Stellt man die Lehren Copeaus und Lecoqs einander gegenüber, so lassen sich Gemeinsamkeiten, aber auch grundlegende Unterschiede feststellen. Übereinstimmungen ergeben sich sowohl in der Fokussierung beider Lehren auf den menschlichen Körper und dessen Rezeptions- und Ausdrucksvermögen als auch in der Arbeit mit unterschiedlichen Masken. Besonders hervorzuheben ist die Improvisation als dominierende Methode beider schaffensästhetischer Konzepte. Dehnungs-, Kräftigungs-, Zentrierungs-, Koordinations-, Rhythmus-, Wahrnehmungs- und Beweglichkeitsübungen sind wesentliche Bestandteile des Lecoqschen Bewegungs- und Körperunterrichts. Sie sind zugleich Voraussetzung und Träger für die schwerpunktbildenden spielerischen, improvisatorischen und mimetischen Verfahren des täglichen Trainings. Denn erst in diesem konsequenten Wechselspiel von »körperlicher Ausbildung« und »künstlerischem Experiment« wird die Relevanz von Lecoqs Künstlertheorie in der Schauspielausbildung für den späteren Beruf erfahrbar. Dabei gilt es methodisch die Studierenden permanent

lombier« (1921). Für Copeau bedurfte das Theater einer Erneuerung, einer »Retheatralisierung«, die durch eine Hinwendung zum Ursprünglichen, zu einer stilisierten, spielerischen Darstellung und durch den Einsatz einfacher, reduzierter Mittel zu erreichen sei. Inspiriert und beeinflußt von Edward Gordon Craig, Adolphe Appia, Emile Jacques-Dalcroze und Konstantin S. Stanislawski entwickelte er eine Schauspielausbildung, die auf den bereits 1916 formulierten Inhalten basierte: rhythmische Gymnastik, gymnastische Übungen (Atemübungen, Sport, Fechten etc. – vieles basierend auf Georges Héberts Körperlehre), Akrobatik, Tanz, Gesang, Grundlagenkenntnisse im Spielen von Musikinstrumenten, Theorieunterricht, Spiele, Texte laut lesen, Gedichte rezitieren, klassisches Rollenrepertoire erarbeiten, Improvisation sowie pantomimische Übungen und die Arbeit mit Masken.

herauszufordern, sie an ihre Grenzen zu führen, um so spielfreudig Extreme erkunden und Wagnisse eingehen zu können. Der Spieler-Körper wird auf diesen Wegen nicht nur dem Akteur selbst bewußt und verfügbar gemacht, sondern auch zunehmend für den Zuschauer sichtbar und erzählend-erfahrbar.

Eine derart konzipierte Lehre zielt nicht auf die Ausbildung von gut dressierten Zirkuskünstlern ab; vielmehr ist die kontinuierliche Arbeit darauf ausgerichtet, stets eine hohe physische Aktivierung und Versiertheit als Kompetenz anzubahnen, in welcher der individuelle Spieler-Körper als Impulsgeber, als künstlerisches Rezeptions-, Gestaltungs- und Ausdrucksmedium optimal herausgefordert wird und zur Entfaltung kommen kann.

Differenzen ergeben sich in der Lehrhaltung – hier könnten beide Lehrmeister kaum unterschiedlicher sein. Copeau war stets darum bemüht, seinen Studenten als Stütze zu dienen und ihnen einen von Hilfestellungen und Erklärungen begleiteten »positiven Weg« zu ebnen[5]. Lecoqs Vorgehensweise folgte hingegen einer Form der »via negativa«, er konfrontierte seine Schüler stets mit ihren Ergebnissen, indem er jeglichen Kommentar verweigerte, wenn er eine Darstellung für unzureichend oder unangemessen erachtete. Lecoq wollte auf diese Weise Kreativität freisetzen und die Schüler quasi »aus der gestalterischen Not heraus« zu neuen Versuchen anregen und zu selbstständigen Lösungen und Entdeckungen führen. Die »Suchbewegung«, seine Antriebskraft in all den Jahren, verlangte er auch von seinen Schauspielstudierenden – ein schmerzhaftes Kill-Your-Darlings-Prinzip, das unnachgiebig das Experimentieren mit und das Herstellen von Unbekanntem und Neuem provoziert.

Während Copeau über die Retheatralisierung eine Wiederbelebung klassischer Texte und traditioneller Formen anstrebte, zielt Lecoqs Ansatz auf die Generierung neuer Theaterformen. Lecoq selbst betont in einem Interview von 1987, daß er durchaus von Copeau, aber, stärker noch von Antonin Artaud (1896–1948) beeinflußt wurde. Dessen 1938 erschienene, vieldiskutierte Aufsatzsammlung *Das Theater und sein Double*, geläufig auch als »Theater der Grausamkeit«, steht für eine radikale Absage an das illusionistische Theater und wendet sich hin zu einem Theater, das sich als einmaliges »Spektakel« versteht. Theater der Grausamkeit bedeutet für Artaud nicht Theater der Gewalt, vielmehr steht der Begriff für das Ursprüngliche, Archaische und Unzivilisierte. Die Zurücksetzung und Fragmentierung von Text, die Intensivierung und Radikalisierung des Körpers, die Zusammenhänge von Atmung und Gefühl sowie die Erweiterung der stimmlichen Ausdruckmöglichkeiten waren zentrale Anliegen seiner Theaterarbeit. Beide – Artaud und Lecoq – streben nach einer visuellen Theaterkunst, in der Körper und Bewegung die elementaren schöpferischen Quellen und Triebfedern darstellen. Tranceähnliche Bewußtseinszustände, rituelle Verfahren, eine jegliche Logik ablehnende Haltung und ins Mystische tendierende Vorstellungen, sind Lecoq hingegen fremd und finden sich weder in seiner künstlertheoretischen Position, noch in seinem Schulcurriculum wieder.[6]

Jacques Lecoq hat über die hier skizzierten fünfzig Jahre seines Wirkens zu einem entscheidenden Perspektivwechsel beigetragen, der weit über die europäische Theaterlandschaft hinausgeht: »The body knows things we don't yet know« ist eine, wenige Wochen vor seinem Tod formulierte Kernaussage von Lecoqs Lehre. Der Körper ist Ausgangs- und Bezugspunkt sowie das Erkenntnis fördernde Medium schöpferischen Theaterschaffens.

»Die vom menschlichen Körper getragene Bewegung ist unser ständiger Wegweiser auf dieser Reise vom Leben zum Theater.« (S. 29) Die lange Zeit unangefochtene Auffassung vom Körper als einem vom Geiste gesteuerten Instrument ist aus heutiger Sicht als überholt zu betrachten. In den unterschiedlichsten Kontexten, Terminologien und Nuancierungen wird Körperbewußtsein, Körpergedächtnis, Körperwahrnehmung, Körpererkenntnis und -lernen etc. thematisiert und diskutiert.*

Jacques Lecoq zählt heute zweifelsohne zu den einflußreichsten Schauspielpädagogen des späten 20. Jahrhunderts. Seine Pariser Schauspielschule hat das Ableben ihres Maîtres überlebt und verfügt, wie weltweit keine andere, über eine ausgeprägte internationale Studierendenschaft aus über siebzig Herkunftsländern; entsprechend weitläufig ist die Verbreitung seiner Lehre. Steven Berkoff, Dario Fo, Miriam Goldschmidt und Geoffrey Rush sind nur einige, deren Theaterschaffen von Lecoqs Lehre inspi-

* Der französische Philosoph und Phänomenologe Maurice Merleau-Ponty (1908–1961) befaßte sich unter anderem intensiv mit der Bewußtseinsbildung und dem Erkenntnisgewinn über und durch den Körper. Die Wahrnehmung von Welt ist für Merleau-Ponty kein primär kognitiv-intellektueller Vorgang, vielmehr ein sinnlich-körperlicher Entwicklungsvorgang. Bewußtsein konstituiert sich in einem *stets körperlichen* Vorgang der Perzeption (zumeist unbewußte Prozesse der Informations- und Wahrnehmungsverarbeitung). Demzufolge kann alles Bewußtsein immer auch als Körperbewußtsein, jede Erkenntnis immer auch als Körpererkenntnis betrachtet werden. Speziell in der Theaterforschung, insbesondere mit Blick auf Schauspiel- und Theaterpädagogik, hat sich mittlerweile eine Vielfalt an wissenschaftlichen und der Praxis zugewandten schriftlichen Erträgen herausgebildet, die den Spieler-Körper ins Zentrum ihres Interesses rücken.

riert ist und deren Renommee wiederum auf seine Schule zurückwirkt. Es ist ein physisches Theater, das hier gelehrt wird und weit trägt. Dies geht auch eindrücklich aus den Einträgen des *UK Mime and Physical Theatre Training Directory* hervor: Über 50 Prozent der hier eingetragenen 66 Solokünstler und Gruppen betonen den Einfluß Lecoqs auf ihr künstlerisches Schaffen. Eine vergleichbare Publikation für den deutschsprachigen Raum liegt bis zum gegenwärtigen Zeitpunkt nicht vor. Der oben beschriebene Einfluß kommt auch über den »indirekten« Kontakt mit seiner Lehre zustande – etwa durch Philippe Gaulier, Monika Pagneux und Thomas Prattki, ehemalige Lehrer seiner Schule, die mittlerweile eigene Schulen gegründet haben. Das physische Theater in Deutschland ist im Aufbruch, steckt im internationalen Vergleich jedoch noch in den Kinderschuhen. Neben freien Gruppen und einer lebendigen Workshopkultur ist die Folkwang Universität der Künste in Essen bisher die einzige staatliche Ausbildungsstätte für das physische Theater in Deutschland. Immerhin: Der Studiengang wird 2015 sein 50jähriges Bestehen feiern.

Mit *Der poetische Körper* ist es Lecoq gelungen, eine richtungsweisende »Lehre vom Theaterschaffen« zu Papier zu bringen. Sicher keine leichte Aufgabe, da er einerseits eine Kunstform im steten Wandel und andererseits nicht die Produkte, sondern die damit verbundenen flüchtigen und kaum beschreibbaren schöpferischen Gestaltungsprozesse, zum Gegenstand nimmt. Vieles ist eben nur in der Schauspielpraxis spürbar, ja erfahrbar und entzieht sich Formen schriftlicher Fixierung. Und so möchte ich das mimodynamische Spiel, *le jeu*, noch stärker in den Mittelpunkt dieses Nachwortes stellen. Es zählt für mich zu den größten Vermächtnissen Lecoqs.

Spiel entsteht, »wenn der Schauspieler für ein Publikum und im Bewußtsein der theatralischen Situation seiner Improvisation Rhythmus, Maß, Zeit, Raum und Form verleiht [...]« (S. 45) Lecoq liefert hier keine präzise Definition seines Spielkonzeptes, skizziert jedoch einige für dessen Verständnis wichtige Konturen: Das »Bewußtsein der theatralischen Situation« grenzt Spiel von zweckfreiem und hedonistischem Agieren ab und hebt dessen Gebundenheit an Kontext, Zweck und Ziel hervor.

Der »Improvisation Rhythmus, Maß, Zeit, Raum und Form zu verleihen«, betont das Moment der Freiheit der schauspielerischen Gestaltung *innerhalb festgelegter Grenzen.* Unter Improvisation – der Begriff mag hier irritieren – verstand Lecoq zu keinem Zeitpunkt »ungezügeltes« oder »gänzlich freies« Bühnenhandeln, wie es beispielsweise in Bereichen des »Theatersports«* zu sehen ist. Wenn Lecoq von Improvisation spricht, dann versteht er darunter eine spielerische *Haltung*, die dann entstehen kann, wenn der Spieler die Vorgaben durch Stil, Textvorlage und Inszenierung nicht als Einschränkung und Korsett begreift, sondern innerhalb dieser Vorgaben spontan und flexibel agiert.

»Für ein Publikum« hebt die Zuschauer als integralen Bestandteil des Spiels hervor. Spiel entsteht im Bewußtsein des Schauspielers, daß seine Darstellung für und vor Menschen stattfindet; es dient als Bindeglied zwischen Bühne und Zuschauerraum. Spiel transportiert das auf der Bühne entworfene Bild zum Zuschauer. (S. 89)

Hierin wird deutlich, daß Lecoq im Spiel das umfassende, stets gestaltende Ausschöpfen einer Theatersituation und das Moment des Lebendigen angelegt sieht.[7]

* Theatersport ist der von Keith Johnstone geprägte Begriff eines Formates des Improvisationstheaters.

Spiel kann sich sowohl auf interpersoneller Ebene als auch auf intrapersoneller Ebene einstellen: Die interpersonelle Ebene bezieht sich auf das, was zwischen dem Spieler und der ihn umgebenden Bühnensituation stattfindet: Spiel kann »nur in der Reaktion auf den anderen entstehen. Man muß ihnen [den Schauspielern] dieses wesentliche Phänomen begreiflich machen: Reagieren heißt, das Angebot der Außenwelt auszugestalten. Die innere Welt offenbart sich in Reaktion auf die Herausforderungen der äußeren Welt.« (S. 46) Die intrapersonelle Ebene bezieht sich auf das, was zwischen Außenwelt und Innenwelt entsteht, beispielsweise wenn sich in der Person des Spielers die gegenwärtige Situation des Hier und Jetzt auf der Bühne mit Phantasie- oder Erinnerungsbildern verbindet: »Wir befinden uns in einem gegenwärtigen Bild, und plötzlich erscheint ein Bild aus der Vergangenheit. Aus der Verbindung dieser beiden Bilder entsteht das Spiel.« (S. 47)

Die Hauptfunktion und die Bedeutung der Lecoq'schen Spielauffassung wird vor allem beim Verkörpern (Spielen) von Figuren deutlich. Hier findet der Leser eine Reihe von Ausführungen, die das Spiel als zugleich verbindendes und trennendes Element der komplementären Einheiten von Ich und Figur beschreiben.

Zwischen Ich und Figur setzt Lecoq die »Distanz des Spiels«. Sie erlaube eine »bessere Darstellung« als dies durch »Glauben oder Identifikation« möglich sei. »Man muß spielen«, fordert Lecoq nachdrücklich. (S. 31) Spiel hebe sich auf, sobald Person und Figur eins sind. Es gehe darum, »etwas anderes zu spielen, als was sie [die Schauspieler] selbst sind, und sich dabei dennoch einzubringen. Sie spielen nicht *sich selbst*, sie spielen *mit* sich selbst! Das ist das Zweischneidige an der Arbeit des Schauspielers.« (S. 89)

Die spielerische Gestaltung des Zwischenraumes zwischen Ich und Figur verhindere zum einen, daß der Schauspieler in seine Person zurückfällt (S. 90 f. und S. 179) und zum anderen, daß er sich zu sehr mit der Figur identifiziert. (S. 92)

Und so kann der *Poetische Körper* – Lecoqs Lehre vom Theaterschaffen – ein gewinnbringender Wegweiser zu lebendigem, zeitgenössischem Theater sein, indem Figuren entstehen – mit Brüchen, Widersprüchen, Geheimnissen und abgründigen Nischen –, welche imaginative Räume beim Zuschauer eröffnen, indem sie sich in Facetten erklären, ohne sich in ihrer Gesamtheit preiszugeben. Denn Lecoq geht von einem aktiven Zuschauer aus, der die Bilder – das Gesehene, Gehörte und Erlebte – gedanklich vervollständigt und weiterentwickelt.

Dieses ästhetische Ideal erfordert eine spezifische Spielweise, die gerade auch in der Schauspielpädagogik Lecoqs besonders berücksichtigt einfließt. Viele Schauspieler neigen zur Überfrachtung ihrer Darstellung – sie transportieren ein und denselben Inhalt, indem sie ihn mimisch und gestisch potenzieren. Vor diesem Hintergrund scheint mir ein Paradigma »klar und ökonomisch spielen« (anstelle von »groß und zuviel spielen«) angebracht. »Vereinfachung«, so stellt auch Peter Brook – auf den ich mich hier gerne beziehe – verweisend auf Brecht fest, ist des Schauspielers »stärkstes Mittel«: »Wenn man sich die Charakterzeichnung daraufhin anschaut, und hier schafft Brecht Möglichkeiten – wenn man, sagen wir, ein alter Mann ist, muß man dann mit brüchiger Stimme sprechen und außerdem noch zittern und wackeln? – wenn man also diese physische Seite möglichst vereinfachen kann, nicht weil das schon ein Wert an sich ist, sondern weil man auf die Weise die Betonung auf etwas anderes, das Teil dieser Realität ist, legen kann, dann hat man mehr Mittel zur Verfügung.«[8]

»I have prepared you for a theatre which does not exist. Go out and create it.« Mit diesen Worten, in denen der unmißverständliche Auftrag steckt, nach neuen ästhetischen Formen und theatralen Ausdrucksmöglichkeiten zu suchen, verabschiedete Lecoq einst einen seiner Abschlußjahrgänge. … Spielerinnen und Spieler, von denen er sich erhoffte, daß sie ihre Körper gleichsam inspiriert, bewußt und gezielt als ihr primäres künstlerisches Gestaltungsmedium verstehen und handhaben können und all die erworbenen Kompetenzen im Sinne eines lebendigen, sich stets erneuernden Theaters, zu synthetisieren und erfolgreich einzusetzen verstehen.

Anders formuliert: … die perfekten Lügner auf der Bühne zu geben! Und zwar ganz im Sinne eines Eulenspiegel-Mephistos – der sehenden Auges, gepaart mit einer gesunden Portion Risikobereitschaft – charmant verführt, zugleich scharfzüngig bekennt und beklagt und gerade durch diese Ambivalenz kraftvolle Sehnsüchte und Visionen zu erwecken vermag!

Jacques Lecoq war ein – stets suchender – Meister darin, diesen Eulenspiegel-Mephisto im künstlerischen Tun seiner Studierenden freizusetzen und in die Welt des Theaters auszusenden.

Dietmar Sachser,
Juli 2012

Dietmar Sachser, Dr. phil., Professor für Ästhetische Bildung/Theater an der EFH Bochum, studierte Schauspiel in London und promovierte an der UdK Berlin. Seine Forschungsschwerpunkte fokussieren künstlerische Gestaltungs- und Produktionsprozesse. Er ist Autor des Buches *Theaterspielflow – Über die Freude als Basis schöpferischen Theaterschaffens,* das 2009 im Alexander Verlag erschien.

Anmerkungen

1 Christopher Balme, *Einführung in die Theaterwissenschaft.* 2. Auflage. Berlin 2001, S. 120.

2 Hans-Thies Lehmann, Postdramatisches Theater. 2. Auflage. Frankfurt am Main 2001, S. 185.

3 Erika Fischer-Lichte, Ästhetische Erfahrung. Das Semiotische und das Performative. Tübingen 2001, S. 146.

4 Martina Leeker, »Die Essenz der Bewegung. Über die mime corporel nach Etienne Decroux«. In: *TheaterZeitSchrift,* Heft 27, S. 66.

5 *»to filter, choose, explain, balance, harmonise«* – James Roose-Evans, Experimental Theatre. From Stanislavsky to Peter Brook. 4. Auflage. London 1989. S. 57.

6 vgl. Simon Murray, *Jacques Lecoq.* London 2003, S. 32.

7 Alan Fairbairn, der von 1985 bis 1987 an der Ecole Jacques Lecoq studierte und auf internationaler Ebene als Schauspieler, Regisseur und Lehrer arbeitet, kommt zu einem vergleichbaren Schluß: »The whole notion of *play* is essential to Lecoq's School. The most important element of *play* … always seemed to be connected with making the most of whatever material was available theatrically when you were on stage at any particular moment. I think *play* is about rendering the moment on stage into life – bringing it alive – exploiting the moment.« (Alan Faibairn, zitiert in Murray, Simon, »Tout Bouge: Jacques Lecoq, Modern Mime and the Zero Body. A Pedagogy for the Creative Actor.« In: Chamberlain, Franc/Yarrow, Ralph (Hg.), *Jacques Lecoq and the British Theatre.* London 2002, S. 33.

8 Peter Brook, *Wanderjahre.* Schriften zu Theater, Film & Oper 1946–1987. Berlin. 1989, S. 65.

KEITH JOHNSTONE
Improvisation und Theater
Mit einem Nachwort von George Tabori

Theaterspiele
Spontaneität, Improvisation und Theatersport

LEE STRASBERG
Schauspielen & Das Training des Schauspielers

SANFORD MEISNER/DENNIS LONGWELL
Schauspielen. Die Sanford-Meisner-Technik
Mit einem Vorwort von Sydney Pollack

WILLIAM ESPER/DAMON DIMARCO
Kunst und Handwerk des Schauspielers
William Esper lehrt die Meisner-Technik

TEXTE FÜR VORSPRECHEN UND ACTING-TRAINING
110 Solo- und Duo-Szenen des 20. Jahrhunderts
Herausgegeben von Wolfgang Wermelskirch

SUSAN BATSON
TRUTH – Wahrhaftigkeit im Schauspiel
Ein Lehrbuch
Mit Beiträgen von Juliette Binoche, Michael Haneke und Nicole Kidman

IVANA CHUBBUCK
Die Chubbuck-Technik
The Power of the Actor. Ein Schauspiel-Lehrbuch

DECLAN DONNELLAN
Der Schauspieler und das Ziel
Ängste und Blockaden überwinden

ALAN AYCKBOURN
Theaterhandwerk
101 selbstverständliche Regeln zum Schreiben und Inszenieren

PETER BROOK
Der leere Raum

Das offene Geheimnis
Gedanken über Schauspielerei und Theater

DAVID MAMET
Richtig und Falsch
Kleines Ketzerbrevier für Schauspieler

Die Kunst der Filmregie

MICHAEL CAINE
Weniger ist mehr
Kleines Handbuch für Filmschauspieler

DAVID LYNCH
Catching The Big Fish
Meditation – Kreativität – Film